本书是国家社科基金项目"本居宣长'物哀'论综合研究"（15BWW018）结项成果。

本居宣长"物哀"论研究

雷晓敏 著

中国社会科学出版社

图书在版编目(CIP)数据

本居宣长"物哀"论研究/雷晓敏著.—北京：中国社会科学出版社，2023.7
ISBN 978-7-5227-1656-5

Ⅰ.①本… Ⅱ.①雷… Ⅲ.①文化史—日本 Ⅳ.①K313.03

中国国家版本馆 CIP 数据核字（2023）第 068101 号

出 版 人	赵剑英
责任编辑	刘 芳
责任校对	周 昊
责任印制	李寡寡

出 版	中国社会科学出版社
社 址	北京鼓楼西大街甲 158 号
邮 编	100720
网 址	http://www.csspw.cn
发 行 部	010-84083685
门 市 部	010-84029450
经 销	新华书店及其他书店
印 刷	北京君升印刷有限公司
装 订	廊坊市广阳区广增装订厂
版 次	2023 年 7 月第 1 版
印 次	2023 年 7 月第 1 次印刷
开 本	710×1000 1/16
印 张	18.5
插 页	2
字 数	265 千字
定 价	98.00 元

凡购买中国社会科学出版社图书，如有质量问题请与本社营销中心联系调换
电话：010-84083683
版权所有 侵权必究

序

雷晓敏教授研究日本"物哀"的著作即将付梓，向我求序。她的这项研究起于2005年我作的一场题为"释物"的讲座。那时她说自己正在研读本居宣长的诗学。我建议她把这个探索坚持下去。后来她以"本居宣长'物哀'论综合研究"为题申报并获得国家哲学社会科学规划一般课题立项。在此期间她购置了本居宣长的所有日文原版著作，以及大量相关研究资料。十七年过去了，课题已经完成并结项，其成果就要推向社会。我为之感到高兴。

"物哀"一词是日本文学理论中的一个重要概念，也是日本学界引为自豪的一个诗学术语。从一般的意义上讲，其含义是指真情的流露，在文学民俗学和文学文化学以及文学伦理学的角度，则有着更耐人寻味的特色。从日本文化追根溯源，此词源于物语，在《源氏物语》中便可见出一斑。在这部日本文学典籍中，"物哀"是彼时王公国戚和达官贵人们调情悦性和纵欲寻欢的一个切口。在情色风发和性欲横流的东瀛社会，"物哀"被提升至诗情画意的层面。文化如斯，一个族群久处其中，自然成习惯，习惯亦自然，上流下流都不以为忤，文学艺术以之为美好而不觉违和。世界上有的文化，别的民族可以赏析或研究，但是如果一定要说这是世界文论史和比较文学史上具有"普遍理论价值"的创举，则不无以偏概全之嫌。

解物哀，须辨物语。物语即故事。以物语为故事，那就应先识物。物之为物，本身就是一个破天荒的故事。虽然日本文学界把物语、物哀提得很高，叫得很响，称之为日本的国粹，或曰日本诗学的独门创制，不过翻一翻物文物思的老底还是有必要的。日本语言文字中的物字，是从中国汉字借过去的。需要往前推究的是早在甲骨文中物字已屡见。王国维等国学大师辨之甚详。物为杂色牛。甲金简帛之物字大都与占卜祭祀关联。物与天地鬼神先祖先公灵犀相通不是特例。《易经》"近取诸身，远取诸物"，物象是灵媒。物不仅与易通，也与道接。《老子》第二十一章用诗的语言将道与物互训："道之为物，惟恍惟惚，惚兮恍兮，其中有象；恍兮惚兮，其中有物；窈兮冥兮，其中有精。其精甚真，其中有信。"庄子明万物差异而齐之以道（《齐物篇》），嗟道之唯一而集之以虚（《人间世》）。至如《山海经》博物，《灵枢经》通物，《诗经》感物言志，《楚辞》吟物出骚，《史记》命物究变，《说文》星物牛斗，《文赋》瞻物思纷，《文心雕龙》物动心摇，更广而言，兵农医工琴棋书画，都是在物化且化物中显露生发的几神。物之神韵无所不在。

与物语作为绵连词，物哀之哀字也根深颖峻。哀字在甲骨文中尚未见举证，但是在金文中屡见。如上述《老子》《论语》《诗经》《左传》《战国策》《楚辞》等先秦典籍中，哀的丰富含义已经有大量的开发和运用，诸如，悲伤、悲哀、悲痛、哀矜、哀鸿、哀怜等。汉魏以降，哀字的义项又有开拓，相关组词甚丰，类如，哀艳、哀感、哀毁、哀玉、哀思、哀丝等。从古至今，哀情与物象之间的关联十分密切。诗赋歌讴状物，象有隐情。文史哲学覃思，道不离器。在物思维的天地中，涵括着物语和物哀的审美意识及文艺情趣比比皆是。概括起来讲，有如下几个要点殊堪珍视。一是物性宇宙观，人法地，地法天，天法道，道法自然，这种思想从神话、巫术、宗教、民俗等远古上古高古语言文字中随处可见。此谓物性通天。二是物性价值观，天人合于自然，是天道；天人合于世情，是仁义；天人合于礼数，是伦常。此谓物性教化。三是物性是非观，美丑妍媸清厚，表面上是诗情画意现象，实则是好坏对错正误的文艺体现，天地良心臻达自然而然处，那便是变通感化的境界。此为物性通和。

雷晓敏的本居宣长"物哀"论研究，在这方面下了很深的功夫。她不是仅依"物哀"而论物哀，而是在更为宽阔的学术背景中看待这一诗学观点。在她看来，揭开本居宣长国学大师的面纱十分必要。她的这部书稿不仅剀切地勾勒出了本居生平、学术脉络、基本观点，而且对其学术和师承关系，也有比较全面和相当深入的解析。中日学界对本居宣长思想褒贬不一，雷晓敏教授的研究则力求客观公正。在本居宣长国学大师问题上，该书实事求是地称之为日本学的学者。而对其稀松拉杂的学问则有审慎的保留。既指出他对日本古籍的粗疏罗列，也说明他对神话学、古籍学、历史学、伦理学和风俗学的混杂使用和任性取舍，同时也揭露了这位所谓国学家罔顾学术源流甚至无视道义本真的信口开河。本居宣长极力歪曲日本文化学习和借鉴中国文化的历史，显出了一副吃谁砸谁的凶横。凭中医吃饭，却全不记中医给日本特别是给本居本人的好处。本居及日本民族得益于中国老庄孔孟等诸子百家智慧沾溉良多，但是随处可见这位所谓大师对中国语言文化和思想的谩骂和污蔑。本居宣长恶嗜十分令人发指，但令人遗憾的是学界对其不切实际地歌功颂德却有过之而无不及。本书对这类现象的拨乱反正，见出中国学者应有的学术立场。值得重视的还有对本居宣长"皇国优越论"的批判。本书认为本居宣长的这套伪学术是为日本军国主义张目的政治话语。这样的结论可谓入木三分且振聋发聩。

　　这本书最可观的方面，是关于"物哀"（もののあわれ）研究本身。作者指出，本居将もの与汉语"物"通解，把あわれ与汉语"哀"字谐缀，以此指称もののあわれ感于物而动于心之心物关系，是很有意思的日中文字和合而共美的现象。关于该术语的中文译介，本书肯定了前贤如叶渭渠、陈泓、赵青、王向远等对もののあわれ的翻译和评说，认为各家观点都有得体之处和要妙之宜。尤其是王向远先生对もののあわれ术语的演变和定形，有很精辟的分说，详见其《日本物哀》译著的序文。王文对本居宣长创制"物哀"论的目的，揭示得相当深切，称其用意既是为了摆脱日本文论对中国儒家"劝善

惩恶"论的依附，也是为了凸显日本诗学的独特风格。本书充分肯定了王向远先生的观点，即もの泛指外物，あわれ原本是当事人感于物时之叹词。该词的状化（形容词化和动化）以至名词化，确实有本居宣长的创意。雷晓敏教授也指出，本居本人也无法掩盖的事实，其"感于物"的说法，是借助汉语辞书关于"感，动也"的解释。如惊天地泣鬼神之感动，风、霜、雪、月、樱花等景色的让人动情。这本书在指出"物哀"论作为日本特色诗学的同时，也对本居宣长的缺点和不足提出了批评。诸如，理论思维的疲软，行文拖沓以至非学术化表述，日本超民粹主义意识的盲目自大，为日本军国主义话语开先河，等等。本居把强奸、通奸、乱伦一股脑称作"真性情"和"解风情"的"物哀"思想，充斥着肆意搅起历史沉渣和开放文明恶臭的卑劣邪念，在这些方面，不论是谁刻意把他膜拜为了不起的诗学家，也不论是谁把他金粉玉妆为"日本的国学大师"，都无法掩盖其恶浊污秽的深层本相。本书的这个学术立场是值得肯定的。该书第四章《"物哀"论的三个误区》给我的印象非常深刻。第一节《"物哀"论缘起处的缺憾》，对本居理论的前提弱点言之甚详。第二节《"物哀"论情色观的龌龊》，对本居滥情讹情恶情突破人类底线予以矫正。第三节《"物哀"论的神道教独尊邪念》，对本居导人于邪路的宗教政治观做了剖析。应该说，这种批判性辨析言之有理、持之有据，很发人深思。在当今关于本居宣长思想的研究方面，过分的赞美声居多，像这样的批评相对少见。

当某一学者及其著作被人们捧之甚高，往往会产生销售和研读热点。对于读者或研究者而言，翻阅和研究时间久了，甚至会不知不觉受其感染，渐渐失去反思和批判的敏锐。本居宣长的"物哀"论就是如此。当我们把"物哀"论置于人类关于物性文化和物性诗学的海洋中，则会看到此论原本是一片小浪花，而且其中鱼虾混杂泥沙俱下。如果从跨文化的比较研究和从发生学角度的交叉研究审度，启发会更多一些。雷晓敏教授的这部著作，在这些方面有较多的尝试，相对而言，还可以继续发掘，尤其是在发生学的交叉研究方面，突破哲学认知论和文化本体论的物性诗学研讨,是值得开发的另一片沃土。雷晓敏教授潜心治学用志不分,在那里是大有可为的。

栾　栋
2022 年 5 月 4 日于白云山麓

目　　录

绪　论 ……………………………………………………（1）
　　一　中国学界关于本居宣长"物哀"论的研究现状………（1）
　　二　日本学界本居宣长研究概况 ……………………（15）

第一章　本居宣长学理概述 ……………………………（28）
　　第一节　本居宣长其人其学 …………………………（28）
　　第二节　《初山踏》之本居方法论 ……………………（32）
　　第三节　本居宣长"物哀"论的学术价值 ……………（47）

第二章　"物哀"论之情结抽绎 …………………………（57）
　　第一节　"物哀"与"齐物" ……………………………（57）
　　第二节　《庄子》与《紫文要领·物哀论》"情"
　　　　　　观异同论 ……………………………………（70）

第三章　"物哀"论之要点透视 …………………………（81）
　　第一节　"物哀"论的前世今生 ………………………（81）
　　第二节　本居宣长和歌观 ……………………………（93）

第四章　本居宣长"物哀"论的三个误区 ……………（110）
　　第一节　"物哀"论缘起处的缺憾 ……………………（111）
　　第二节　"物哀"论情色观的龃龉 ……………………（116）

第三节　"物哀"论的神道教独尊邪念 ………………………（120）

第五章　"物哀""古意"与"古义" ………………………（126）
　　　第一节　本居宣长"物哀"论中的儒家思想情愫………………（127）
　　　第二节　"物哀"论的超伦理质疑 ………………………………（136）
　　　第三节　中日"古意"与"物哀" ………………………………（146）

第六章　"物哀"论主的师承关系 ………………………………（154）
　　　第一节　日本国学概述 …………………………………………（154）
　　　第二节　古语传承：贺茂真渊与本居宣长 ……………………（167）
　　　第三节　复古神道：本居宣长与平田笃胤 ……………………（175）

第七章　本居学四家提要 ………………………………………（182）
　　　第一节　村冈典嗣《本居宣长》之特点 ………………………（182）
　　　第二节　子安宣邦与田中康二的比较研究 ……………………（193）
　　　第三节　论小林秀雄《本居宣长》的研究方法 ………………（200）

第八章　日本现当代文学思潮中的"物哀" ……………………（213）
　　　第一节　川端康成《雪国》的"物哀"凄美 …………………（213）
　　　第二节　渡边淳一《失乐园》的"物哀"绝唱 ………………（222）
　　　第三节　大江健三郎《个人的体验》的"物哀"苦情 ………（235）

结　语 ………………………………………………………………（242）

附　录 ………………………………………………………………（246）

参考文献 ……………………………………………………………（276）

绪　　论

探讨本居宣长的"物哀"论，既要对本居宣长其人其思作"知人论世"的检索，也需要对其理论进行"以意逆志"的阐发。而在做这两件工作之前，首先得审视中国和日本学界关于本居宣长及其"物哀"论的研究现状。

一　中国学界关于本居宣长"物哀"论的研究现状

本居宣长"物哀"论在中国学界是一个新兴的热点问题。中国传统诗学理论和美学观给日本古典诗学提供了深厚的滋养。日本学术史上不少审美范畴都有中国思想的渊源，或对中国诗论有种源的借鉴，或由中日文学嫁接而派生。从诗学的意境到艺术领域的诸多方面，大都渗透着汉文化的因子。在18世纪，日本学者新井白石（1657—1725）撰写了《采览异言》（1713）和《西洋纪闻》（1715）。这两本书一方面表达了对西方道德、宗教价值的怀疑和否定，另一方面也承认欧洲物质文明的优越性和器制的先进性。这样的西洋观是当时的主导思想，对后世影响深远，被日本学界视为学习西学的开始。从那时起，逐渐形成了一个比较的观念，即日本的精英阶层认为，西方科学技术是"实学"，而中国学问则被看作"虚学"，至少日本重视欧美的学者持此看法。随着日本民族意识的觉醒，本土文化受到民粹派的大力颂扬，一批文化人激进地发掘本国的思想资源，强调本民族自身成为焦点。本居宣长"物哀"论所代表的就是这样的思想倾向。在"物哀"论的深层,涌动的就是日本文化独特性的诉求。这种标举日本诗学独特性的文艺观,掀开岛国审美思想的新格局,换言之,凸显了与欧美文学和汉文学所不同的日本文化的张力。

(一) 关于本居宣长"物哀"论的本质性研究

在日本文学理论中,"物哀"不是简简单单的悲伤与哀愁,它同时也具有同情、感动与壮丽。"物哀"经历了诞生、发展、高峰与衰落等几个阶段,并且最终成为日本式的、经典的审美术语,其内涵已融入日本文学乃至文化的许多方面,万事万物都蕴含着一种能够令人哀愁和怜惜的情愫。质言之,"物哀"宣示了一种悲情之美。在中国学术界,截至2022年6月,网络上关于本居宣长"物哀"论研究的条目共有120余则。在这些论文中,首先,值得关注的学术成果是关于本居宣长"物哀"论的本质性研究的文章;其次是从中日比较诗学的角度研究的文章;最后是把"物哀"论作为审美尺度,解析日本文学作品的文章。

本居宣长"物哀"理论是日本文学理论的重要内容之一。在中国的学术期刊知网上,关于什么是"物哀"论,"物哀"论的发展演变,以及"物哀"论本质性探讨的文章,共计有十余篇。其中比较早期的是姜文清的《"物哀"论考》[①]。之后有武德庆的《以悲为美的审美情趣——日本文学理念"物哀"试析》;王向远的《日本的"哀·物哀·知物哀"——审美概念的形成流变及语义分析》;曹莉的《本居宣长"知物哀"论的诗学主题探究》;王寅的《本居宣长的物哀观》;雷晓敏的《本居宣长"物哀"论的三个误区》;马抱抱的《论"物哀"》;郑奕莹的《对"物哀"一词的再认识》;周朝晖的《本居宣长:"物哀"的美学》;袁宏泽的《以悲为美的审美情趣——日本文学理念"物哀"试析》;杨燕的《美之"初心"——日本美学关键

[①] 姜文清:《"物哀"论考》,《日本论文集》,1996年,第255—269页。

词及艺术探微》。

以上所摘录文章中,有一些代表性的观点值得引述。姜文清在《"物哀"论考》一文中认为:"'物哀'是日本民族的一种以情感反应为主导的认识理念,也是一种文艺创作和欣赏的审美表现。"① 武德庆在《以悲为美的审美情趣——日本文学理念"物哀"试析》一文中认为:"'物哀'是日本文学的一种重要理念。其产生的背景是自然环境给日本带来的福与祸;战乱与疾病催生了'幽玄';日本封建统治孕育出世界独特的女性文学。'物哀'是心物交融。这里的'物'是丰富多彩的客观世界。客观之物作用于心,发出的感叹。'物哀'就是恋情与风情。"② 王向远在《日本的"哀·物哀·知物哀"——审美概念的形成流变及语义分析》一文中指出:"由《源氏物语》所表达的主观感动和感受的'哀',由本居宣长整合为客观审美对象'物哀',并由此生发出的,作为审美活动的'知物哀'。'物哀'之'物'是能够引起'哀'感的具有审美价值的对象物,是把政治、道德、说教等内容排斥在外的。'知物哀'的'知'是一种审美性感知,因而'知物哀'就是'审美'的同义词。但'知物哀'所'知'的对象往往是超越道德的人性与人情,只有对人情有充分理解者才能有所'知',因而'知物哀'是最为复杂的一种审美活动。"③ 曹莉在《本居宣长"知物哀"论的诗学主题探究》一文中指出:"本居宣长提出的'知物哀'是具有日本民族特色的诗学理论。在幕府封建统治的时代背景下,'知物哀'是作为以儒佛为中心的'劝善惩恶'论的反话语而被建构起来的;'知物哀'其本身包含着强调文学自律以及注重现世、以人为本的诗学主题。它具有时代的超前性,对日本近代文学理论产生重要影响。"④ 土寅在《本居宣长的

---

① 姜文清:《"物哀"论考》,《日本论文集》,1996 年,第 255—269 页。
② 武德庆:《以悲为美的审美情趣——日本文学理念"物哀"试析》,《武汉理工大学学报》2004 年第 5 期。
③ 王向远:《日本的"哀·物哀·知物哀"——审美概念的形成流变及语义分析》,《江淮论坛》2012 年第 5 期。
④ 曹莉:《本居宣长"知物哀"论的诗学主题探究》,《中南大学学报》2013 年第 4 期。

物哀观》一文中指出:"本居宣长对'物哀'进行了系统的研究,他强调欲成为'知物哀'之人,就必须抛去日本文坛因袭已久的'汉意',具备'大和魂',方能读懂《源氏物语》和感知其中物哀之美。"① 雷晓敏在《本居宣长"物哀"论的三个误区》一文中指出:"本居宣长的'物哀论'有三个误区:第一是其忽物偏心的日本主体意识;第二是蔑视文学伦理的滥情思想;第三是'皇国神道至上'的神道教独尊邪念。'物哀论'倾空了文学伦理元素的文学思想是超道德的骗局,极端排外的民族意识膨胀是危险的导向。二百多年来日本的'大和'独优论和军国主义侵略说辞都可从本居宣长的文字中找到源头。"② 马抱抱在《论"物哀"》一文中认为:"本居宣长之所以提出'物哀'这一高度抽象含义丰富的美学概念,是因为在日本的传统文化中经常渗透着'物哀'之美,提炼出物哀这一概念,有助于人们理解日本文化。潜存于日本文化中物哀,经由本居宣长倡导,成为了日本文学的一个标志性的术语。成为了日本人的精神底色。这是文学创作演化而来的理论,而理论又提升了文学创作。"③ 郑奕莹在《对"物哀"一词的再认识》一文中认为:"本居宣长'物哀'论的最初含义是悲所悲之物,乐所乐之物。当下'物哀'一词的解释逐步发生了变化,已经从'知物哀'拓展为'无常'与'感伤'。人们使用语言,并不断地赋予了语言新的含义,而一个新的词汇,也会因为种种原因而被人所'误读',但当这种'误读'成为一种被大众所接受的现象时,会被人理解为新的含义之一。"④ 周朝晖在《本居宣长:"物哀"的美学》一文中指出:"本居宣长确立了为艺术而艺术的文学观。本居宣长重新发现的'物哀'美学观念。并在《安波礼辩》(1758)里,首提'物哀'这一美学概念,用来描述日本古代文学经

---

① 王寅:《本居宣长的物哀观》,《开封教育学院学报》2013 年第 7 期。
② 雷晓敏:《本居宣长"物哀"论的三个误区》,《外国文学研究》2014 年第 6 期。
③ 马抱抱:《论"物哀"》,《扬州教育学院学报》2016 年第 4 期。
④ 郑奕莹:《对"物哀"一词的再认识》,厦门外国语言文学研究生学术论坛暨厦门大学外文学院第十届研究生学术研讨会论文集,厦门,2017 年 12 月,第 1—7 页。

典的某种特质。他将这一发现覆盖《源氏物语》、歌道等研究领域。所谓'物'，就是指谈论、讲述、观看、欣赏、忌讳某事物等，所指涉的范围对象很广泛。人无论对何事遇到应该感动的事物而感动，并能理解感动之心，就是'知物哀'，而遇到应该感动的事情却麻木不仁，那就是'不知物哀'，是无心无肺之人。"本居宣长认为："'物哀'是日本所独有，是与生俱来的'真情'，与凡事都要以善恶观念为标尺的中国文学迥然有别。本居宣长发现的这一理论，对日本文艺美学影响深远。'物哀'是日本美的源流。日本人这一审美意识，在文艺上涵盖古今的文学、美术、音乐、曲艺，乃至现代艺术领域中的电影和动漫。'物哀'现在已经成为深入渗透日本民族精神层面的潜意识。"[1] 袁宏泽[2]在2018年发表了与武德庆[3]同名的文章。在出现同名文章的情况下，笔者对这两篇文章产生了比较的兴趣。因为袁宏泽的文章与武德庆的文章在分析上有高度的一致，笔者认为："袁宏泽在写作时参考借鉴了武德庆的文章。理由有三。一、二者都对日本文学理念'物哀'的起源与背景展开了分析，而且他们的结论完全相同。二、袁宏泽'物哀'观与武德庆的'物哀'观基本相同。三、二者都认为日本的文学理论'物哀'，在一定程度上超越了文学范畴，成为现实世界的文化基石和意识。这样的审美观念长久地影响着日本的社会大众，并对人的价值观产生了不容忽视的作用。"杨燕在《美之"初心"——日本美学关键词及艺术探微》一文中认为："日本美学的关键词有物哀、幽玄、空寂。'物哀'与'幽玄'是具有汉文化因素的词汇，'空寂'则是日本本土的审美意识，它不再依附于强大的汉文化，逐渐产生了日本的民族自觉。或者说，这是日本对汉文化的巧妙吸收与化用。贵族阶级在欣赏残缺或'朴素'时，是对内心世界

---

[1] 周朝晖：《本居宣长："物哀"的美学》，《书屋》2017年第10期。
[2] 袁宏泽：《以悲为美的审美情趣——日本文学理念"物哀"试析》，《中国民族博览》2018年第7期。
[3] 武德庆：《以悲为美的审美情趣——日本文学理念"物哀"试析》，《武汉理工大学学报》2004年第5期。

的深层追问。日本民族的精神向度是倾向于对内世界的追求。"①

通过研读以上数位学者的文章,我们对本居宣长的"物哀"论的发展演变以及本质特征有了一定的思考。在中国,也有一些学者认为本居宣长的"物哀"论是中日比较文学理论的重要一环。因此,本节的第二个部分重点从中日比较诗学的角度检索相关的研究文章。

(二) 从中日比较诗学的角度研究

中日诗学理论相互影响,相互借鉴,源远流长。而本居宣长的"物哀"论是日本与中国文学理论分道扬镳的分水岭。从中日比较诗学的角度研究本居宣长的"物哀"论,查阅可得5篇论文。主要有陈希颖的《挣脱与被缚——本居宣长的"物哀论"与中国的"感物说"》;王向远的《感物而哀——从比较诗学的视角看本居宣长的"物哀"论》;朱丽卉的《色染众生知哀苦——论日本"物哀说"与中国古代文论中的情与欲》;雷晓敏的《齐物与物哀:中日物性思维比较研究》;林少华的《"侘寂"之美与"物哀"之美》。陈希颖在《挣脱与被缚——本居宣长的"物哀论"与中国的"感物说"》一文中指出:"本居宣长研究《源氏物语》,提出了'物哀论',它成为了日本文学理论摆脱汉文化的价值观与审美理念的前提,也成为了日本确立民族文化独特性的重要步骤。'物哀论'摆脱伦理教化的中国古典文艺理论。它从内到外都流露出汉文化的痕记,尤其是与中国的'感物'说有着惊人的相似之处。'物哀论'的感性特质与中国文学文论的理性之风确实有很大的不同,但其实质是本居宣长在中日文学比较的基础上,提出的价值观。'物哀论'的实质是日本神道文化,汉文化的一种变异形态。"② 王向远在《感物而哀——从比较诗学的视角看本居宣长的"物哀"论》一文中指出:"本居宣长认为,日本

---

① 杨燕:《美之"初心"——日本美学关键词及艺术探微》,《明日风尚》2018年第18期。

② 陈希颖:《挣脱与被缚——本居宣长的"物哀论"与中国的"感物说"》,硕士学位论文,上海师范大学,2011年。

文学的创作宗旨是'物哀',作者只是将自己的观察、感受与感动,如实表现出来并与读者分享,以寻求审美共鸣及心理满足,此外并没有教诲、教训读者等其他功利目的,而读者的阅读目的也是为了'知物哀'。'知物哀'就是知人性、重人情、解人意,富有风流雅趣。'物哀'论彻底颠覆了日本文学评论史上长期流行的、建立在中国儒家道德学说基础上的'劝善惩恶'论,既是对日本文学民族特色的概括与总结,也是日本文学发展到一定阶段后,试图摆脱对中国文学的依附与依赖,确证其独特性、寻求其独立性的集中体现,标志着日本文学观念的一个重大转折。同时,'物哀'理论涉及文学价值论、审美判断论、创作心理与接受心理论、中日文学与文化比较论等,从世界文论史上、比较诗学史上看,也具有普遍的理论价值。"[1] 朱丽卉在《色染众生知哀苦——论日本"物哀说"与中国古代文论中的情与欲》一文中认为:"日本汲取汉文学,提出了自己的文学理论'物哀'论,虽然本居宣长认为它是日本原创的理论,但实际上,它深深地受到中国古典文论的影响,特别是以情、欲为主的文学观。本居宣长的'物哀',本质上是抛弃了伦理和道德的主题,强调情的感物兴叹。"[2] 雷晓敏在《齐物与物哀:中日物性思维比较研究》一文中认为:"庄子的齐物思想与本居宣长的物哀论,是中日物性思维比较研究的一对重要概念,二者在内涵、哲学意义以及文论比较三个方面存在着内在的关联。庄子的《齐物论》是中国文学思想的重要底色。本居宣长的物哀论是日本近代文学理论的主流思想,是日本学者提出的人与物关系的思维模式,是企图颠覆中国文论对日本文论影响的理论。"[3] 林少华在《"侘寂"之美与"物哀"之美》一文中认为:"每个人,每个民族心中的美,除了相通之处,肯定还有许多不同。这是

---

[1] 王向远:《感物而哀——从比较诗学的视角看本居宣长的"物哀"论》,《文化与诗学》2011年第2期。
[2] 朱丽卉:《色染众生知哀苦——论日本"物哀说"与中国古代文论中的情与欲》,《理论界》2013年第9期。
[3] 雷晓敏:《齐物与物哀:中日物性思维比较研究》,《人文杂志》2015年第4期。

因为各民族不同的传统和审美价值所导致的。日本人的审美情趣的独特之处就是'物哀',这一点与中国的审美眼光存在着明显的差异。"①

除了以上五位学者从中日两国文学理论比较之外,唐珂的《从本居宣长"物哀"论探析东西古典美学的不同进路》一文,则是从日本与西方文学理论的比较展开的,这篇文章具有一定的新颖性。唐珂在此文中指出:"'物哀'是日本古典美学最重要的范畴之一,它从审美反应机制、审美主客体之间的关系、理性与感性的作用关系、审美与伦理的关系、审美目的论等角度都突出体现和代表了日本美学与民族文化的独特性质,同时呈现出与欧洲古典美学传统在不同层面上复杂微妙的对应和对立,而这些都源于东西美学不同的文化背景、精神实践和思维方式。我们可以从中考察西方与日本美学传统的不同进路与深层特质,促进东西方美学的理解、对话与沟通。"② 可以说,唐珂的文章将日本文论作为东方文论之一与西方文论直接比对,字里行间显露出作者在西方文论方面的造诣,是以西学裁剪日本文论的学术理路。

本居宣长的"物哀"论,脱胎于中国的多种文学理论,作为18世纪日本文论的一个重要的代表性文学理论。它的理论化过程,对日本作家的创作产生了深远的影响。物有色,物可感,物有性,物可哀。中日两国诗学理论在"物动心摇"的核心处,不是望文生义的灵犀相通,而是一衣带水的"字牵物感"。因此,在中国,有许多学者运用"物哀"论阐释日本文学作品的学术文章层出不穷,这个现象并不突兀,也非偶然。

(三)从影响论的角度解析文学作品

本居宣长的"物哀"论自确立以来,就被赋予了日本性,其文学

---

① 林少华:《"侘寂"之美与"物哀"之美》,《读书》2017 年第 6 期。
② 唐珂:《从本居宣长"物哀"论探析东西古典美学的不同进路》,《信阳师范学院学报》2012 年第 5 期。

元素也成为品鉴文学的一把"尺子"。从影响论方面研究本居宣长"物哀"论的文章共计有20余篇，可以分为以下三类。

第一类是日本文学作品中的"物哀"观。主要有李洪良的《解读〈万叶集〉中的"物哀"观》、雷芳的《论日本〈古今和歌集〉中的"物哀"美意识》、刘燕的《樋口一叶文学中的"物哀"与"知物哀"》、雷芳的《日本中世"幽玄"歌学中的"物哀"形态》、张永亮与雷芳的《西行〈山家集〉"秋歌"中的"物哀"美》。

李洪良是中国学界以"物哀"为审美尺度，解读日本文学作品的学者。他在《解读〈万叶集〉中的"物哀"观》一文中认为："'物哀'作为日本民族传统的审美追求，有其浓郁的生态氛围和深厚的人文背景。它的形成和发展经历了一个较长的历史过程，属于日本固有的审美范畴。《万叶集》中的'物哀'观代表了日本古代文学中'哀'含义，这种物哀经历了一个演变的过程。"[1] 雷芳在《论日本〈古今和歌集〉中的"物哀"美意识》一文中指出："'物哀'作为日本古典美学理念，集中体现在平安时代的《源氏物语》中，事实上从成书早其近百年的《古今和歌集》中就已经萌生了这种美意识。'物哀'的核心是情感和感受它在《古今和歌集》中以纤细、柔美的姿态展现出古代诗人的缠绵情怀。诗人们以和歌的方式抒发了对自然风物变幻的敏锐感受，表达恋情体验中的细腻、洗练的感动。《古今和歌集》中的'物哀'尚属萌芽阶段，它自身也呈现出一种混沌的状态，孤独、幽怨、惊叹、无常、愉悦、共感等情感交织成了这一时代的'物哀'美。"[2] 刘燕在《樋口一叶文学中的"物哀"与"知物哀"》一文中认为："'物哀'与'知物哀'是本居宣长对日本传统文学的审美和诗学要素进行的总结与再诠释，强调对于万事万物的共感和共情，强调物语创作要呈现和理解人情。樋口一叶的作品以人情的描写为主干，以多种手法凸显和塑造人情，是对'物哀'与'知物

---

[1] 李洪良：《解读〈万叶集〉中的"物哀"观》，《作家》2008年第10期。
[2] 雷芳：《论日本〈古今和歌集〉中的"物哀"美意识》，《天水师范学院学报》2016年第6期。

哀'论的全面呈现和诠释。"① 雷芳在《日本中世"幽玄"歌学中的"物哀"形态》一文中认为："'物哀'以不同的形态融入中世歌论家的'幽玄'论中。在藤原基俊和鸭长明的'幽玄'论中，'物哀'作为重要的审美情感为和歌酝酿出'余情'。在藤原俊成的歌学中，'物哀'是'狭义的幽玄'的核心审美意蕴，体现为纤细深刻的审美感动、孤独寂寥的余情余韵以及对世界和生命的高度领悟和把握；藤原定家在和歌论中将'物哀'作为优秀和歌的审美理想，又进一步推进和加深'心'的层面，从而提出'有心'是'物哀'的审美延伸，主张歌人须具备澄明的审美心胸、高度用心的精神状态和内在真实的心灵世界。"② 张永亮与雷芳的《西行〈山家集〉"秋歌"中的"物哀"美》文章具有将"物哀"审美与佛道体悟融合的特点。他们在文中指出："西行《山家集》'秋歌'中体现了'物哀'美，特别是他对秋月的'物哀'审美融入了对佛道的体悟。这种融入悟道体验后所感知的'物哀'由于加入了'谛'观的要素，它不再是人与客观自然外物简单的感物的关系，而是上升到了人对自我内心观照的层面，融入了佛道体悟中的谛视要素，是一种谛视的审美感动。具体表现为悲愁、悲悯、感慨、孤独、寂寥、哀伤等情趣。"③

在以上5篇运用"物哀"尺度解读日本文学作品的文章中，不难看出学者对本居宣长"物哀"思想的体会与品味。值得一提的是王彦科的《解读〈献给艾米丽的玫瑰〉中的物哀》(《长春教育学院学报》2017年第1期)。王彦科在此文中简单化地理解了日本的"物哀"文学理论，他的文本解读应该是对"物哀"的一种误读。美国作家威廉·福克纳的作品《献给艾米丽的玫瑰》是美国南部文学代表作之一。主人公"艾米丽"的人生悲剧与南方贵族制度的衰亡、社会习俗

---

① 刘燕：《樋口一叶文学中的"物哀"与"知物哀"》，《芒种》2017年第6期。
② 雷芳：《日本中世"幽玄"歌学中的"物哀"形态》，《北方工业大学学报》2018年第3期。
③ 张永亮、雷芳：《西行〈山家集〉"秋歌"中的"物哀"美》，《大众文艺》2018年第14期。

的变迁，新旧文化的碰撞有着密切的联系，而与日本文学理论"物哀"是完全不同的两种文化背景。在此处运用"物哀"思想，多少有违和之感。

第二类是川端康成的《雪国》成为部分中国学者关注"物哀"论的热点问题之一。仅 2018 年，就有 4 篇文章集中发表。他们是翟文颖的《论川端康成文学的"物哀"观》、赵佳玲的《悲与悯之歌——试析〈雪国〉中的"物哀"美》、魏丽敏的《日本国，雪之国——川端康成与"物哀"》、许昊楠的《哀寂与忧愁的雅趣——浅析川端康成〈雪国〉的"物哀"思想》。

翟文颖在《论川端康成文学的"物哀"观》一文中认为："川端康成的作品充满了'物哀'的意蕴，具体表现在三方面，一是早期作品表达了孤儿寂寞孤独之悲情，暗合了本居宣长所倡导如实记载人心的主张；二是中期作品所描述的男女恋慕而又不得之哀情，与本居宣长认为恋情最能表现'物哀'的主张一致；三是后期作品表达了人生而必死之苦情，符合本居宣长不论善恶只知'人情'的'物哀'观。"[①] 赵佳玲在《悲与悯之歌——试析〈雪国〉中的"物哀"美》一文中指出："川端康成的《雪国》表现出了日本人的精神实质，因而让世界认识了'美丽的日本'。《雪国》凝聚了日本传统文学的悲与美。感伤、凄怆、悲凉和孤独感遍布始终，细腻的抒情和忧郁伤感的'物哀'之美集中体现了作者的审美情结。既有作者的身世之恸，又折射出日本民族文化的渊源。"[②] 魏丽敏在《日本国，雪之国——川端康成与"物哀"》一文中认为："川端康成的'物哀'即：触景生情、感物兴叹等，这样的情感或喜或悲，或恐惧或低徊，知'物哀'的人，就是'性情中人'。'哀'当以'悲'为主，这一点与川端康成的人生经历极为符合，而且他认为'物哀是日本美的源流'，也认为'死是最高的艺术，是美的一种表现。……他认为艺术的极致

---

① 翟文颖：《论川端康成文学的"物哀"观》，《广州大学学报》2018 年第 1 期。
② 赵佳玲：《悲与悯之歌——试析〈雪国〉中的"物哀"美》，《名家名作》2018 年第 4 期。

就是死灭'。"① 许昊楠在《哀寂与忧愁的雅趣——浅析川端康成〈雪国〉的"物哀"思想》一文中认为："川端康成由于幼年时期曾受《源氏物语》等日本经典文学作品的影响，创作时便会流露出感物的哀愁与深沉的幽思。他擅长用凄美空灵的笔调描绘出虚幻的情感世界，物与人、是与非以及悲与怨流动在文本之上。他通过从人心对客观外物的感受、哀郁的人世交游以及自然无缚的人情抒现三个维度探究了《雪国》中的'物哀'思想。"②

第三类是一些学者关注日本电影、动漫世界里的"物哀"。日本的动漫风靡世界。"物哀"作为日本文学的重要理念，自然也出现在日本的电影、动漫里。对此予以关注的文章主要有：何晨与莫燕的《日本电视节目中的物哀美研究——以〈热斗甲子园〉为例》，朱宁的《日本电影中的物哀美学研究》，张如的《论日本妖怪动漫物哀之美》，程姣姣的《沟口健二电影中的物哀与幽玄》，孙维林的《从小说到电影：极尽物哀之美——从石黑一雄小说改编的电影〈别让我走〉谈起》，陈雨潇的《宫崎骏作品中的物哀体现》。

何晨与莫燕在《日本电视节目中的物哀美研究——以〈热斗甲子园〉为例》一文中认为："日本朝日电视台的热播体育节目《热斗甲子园》，在主题曲、影像摄制及节目叙事中充分运用'物哀'美并为其赋予当代新的意义，为人们带来了壮美、悲悯的审美体验。在新媒体时代，信息传播的成功需要建立在蕴含人们普遍追求的艺术趣味和共同的审美意识的基础上。"③ 朱宁在《日本电影中的物哀美学研究》一文中认为："'物哀'美学是日本传统美学的核心内容，也是一种日本本土审美的价值观。'物哀'长久地存在于日本民族文化和文艺作品当中，也是日本人生活和思考的习惯。'物哀'美学在电影案例

---

① 魏丽敏：《日本国，雪之国——川端康成与"物哀"》，《书屋》2018年第7期。
② 许昊楠：《哀寂与忧愁的雅趣——浅析川端康成〈雪国〉的"物哀"思想》，《名作欣赏》2018年第24期。
③ 何晨、莫燕：《日本电视节目中的物哀美研究——以〈热斗甲子园〉为例》，《钦州学院学报》2016年第12期。

中的特征可以概括为'死亡'、'悲剧'、'感动'与'女性'。'物哀'美学对当今日本电影具有深刻的现实意义，也为日本电影提供了理论的支撑。"[1] 张如在《论日本妖怪动漫物哀之美》一文中认为："日本妖怪传说由来已久，这些传说受到日本传统美学理论'物哀'的深刻影响，在动漫领域里的物哀之美具体表现为角色设定、故事情节、情境展现三种主要方式。"[2] 程姣姣在《沟口健二电影中的物哀与幽玄》一文中认为："沟口健二的影片体现了日本传统的美学观念：'物哀'和'幽玄'。他运用融情入景的手法，将'物哀'美体现在其影像当中，而将'幽玄'美集中体现于运动长镜头的运镜方式上。"[3] 孙维林在《从小说到电影极尽物哀之美——从石黑一雄小说改编的电影〈别让我走〉谈起》一文中认为："石黑一雄同名小说改编的电影《别让我走》对克隆人伦理的讨论与对人类社会未来的发展困境的展示，引发了社会的广泛关注与思考，克隆人实际上是人类自身的隐喻，人类面临危机时的情感和回忆所起的救赎作用，表达了作者的物哀之情，尤其是电影将'物哀'之美发挥到了极致，那种压抑、绝望与冰冷的感觉让观影者沉浸其中，难以自拔。"[4] 陈雨潇在《宫崎骏作品中的物哀体现》一文中认为："物哀是日本本土的审美意识形态，是日本民族对美的极致追求。'物'不仅可以是'物'，也可以是自然风景，人间百态；'哀'也不仅是'悲哀'，也可以是由'物'所引发的喜怒哀乐。这种'物哀'美学普遍地存在，成为日本人的审美追求，也是日本民族的审美情趣。宫崎骏作品中'物哀'的体现在不完美、甜蜜忧伤的爱情与女性形象上。"[5]

"物哀"美学不仅仅是日本的文学理论，而且逐渐演变成日本文化层面的审美追求，被众多的日本人所接受。他们将其应用与生活

---

[1] 朱宁：《日本电影中的物哀美学研究》，硕士学位论文，中国美术学院，2017年。
[2] 张如：《论日本妖怪动漫物哀之美》，《山西青年》2017年第24期。
[3] 程姣姣：《沟口健二电影中的物哀与幽玄》，《美与时代（下）》2018年第4期。
[4] 孙维林：《从小说到电影：极尽物哀之美——从石黑一雄小说改编的电影〈别让我走〉谈起》，《电影评介》2018年第12期。
[5] 陈雨潇：《宫崎骏作品中的物哀体现》，《北方文学》2018年第26期。

的方方面面。其中任红宇、杨成林与刘海燕的文章《"物哀"美学及其对日本陶艺设计的影响》论述的就是"物哀"美学对日本陶艺设计的影响。作者认为:"'物哀'美学观是日本传统文化性格和精神结构下的产物。'物哀'的审美情结,引发了日本在各类艺术创作上对自己民族的审美格调和艺术品位的思考。'物哀'是根植日本民族的审美心理;'物哀'观是从文学延伸至生活设计;'物哀'审美是日本陶艺设计中的美学引导;'物哀'美学是日本陶艺设计的具体体现。中国对器物追求精雕细琢,完美无缺的造物的理念。它与日本陶艺'物哀'审美大相径庭。'物哀'审美让日本陶艺呈现出独特性,即便对残缺、干枯、皲裂、粗糙、抱朴守拙的器物,也都备受喜爱。体现了'知物哀'的审美观。'瑕疵'与'自然'得到了肯定与崇尚,是日本的陶艺呈现出别具一格的造物风格。"[1] 最后是日本学者的"物哀"论在中国学界的翻译与传播。主要有大石昌史、梁艳萍与谢同宇的《"日本美意识"与"场的逻辑"——通过"心"的"相关""反转"构造阐释"物哀"》,严明与山本景子的《日本诗学范畴的两极趋向及特征辨析》。

大石昌史、梁艳萍与谢同宇在《"日本美意识"与"场的逻辑"——通过"心"的"相关""反转"构造阐释"物哀"》一文中认为:"日本文化作为中国文化的亚种,具有着自己的独特性。通过'哀'、'幽玄'与'风雅'等美学范畴,表达了其'日本元素',为了不同于中国文化,而显示的日本'风'与'和'的特点。文物有寝殿造、大和绘、和歌、连歌、茶道、俳谐与浮世绘等。有意识地凸显历史特征并世代传承,形成了别样的'日本'体系。本居宣长将这种'日本美意识'总结为'知物哀'。"[2] 严明与山本景子在《日本诗学范畴的两极趋向及特征辨析》一文中认为:"日本诗学经历了对中

---

[1] 任红宇、杨成林、刘海燕:《"物哀"美学及其对日本陶艺设计的影响》,《文艺争鸣》2018年第8期。
[2] [日]大石昌史、梁艳萍、谢同宇:《"日本美意识"与"场的逻辑"——通过"心"的"相关""反转"构造阐释"物哀"》,《外国美学》2013年。

国诗学的引进、套用，再到活用的过程，形成了'物哀'、'幽玄'与'寂'等一系列具有日本民族特色的概念与范畴，以及相关的理论与解释。它们成为了东方文论，甚至是世界诗学丛林中的奇葩。"①

日本传统文学创作在著述方式上呈现偏重私人性和家传性质的特点。创作内容上有着杂糅性的特征。在文体上则出现闲散随笔化的倾向。这些特殊表现都与日本民族文化及历史发展特征息息相关。

"物哀"作为日本诗学的核心观念，表现出了日本诗学的特色及成就。在梳理日本"物哀"诗学的形成及发展过程中，我们不难看出日本诗学对文学的本源问题、本质问题、社会价值与功能等重大问题较少关心与论辩。其审美价值取向对后世日本文学作品偏重于纯文学的形式产生了重大的影响。

二 日本学界本居宣长研究概况

在日本，研究本居宣长的学者众多。从18世纪70年代至今，可谓连续不断。学界对本居宣长的评述呈现多样化的态势，这样跨世纪的持续研究，从某种角度已经说明了本居宣长在日本的学术地位。

关于本居宣长的研究成果，笔者做了如下四种分类。第一类是以"本居宣长"为书名的作品。在此类作品中，最具有代表性的是村冈典嗣的《本居宣长》。除此之外，有小林秀雄的《本居宣长》，他的著作从与本居宣长结缘开始讲述，共计50章，耗时十一年半，才完成。还有日野龙夫校注的《本居宣长集》等。第二类是围绕本居宣长的学术成果，采取专题、讲座形式的研究。这类著作以子安宣邦的著述最为出名。如《本居宣长的问题》与《本居宣长讲义》。第三类是聚焦一个明确的主题。如《本居宣长与自然》等。第四类是运用比较的方法，从思想史、文学史的角度，与其他相关学者比较的研究，如

---

① 严明、[日]山本景子：《日本诗学范畴的两极趋向及特征辨析》，《文贝：比较文学与比较文化》2015年第2期。

吉川幸次郎的《仁斋·徂徕·宣长》与子安宣邦的《江户思想史讲义》。

（一）以"本居宣长"命名的作品

提到本居宣长的研究，首先要介绍的就是村冈典嗣。他的《本居宣长》由岩波书店出版，自1928年发行了第1版，到1993年印制第13版，在日本经久不衰，业已成为研究本居宣长的必读书。而且，小林秀雄等学者的作品中多采信村冈典嗣的调查以及研究数据。

村冈典嗣在《本居宣长》一书中，安排了两编。第一编是本居宣长传记类研究，其中包括本居宣长传的区别、家谱、本居宣长的讲义、本居宣长的学生以及朋友。第二编是本居宣长的研究，由本居宣长的学问的概念以及研究的精神，古典研究以及训诂注释、本居宣长学及其著述、文学观以及语学观、古道说、本居宣长学的意义以及内在的关系、近世的古学、本居宣长学的成立、契冲、贺茂真渊与本居宣长、本居宣长学的根本思想、本居宣长的人格、反本居学说以及本居宣长学的发展、本居宣长研究的资料与文献、本居宣长关于神的定义、本居宣长《源氏物语》萤之卷的解释、关于本居大平的"恩赖"组成。

除此之外，还有村冈典嗣写作、前田勉（1956— ）校订的《增补本居宣长》[①]。村冈典嗣在写作此书时，在《增补本居宣长》[②] 的基础上，增加了他的两篇关于本居宣长的论文，分别是《作为历史学家的本居宣长》[③]、《垂加神道的根本意义与本居宣长的关系》[④]。此书的内容也有两编。第一编是本居宣长传的研究，包括序、本居宣长传的区划，第一章家谱以及传的第一期与第二期，第二章传的第三期与第四期，第三章本居宣长讲义，第四章本居宣长的学徒以及交友。第二

[①] ［日］村冈典嗣:《增补本居宣长》，前田勉校注，平凡社2006年版。
[②] ［日］村冈典嗣:《增补本居宣长》，岩波书店1928年版。
[③] ［日］村冈典嗣:《作为历史学家的本居宣长》，《本邦史学史论》1939年第5期。
[④] ［日］村冈典嗣:《垂加神道的根本意义与本居宣长的关系》，《思想》1925年第4期。

编是本居宣长学的研究，包括序、本居宣长学的概念以及研究精神，第一章本居宣长古典研究与训诂注释，第二章本居宣长学、区分以及著书的概观，第三章文学说与语言学说，第四章为古道说。

村冈典嗣在《增补本居宣长》一书的序中，认为："本居宣长是日本学问史上的具有代表性的学者之一。"他在后续的出版中及时地补充新资料，并对之前版本事实上的错误进行了修正。《增补本居宣长》的内容包括三编，八章以及附录。第一编本居宣长传的研究，包括第一章家谱以及传的第一期第二期、第二章传的第三期第四期、第三章本居宣长传的讲义。第二编本居宣长学的研究1，包括第一章本居宣长的古典研究与训诂注释、第二章本居宣长学与各板块划分以及著书概观、第三章文学说以及语学说、第四章为古道说。第三编本居宣长传的研究2，由第五章本居宣长学的意义以及内在的关系、第六章近世的古学、第七章本居宣长学的成立、契冲、贺茂真渊与本居宣长、第八章本居宣长学的根本思想、结论：本居宣长的人格、余论；反本居宣长学说以及本居宣长学的发展组成。附录有第一本居宣长研究的"作为"的资料以及文献、第二本居宣长关于神的定义；第三本居宣长《源氏物语·萤卷》的解释、第四本居大平的"恩赖"、第五作为史学家的本居宣长、第六垂加神道的根本意义与本居宣长的关系。

除了村冈典嗣的成果之外，还有相良亨的《本居宣长》[①]。此书由物哀论、神道论的形成、道组成。高野敏夫的《本居宣长》[②]，此书由松坂的人、知物哀、古道、汉意组成。小林秀雄（1902—1983）的《本居宣长》[③]，此书自1992年发行第一版，至2016年，一共出版了十一版。小林秀雄将内容分为50章。上部为，一章—三十章、下部有三十一章—五十章、补记1、2、围绕本居宣长的对谈。小林秀雄在《本居宣长》一书中给读者展现了自己对本居宣长的寻访、思考与

---

① [日] 相良亨：《本居宣长》，东京大学出版社1978年版。
② [日] 高野敏夫：《本居宣长》，河出书房新社1988年版。
③ [日] 小林秀雄：《本居宣长》，新潮文库2011年版。

研究。他的写作风格温婉如玉，娓娓道来。文中涉及的历史人物，也如数家珍地依次登场，既有史学方面的真实材料，也有他的独特眼光与判断。子安宣邦（1933— ）的《本居宣长》①，在第二部分里详述；日野龙夫校注的《本居宣长集》②，此书的主要内容是对本居宣长的《紫文要领》及《石上私淑言》两部作品的注释。

（二）子安宣邦关于本居宣长的著作

子安宣邦是日本研究本居宣长的著名学者。他的作品种类繁多，其中聚焦本居宣长的作品有五部。第一部是《本居宣长与平田笃胤的世界》③；第二部是《本居宣长》④；第三部是《本居宣长问题是什么》⑤；第四部是《本居宣长讲义》⑥。此外还有一部《江户思想史讲义》（岩波书店，1998年）。

子安宣邦的《本居宣长问题是什么?》一书，主要内容分为两个部分。第一个部分有四章。第一章"本居宣长问题是什么?"包括五节。第一节"本居宣长之谜"、第二节"本居宣长问题是什么"、第三节"关于纯神道"、第四节"本居宣长关于神的说法"、第五节"作为本居宣长问题的神的言说"。第二章"本居宣长自己的蝗虫"，有五节内容。第一节"国学•自己的言说"、第二节"思想形态斗争的残骸"、第三节"作为异国的中国的他者像"、第四节"作为异国反照的自己"、第五节"直毗灵新作业的清单"。第三章"《古事记传》自己同一性的言说——幻想复原美的'口诵的书写'"，一共有五节。第一节"发现《古事记》"、第二节"古代的真实是什么?"、第三节"认识《古事记》的出发点"、第四节"《古事记》汉字表记的教材"、第五节"《古事记》美的'口诵的书写'"。第四章"大和语言成立"，有六节。第一节

---

① ［日］子安宣邦：《本居宣长》，岩波新书1992年版。
② ［日］本居宣长：《本居宣长集》，日野龙夫校注，新潮社2012年版。
③ ［日］子安宣邦：《本居宣长与平田笃胤的世界》，中央公论社1977年版。
④ ［日］子安宣邦：《本居宣长》，岩波新书1992年版。
⑤ ［日］子安宣邦：《本居宣长问题是什么》，青土社1995年版。
⑥ ［日］子安宣邦：《本居宣长讲义》，岩波书店2006年版。

"《古事记》成立的再生语言"、第二节"外部的介入与内部的坚守"、第三节"《古事记》成立的原始语言"、第四节"一种异说"、第五节"假名文的书写方式"、第六节"大和语言的创造"。

第二个部分有三章。第一章《古事记传》与《古史传》二者的连续性与差异性，有四节。分别是第一节"前期国学与后期国学"、第二节"《记传》与《记》的再叙述的言说"、第三节"《记传》与再叙述的特点"、第四节"新神代的出世"；第二章神与神的解释，有六节。第一节"神的名义"、第二节"本居宣长注释学的抑制"、第三节"作为语言殿下的神"、第四节"私智的言说与真正的言说"、第五节"世上常见的与奇特的关于《神典》的说法"、第六节"笃胤对'神言说'的拓展"；第三章平田笃胤国学对神学的再建构，有五节。第一节"作为演说家的平田笃胤"、第二节"神代新的叙述"、第三节"关于灵的去向以及安定的认识"、第四节"著作《本教外篇》"、第五节"神学再建构的尝试"、第六节"平田笃胤国学是什么"。结语为"阅读本居宣长——小林秀雄《本居宣长》再续与'向内的阅读'读什么?"

子安宣邦给《本居宣长问题是什么?》书序题为《以本居宣长问题为研究视角》。他在其中回答的是近代以来，尤其在当代日本，本居宣长问题是什么？以"本居宣长问题"作为研究的视角研究本居宣长。即近代日本，日本人强力言说自己、本居宣长的再生，国学的言说问题。一说到日本人自己言说的日本的同一性，以及关联形态时，人们常常会说到本居宣长。本居宣长的国学是日本建构其同一性的言说，即近代日本的"再生"。本居宣长毕生的大业就是《古事记传》的写作。通过给《古事记》做注释，"日本"的内部，或者说"日本人"的同一性才得以成立。《古事记传》是"大和语言""国语"神话形成的重大形式。也就是说日本近代的"国语学、国文学"与本居宣长的思想形态是同生共长的日本文化转变，由此使"日本学"和"大和魂"的话语得以夯实。

子安宣邦强调说，本居宣长问题再次浮现，他将以上述思理作为核心，以此阐发日本内部的再建，以及日本人的再生产。日本国语学是本居宣长与大和语言神话的共存，国语的再生产，是近代学术的言说，是日本思想史、精神史，是日本近代解释学的语言和方法。从思想史的角度来看，日本人之所以是日本人，是因为他们自觉地从自己的角度展开日本的内部的再建，日本的国家意识是近代国家体制的外在的再思考。

《本居宣长讲义》一书的内容一共有十讲。第一讲：关于本居宣长的自传；第二讲：放到筐底的两个歌论；第三讲：知物哀，以外没有其他；第四讲：与贺茂真渊的异同；第五讲：向古的真实的教材——选择《古事记》；第六讲：大和语言的存在——从模仿汉文到模仿古语；第七讲：本居宣长"神"与"神典"的言说——古学意味论的回转；第八讲：我们的古道之学——本居宣长古道学的成立；第九讲：普照天地的大神——伊势人本居宣长与神道；第十讲：树敬寺的送别。这里有必要梳理一下《本居宣长讲义》书序的主要内容：子安宣邦称自己是从1960年代起，即他还是研究生的时候，就关注本居宣长。他把自己的研究对象确定为"本居宣长研究"，并且持续地关注本居宣长。关于本居宣长的专著他一共出版了四部书。对于为什么关注本居宣长这个问题，子安宣邦的回答是因其是关于日本，说明日本，为了日本。本居宣长的作品是关于日本的语言、日本的"心意"、和歌、神、皇国的内容以及它们的传承。

本居宣长是最早关注这方面的"日本"学者。子安宣邦非常感兴趣的是本居宣长对日本文化的追本寻源。他认为本居宣长关心最原始的日本，以及日本的存在方式，是此类研究的开创者，其影响是非常久远的。子安宣邦所居住的川崎市举办了《二十一世纪的本居宣长》展览会。在此期间，子安宣邦大力宣传本居宣长学术的意义。他称赞说，从本居宣长开创的日本研究，是关于日本的言说，它并不是自然存在层面的日本。通过本居宣长的言说，日本第一次获得了至高无上的意义。[①]

---

① ［日］子安宣邦：《本居宣长讲义》，岩波书店2006年版，第1页。

《古事记》不仅仅是最初的,通过日本的语言阅读的教材,而且还是对日本神的尊崇的传承。从这个意义上讲,它是作为"神典"而存在的。作者是大仓精神文化研究所的编辑兼发行者。他有一本1936年发行的《神典》的袖珍版。被捧为《神典》的《古事记》,原本是用汉字记载的汉文的教科书(教材),《日本书纪》同样是模仿汉文的方式阅读的长文。本居宣长是采用日本古语阅读《古事记》的。这样的返回,是为了"日本的固有性"的目的,返回到古代的见解。古书教材观的返回,返回到提倡"意味"的方法;《古事记》是通过这样的返回,以新的《神典》的地位,描绘出日本固有的神话的教材。本居宣长就是最初以这样的方式研读《古事记》的学者。在子安宣邦看来,本居宣长的"返回"研究方式,才使"日本作为日本"有了底气,让大和民族拥有了"至上意味"的存在。

子安宣邦进而认为本居宣长是划时代的人物。他之所以说本居宣长是近代日本的开始,是因为从本居宣长开始,日本才真正有了一个完整的理念的开始。"固有的日本"是日本近代大写的"我"的存在的前提。子安宣邦的这本讲义,关注的就是本居宣长返回的轨迹。该讲义的研究目的就是厘清日本言说的开端,什么时间、谁、怎样让这样的观点得以成立。这是关于日本近代的考古学层面的以追踪痕迹的方式得到的知识。

追踪言说日本或日本言说的痕迹,也是明确最初的思想史的谱系。明确非连续的状态,既定的差异性的返回。本居宣长所执行的教材论,也就是意味论的返回,返回的目的和效应,即第一次提出"固有的日本"。据说这种以考古学的方法研究近代知识,所得出"固有的日本"概念是绝对的、归属性的和通透性的观点。子安宣邦认为本居宣长既定的思考方法,是诞生"固有日本"的好方法,是关于"母胎"的言说,划定了近代的历史性,以近代历史的眼光向世界言说日本的诞生。"日本人""外国人""国家""民族"等概念的存在,它们的存在是世界范围内的诞生,在子安宣邦看来,本居宣长的研究揭开了这样一个学术局面,即日本是以"母胎"的身份诞生的近代日本，那就是"固有的日本"①。

子安宣邦也看到，日本人的所谓重生，归功于本居宣长揭示了"日本母胎"，有了自己标明的形态，由此产生了与20世纪太平洋战争的关联，产生了"亚洲的日本"，及其所造成的"巨大的裂痕"。"根据这个裂痕，日本人窥探到世界。这是隐藏的、排他的，也是日本所知道的。亚洲太平洋战争，日本发动的十五年战争，都是日本近代的重要的归结。"②

日本学界关于近代主义，其区分自己，也是重建自己的观点与方法。子安宣邦的《本居宣长讲义》，是他为大阪市民的讲座，一共十五回。这个讲义即后来发表的《阅读本居宣长》一书的原稿。"子安宣邦说这个系列讲座不是本居宣长的评传，而是关于他一生的性格的讲述。子安宣邦以本居宣长的一生为线索的讲演，实际上阐发了本居宣长日本学。"③值得关注的是演讲者看到了本居宣长歪曲日本古籍的真相和宣扬"日本皇国至上"论种下的恶果。由此演变出的日本与亚洲的"巨大的裂痕"以及一系列战争。但是子安宣邦对如此巨大的邪恶和反人类的罪行却语焉不详，甚至讳莫如深。

一个学者，是否把求真与辩道结合起来，这才是对学术含金量的考验。真与善，是不可截然分开考量的。真善与美，也是不可截然分割取舍的。这在本书全面评论本居"物哀"论的各个章节，会有深入的讨论。

（三）关于本居宣长的主题研究

提及关于本居宣长的主题研究，村岗典嗣首当其冲。其《日本思想史研究》（岩波书店1940年版）颇具功力。此书的主题是日本神道。此处不做深入展开，权且对基本张目略作梳理。各章分别论述了以下内容：古神道的道德意识与发展，愚管抄考，愚管抄的著书年

---

① ［日］子安宣邦：《本居宣长讲义》，岩波书店2006年版，第3页。
② ［日］子安宣邦：《本居宣长讲义》，岩波书店2006年版，第4页。
③ ［日］子安宣邦：《本居宣长讲义》，岩波书店2006年版，第5页。

代编制以及写本，新井白石的书简以及解说，国学的性格，近世史学史上国学的贡献，作为史学家的本居宣长，作为思想家的贺茂真渊与本居宣长，"垂加"神道的根本义与本居的关系，本居宣长对古传说信仰的态度，橘守部的学说，复古神道幽冥观的变迁，平田笃胤的神学耶稣教的影响，南里有鄰的神道思想，诞生于农村的一国学者铃木雅之，作为近世学问意识源泉——契冲的人格组成，等等。村冈典嗣从日本思想史的大背景中论述本居宣长。他对本居宣长作为国学家、史学家、古传说专家、神学家、诗学家的多重身份都做了一定的阐述。有的地方娓娓道来，如本居宣长的神道思想，多处阐述，且细致入微，浓墨重彩却毫无烦琐之感；有的地方理论不深，如关于史学家本居宣长，但是在整个日本思想史的大网中，遂有此隐彼显之妙；有的地方直击要点，如本居作为国学家的成就问题，却在笔触所及时振聋发聩。勾连出整个日本国学的来龙去脉；有的地方轻描淡写，如"物哀"论，用笔浅显，此时"无深胜有深"，因为这样的多色调衬托，本居宣长的诗学大旨跃然纸上。其不足也是明显的，最大的缺点就是为本居宣长歌功颂德，缺乏深刻的批判立场，透彻性和反思性也因之打了折扣。

山下久夫（1948— ）对本居宣长研究颇有新意。他在这方面的代表作是《本居宣长与自然》。① 这部书视野开阔，思理深邃，值得详加引述。此书的内容一共有三章。第一章是心的构造1，第二章是心的构造2，第三章论述自然与神。在第一章中，第一节是被驯化的心，第二节是和歌的共同体的心性，第三节是心性。第二章中的第一节是向传统的回归；第二节是回复内在的秩序。第三章的第 节是深化自然，涉及本居宣长与老庄思想；包括并超越的自然；作为通路的神；向"恶"的目的。第二节是阐述神国共同性与自然，即神的自然；天皇支配下的自然化；吉凶转化论；参与共同性；"被关"的自然。

山下久夫在《本居宣长与自然》的前言中有如下言说："从总体上讲，本居宣长的思想与文学，尽管可以说是宇宙飞船一样的存在，

---

① ［日］山下久夫：《本居宣长与自然》，冲积舍1988年版，第3—4页。

我们尝试从'自然'的角度切入这个研究对象。今天,对本居宣长的研究已经发生改变的时代。战后已经过了四十年,尽管时光流逝,我们仍保留对皇国史观有理想的本居宣长形象。日本浪漫派正好如此设想,怀念理想,这样的基础的要因,对战后的我们不能说是无关。"山下久夫的意思很明白,一方面,他反感到处都是以西方为中心的文化价值观,因而提倡以本居宣长的"物哀"论来解释西方近代人文观,当然他也认为西学存在有一定的必要性,但是要做必要的转换。在他看来,倡导皇国史观、近代主义论的本居宣长已经是自由的化身。这个评价有过之而无不及。另一方面,他认为本居宣长展示的历史才是真正对日本传统价值从正面予以发掘,而且据说其观点是不容易被超越的根深蒂固的思想。山下久夫与一味浅薄地推崇本居宣长的学者有所不同,他称自己的观点既有内在也有从外部的判断。他由此认为本居宣长的思想不难理解。国学家本居宣长是有皇国至上主义的民族主义,但是把《古事记》等文献的绝对化,也有历史的原因,概言之,"物哀"论是平安朝美学自闭的结果。他盛赞德川的保守的容忍现实的态度,缘此也为本居宣长曲辩。换言之,在他看来,众人所指责的本居宣长学的弊端有内外在因素,而不是一孔所成。[①] 虽然山下久夫的研究从外观之较多,其内视方面也非蜻蜓点水。他看到了日本学界在本居宣长研究上的矛盾性。许多日本文化人自己也意识到本民族内在的立场的局限,可是克服内在感性的方法谈何容易,事情绝不是那么单纯。他指出,运用特定的尺度去评判本居宣长所代表的、影响至今的日本文化史以及其在思想史中的位置是重要的问题。他的贡献是深刻的底层的思想。那是因为本居宣长的思想与文学的构造,触动了在传统的日本人的心底流传的元素,那是存在于深层的潜意识里的东西。他的本居宣长研究也有一点批评性的点缀,诸如,他说大家也明白,本居宣长从反省高度发展带来的东西有其负面的问题,诸如,日本的缘起、古籍的更改、所汲取事物的偏颇。民族主义、《古

---

① [日]山下久夫:《本居宣长与自然》,冲积舍1988年版,第5—10页。

事记》、绝对化以及其他的保守性实际上是日本人深层的感性根底，这些都是从外部判断无法解决的存在。全部都是内在的，必须克服的。同时也是以日本人的无意识为前提的，是一种对象化的继续追问。他的贡献是建立作为一个日本人自己所无法切割的存在的基础。[①]山下久夫没有就此止步。他在反思，认为只有否定自己的觉悟才能进步："我们从内部规定的表现感性，是本居宣长学说最重要的观点。本书以'自然'作为本居宣长的全貌的根本特点切入，即有'自然'，舍此日本人在文化、思想的底流中没有持续不断流淌的'生的根源'观念。即使是进入近代以后，也是如此，日本人对于异质的外来思想的接受，必然地会首先与自己所依靠的、'自然'的观念，回到自己的同一性的问题上来。"[②] 提出"自然"，是山下久夫的机智之处。"自然"这个概念让他觅得了同化异质物的方法。"自然"有其复原力，不可或缺的就是勤勉的回返。本居宣长的强势秘密就是对"自然"的根源性的熟知，并且最大化地利用这一点。芳贺矢一与村冈典嗣模拟文献学评价，原封不动地运用文献，采用的是凝视的态度；日本浪漫派的代表作家莲田善明的学说比《古事记传》更加传说化，宛如自信少年的白日梦。小林秀雄在他的著作《本居宣长》中，描述的是用"无私"的态度和生动的语言进入古典内部的本居宣长的画像。这些是没有夹杂他物的直接的强烈的认同，但是缺乏从更深层次的开掘。山下久夫从这种认可中看到了支撑着本居宣长的东西，那就是"自然"的力量，或曰人心里流淌的自然性的诉求。据说，这也是本居宣长至今持续存在影响力的原因。山下久夫用"自然"说为本居宣长辩护，他认为仅仅用民族主义、保守性剖析本居宣长"物哀"论，也还是脱离自然的做法。问题在于本居宣长极端狭隘的民族主义思想不正是脱离自然的行为吗？显然，在这个以"自然"为衡准的问题上，山下久夫很难自圆其说。

---

① ［日］山下久夫：《本居宣长与自然》，冲积舍1988年版，第5—10页。
② ［日］山下久夫：《本居宣长与自然》，冲积舍1988年版，第5—10页。

于是，他必须突破或者说超越"自然"来为本居宣长圆场。换个角度讲，山下久夫拐了一个大弯，他要确定本居宣长在"自然"中占据的位置，由此恢复其全貌。为此他再拐一个弯，即阐发在本居宣长所生存的时代里"自然"又是怎样的一种存在。众所周知，"神"是比"自然"更早出现，万事万物都是神造的。尽管如此，为了本居宣长的完整性，山下久夫力挺"自然"，不使"自然"在"神"面前完全后退。毋庸讳言，山下久夫的本居宣长"自然"论，实际上是美化"自然"，同时也将之缩小为人性中任意开放的自然，反过来，他再把"自然"与本居宣长及其思想对象化。这个"自然"与人们通常理解的自然并不相同。自然是融通无碍的、多义性的存在，山下久夫只取其一点，即任意。经过这样一番论证，"自然"与民族主义纠缠在一起，甚至含糊地等同。山下久夫在规避或者说反对西方自然观的同时，把"自然"解释成"自己"，解释成本居宣长，解释成日本。也就是说，"自然"的观念换算成了日本人心里流淌的确认的事实。把本居宣长与"自然"对象化的意义就在于此。

事实上，"自己"与"自然"不是一回事。"自然"也不是人的"作为"的对立面。"作为"是把自己包裹其中的。视"自然"为人的行为，把人的行为视为自己的一部分，无异于说自己等同说"自然"。这样的自己，与其说是东方文化，毋宁说是日本的"自然"。至少，这样的"自然"观念是不设限的，没有看到本居宣长的思想构造的任意的性自由和极端大日本主义。当然，由于人的主体的经营，现在的人类已经从朴素的自然里脱离出来。诚如山下久夫所言，今后有必要从自然的根源性中发掘生存的价值，自然的根底是"作为"的可能性。我们要提醒的是这种可能性的发掘与否，都不可以为某一民族或某一狭隘民族主义学说找理由。

在山下久夫的这本著作中，以上的关于"自然"的观念与本居宣长的研究的结合，可谓煞费苦心的经营。第一章与第二章围绕本居宣长的"歌论"与"物哀"论为中心，追溯他关于人心的构造；第三章是自然与神的内在关联，即他舍弃了自然，向"神"的思想转换，追求主题的研究。其最后部分，是关于本居研究所引用的原文，采用的均是现代假名。《排芦小船》，筑摩书房出版的《本居宣长全集》第二卷，《古事记传》引用时，分别是一之卷的《传一》、二之卷的《传二》。由于其基础理论的"自然"观，偏而行之，后面的论述则一如倾斜之塔，难以让人有公允之感。

与上述研究类似的还有田中康二的《本居宣长——文学与思想的巨人》[①]。内容由国学的脚本；学问的出现；人生的转机；自省的岁月；论争的季节；学问的完成；铃屋的未来组成。田中康二给予本居宣长非常高的评价。鉴于篇幅原因，此处不展开论述。

运用比较的研究方法展开学术研究的学者有吉川幸次郎、子安宣邦。吉川幸次郎的《仁斋·徂徕·宣长》[②] 由仁斋东涯学案；伊藤东涯；徂徕学案；民族主义者徂徕；日本的思想家徂徕；本居宣长的思想；本居宣长——世界的日本人七个部分组成。子安宣邦的《〈江户思想史讲义〉——从中江藤树到本居宣长"江户的方法"江户/近代的摆脱建构》（岩波书店1998年版）共十章，每章围绕一位日本的哲学家展开。第九、十章是本居宣长。书中分别论述了中江藤树（主题是孝的说教与孝子传）、山崎暗斋（主题是敬语与心法的语言——日本内部形成的言说）、伊藤仁斋（字义的两种说法、儒学的再构造与脱构筑——《语孟字义》的讲义上；关于知天命——《语孟字义》的讲义下）；三宅尚斋（鬼神与理——"祭祀的由来"与朱子学派的说法）；荻生徂徕（先王之道仅仅是礼乐）；中井履轩（近代儒学知识分子的存在与知识的位相）；贺茂真渊（万叶世界的表象——形成文化上的同一性的说法）、本居宣长（和歌的通俗化与美的自律——物哀论的成立；一国的始源的语言）。其思路在这些编目中略见一斑。笔者在这里只对这些学者的研究点到为止，他们关于本居宣长的著述与前面提到的思想家的见解有不少相似之处。有些基本观点，笔者将在本书的后续章节中有所论述。

---

① ［日］田中康二：《本居宣长——文学与思想的巨人》，中公新书2014年版。
② ［日］吉川幸次郎：《仁斋·徂徕·宣长》，岩波书店1975年版。

第一章　本居宣长学理概述

"知人论世"和"以意逆志"是中国先秦思想家孟子倡导的研究方法。对于古今中外文学理论家研究来说,该方法不仅很有见地,而且行之有效。在研讨本居宣长学理的问题上,沿着这个思路推进,应该说是不错的选择。此选有助于我们了解本居宣长其人其学,探索其方式方法,领略其学术价值。

第一节　本居宣长其人其学

本居宣长,号芝兰,又称舜庵。他是日本江户时代的国学家、文献学者、看病行医的医生。日本朝野尊其为"复古国学的集大成者"。他年轻时受益于流行日本的汉学,后来对汉学充满了偏见,甚至极端仇视,因而他也被日本右翼势力推崇为"皇国优越"论的先驱。客观地评价他在日本文献学、"物哀"诗学和日本国学方面的积极成果,指出其偏狭乃至极端民族主义的思想观念,有助于学界全面地了解这位"复古国学"大师的历史特点和现实影响。

一　本居宣长的生平

本居宣长(1730—1801)是日本很有影响的"国学家"。他生于伊势松阪一个棉花批发商的家庭,在家排行第二,幼名富之助。他11岁时(1741)其父小津三四右卫门定利病故。1745年,他在大传马町的叔叔家寄宿。1746年返回故乡松阪。1748年,他来到伊势山田的纸商兼御师①的今井田家做养子。日本盛行的长子继承制，决定了他只得外出谋生。1750年，由于与今井田家相处得不好，他再度回到松阪。1752年，本居宣长的兄长宗五郎定治去世，他成为小津家的继承人，但是他不擅商道，经商无方，生意日渐衰落，最后商铺倒闭而且破产。经母亲劝说，他立志学医，去京都游学。

1758年，本居宣长回到家乡，以小儿科医生的身份开办诊所。同时，他还在自己家开办私塾"铃屋"，讲授《源氏物语》以及《日本书纪》。1763年，他见到当时著名的国学大家贺茂真渊。贺茂真渊推崇《古事记》，排斥受"汉意"影响的《日本书纪》。他接受了贺茂真渊的建议，开始研究《古事记》。本居宣长一度也曾经在纪伊藩就职。但是，他一生的大半时间是以市井学者的身份谋生。他的门人、学生众多。据统计，在1788年，他的门人多达100人。在1801年，他的门人、学生有400余人。他培养的弟子遍布日本各地，形成了名噪一时的国学派势力。

1790年，本居宣长在名古屋、京都、和歌山、大阪、美浓等许多地方游历和讲学。每遇到门人、学生，他都积极地激励他们有所作为。1793年，他撰写了《玉胜间》。在这本书里，他阐述了自己关于做学问的思想以及理念。本居宣长是大夫，也是学者，教书、行医促成了他观察世情和地望的习惯，对所到之处的方言、风土、山川形胜做了不少实地的考证。1797年，他完成了44卷的巨著《古事记传》。这部作品总耗时34年。临去世前，本居宣长留下了遗言，详细地安排了身后的事宜。1959年，他的墓穴移到了他生前喜好的松阪市妙乐寺的小山处。1999年，后人按照他的遗言建造了本居宣长奥津墓。

二　为什么本居宣长习儒却又排汉？

17—19世纪，日本社会处于新旧交替的转换阶段。一方面，受中国儒家文化影响的传统仍有其传承；另一方面，资本主义生产在不断

---

① 在日本的神社体系中，可以执行祝福仪式的神职人员。

发展，町人文化①空前兴盛。与之相应，日本社会涌动着两种对立的思想潮流，一种是以中国儒家思想文化为背景的武士阶级，他们讲求儒家道德伦理和理想主义，实行严格的禁欲，禁止男女接触；另一种是以平民为代表的町人阶级，他们重视人的本能，放纵人的欲望，追求自我满足和享乐主义。到了江户时代，这两种思想潮流并存，它们对立、交错、碰撞和渗透。在文学理念上表现出针锋相对的两极态势。町人文化对本居宣长的影响非常深刻，他对儒家伦理的反感，实际上在这期间已经萌芽。

京都求学是他学术养成的重要阶段。他在京都师从堀景山（1669—1757）学习儒学，也跟随堀元厚（1686—1754）与武川幸顺（1725—1780）学习医学。他当时所学的医学，也就是中医，因而学习儒学、汉学是首先必修的功课。堀景山是广岛藩的儒医，也是著名的朱子学者。堀景山与反朱子学的荻生徂徕交往甚密，也与契冲交好。本居宣长在京都求学之际，也正好是日本古典学思潮兴起之时。堀景山、荻生徂徕以及契冲将他导向了复古的道路。本居宣长的京都岁月，可以说是其专心于日本国学研究的被塑形期。那段关于日本古文献的学习以及习医生活，造就了他的学术心性和文化理念，尤其是对平安时代文学的憧憬，使他喜爱并开始了对《源氏物语》的钻研。

上述复古派的兴起，也与日本学习西方的风潮相关联。日本是一个精于学习外来文化的国家。在长达两千多年的历史上，日本亦步亦趋地学习邻近的大国——中国文化。近代以来，随着西方列强的东扩，日本把学习的对象转向了欧美，首先是"兰学"，即以荷兰先进科技和海上霸权为代表的西方文明。向欧美学习，激起了日本这个海岛国家富国强兵的观念，同时也披露民族主义的膨胀和军国主义的滥觞。不论何国何民，追求民族国家觉醒和学习世界各国的优长都无不可，但是颠倒是非，以怨报德，甚至煽动排汉反华，则是丧失良知和贻害无穷的祸端。本居宣长正是这种倾向的始作俑者。

---

① 日本江户时代，城市居民比如商人、工匠。

如果说本居宣长的商业町人家庭出身和少年混迹町人市井的经历，形成了他反对儒学或曰汉学规约性思想的根底，影响了他的文学研究视角，那么，他运用古文辞学，研究《古事记》，师从复古学者的受业学习，则是他成为日本创世纪神话信奉者，以至于神学观念超乎同辈的主要原因。他所开发的"日本国学"中不乏合理的成分，但也有歪曲事实和违背良知的做法。为了声张日本国学，不惜过河拆桥，吃汉学，用中医，却又"排汉"反华，为日本学界留下了种种歪理邪说。

三 投入"古道"色海

当时的日本学界风行"古道学"思潮。这反映了当时重建日本民族精神和思想文化的社会倾向。日本的"复古"学思潮是日本学者对本民族经典古籍的再阐释。日本的国学者在对古籍进行"训诂"的同时，也添加了自己的学术思想和观点。本居宣长的老师贺茂真渊、荷田春满，他们都主张"古语"，通过考据来达到"摆脱中国思想"[1]的治学目标，这种学术观被门人弟子所效法。贺茂真渊将日本武士道的"尚武精神"理想化，他认为："儒、道家思想的浸染，使日本大和民族失去了'丈夫的精神'。"[2]

江户幕府时代，一方面是"武为所尚"，武士道精神盛行。另一方面无独有偶，与之相匹配的还有另一种社会风潮，那便是"文之好色"。于前者，本居宣长鼓动人们为天神和天皇效死。于后者，本居宣长公开宣扬滥情，纵欲，赞誉通奸，美化乱伦，可谓集上述两种世风的理论表达。其思想学说反映并迎合了当时市井色情，也美化了上层社会的糜烂浮华。从文化角度看，本居宣长的学术观点，也是对文艺界情潮欲海的相互呼应。在他之前，井原西鹤（1642—1693）和近

---

[1] ［日］贺茂真渊：《迩飞麻那微·近世神道论·前期国学》（日本思想大系39），岩波书店1972年版，第361页。

[2] ［日］贺茂真渊：《迩飞麻那微·栏外注记·近世神道论·前期国学》（日本思想大系39），岩波书店1972年版，第370页。

松门左卫门(1653—1725)便是此类淫欲色情文学思潮的先行者。井原西鹤的作品《好色一代男》(1682)对男色与青楼女子的爱欲赞美有加,并称之为"双方都是上好的,是人人都模仿的粹"①。其《小竹集》序中赞美歌舞伎"以'慰'为主眼"②。近松门左卫门也认为作品要色情化,"其间就有'慰'之物也"③。他的《情死曾根崎》(1703)、《情死天网岛》(1720)等作品,就是这种观念的现身说法。我们看到,井原西鹤和近松门左卫门毕竟在情欲表现方面守其底线,如后者在宣讲情色文学之时,仍然不忘申述"慰"说是"知恋爱"与"知义理"的统一。④ 本居宣长的"物哀"论也声称"知物哀"就是"知风情",然而他突破了人类所应守护的底线,向无度的情欲敞开了大门,最终沉没入禽兽不如的乱伦泥沼。

概而言之,本居宣长探求"古道",主张按照日本古典记载的原貌,运用实证的方法研究日本古典作品,以期重振日本民族固有的情感和文化。他著有《石上私淑言》《紫文要领》《直毗灵》《源氏物语玉小栉》等数十种作品,堪称勤奋的学者。客观地讲,他倡导日本"古道"也不失为一种学术路径,鼓动日本民族自信的做法都可以理解。然而当他把治学的目标定位于排除"汉意",而且笼统地排斥儒家和佛家的思想,那就失之偏颇。他的学说为日本国学的发展和神道的确立奠定了理论基础,同时也为右翼团体和军国主义势力提供了精神催化剂。在文艺理论方面的影响也是可圈可点,他将日本的"物哀"文学理论化,形成了具有日本特色的诗学思想,可是当其"物哀"论成为失去伦理的航标后,带给文艺和读者的负面作用不言而喻。

第二节 《初山踏》之本居方法论

关于学术方法论,本居宣长在其《初山踏》一书中有集中的表

---

① 叶渭渠:《日本文学思潮史》,北京大学出版社2009年版,第185页。
② 叶渭渠:《日本文学思潮史》,北京大学出版社2009年版,第187页。
③ 叶渭渠:《日本文学思潮史》,北京大学出版社2009年版,第187页。
④ 叶渭渠:《日本文学思潮史》,北京大学出版社2009年版,第187页。

述。具体讲有以下三个方面：其一是学者做学问的立场问题，他思考或者说清除日本学界中国文化的主导问题；其二是学者做学问要阅读日本古籍，寻找日本文化的"原意"；其三是学者做学问要有批判精神，要辨析好坏，坚持不盲从定说的治学态度。

近年来，本居宣长的"物哀"论成了中日文学理论比较研究的一个焦点问题。本居宣长的学术方法至今还鲜为人知。本书以其著作《初山踏》为中心，研究本居宣长做学问的方法论。刘熙武先生在光明日报上发表了《求学四"道"》一文，他认为："求学问道本身是门学问，要掌握其中的方法，绝非易事，需要在长期的实践中摸索，才能悟出点'道'来。总结起来：就是勤读书、多实践、少浮躁、善执着。"① 这些真知灼见是做学问的好方法。本居宣长关于学术方法的论述也有"多读古书、持之以恒"等言说，尤其是对做学问的立场、态度也有其引人思考的见解。

一 治学的立场

治学有学之初，学之初申述的是学习初心。学习初心揭示的是治学立场。学术立场的选择是方法的大要，可谓方法之方法。说到做学问，我们首先想到的是孔子。孔子做学问，或者说他的教育目的是"成仁政，育君子"②。也就是他要培养施行"仁政"的德才兼备的君子。他强调将学习道德修养放在首位，文学技艺次之，一切"礼乐诗书"都是为了人格发展服务的。他的弟子子夏曰："百工具肆以成其事，君子学以致其道。"③ 即君子以获道为首要。而要获得道，必须通过学习。缺乏学习，则会出现许多弊病。学习的目的是成为君子。孔子的教育思想影响了中国文化数千年，甚至波及中国周边东亚各国。日本也不例外。

方国根、罗本琦在《简论儒学在朝鲜和日本的传播、发展及影

---

① 刘熙武：《求学四"道"》，《光明日报》2014年1月13日。
② 黄振中：《论语》中的教与学，《柳州师专学报》2014年第2期。
③ 程树德：《论语集释》第4卷，中华书局2014年版，第1689页。

响》一文中指出："中国儒学源远流长，早在秦末汉初就传入朝鲜，随后又在日本等东亚国家广泛传播，形成了其各具民族特色的儒学，先后演变成为在相当长历史时期占据传统文化主导地位的思想文化，成为东亚的主流思想之一。人们习惯上把中国、朝鲜、日本等东亚国家称之为'儒教文化圈'。"①

本居宣长在学习医学（中医）之前，也曾经饱读儒家经典书籍，积极汲取中国古典书籍的养分。本居宣长来到京都求学，他首先向堀元厚（1686—1754）求教，之后来到武川幸顺（1725—1780）的私塾学医。后来辗转至堀景山（1669—1757）门下研修，特别值得一提的是，堀景山为研究朱子学的学者。同时，本居宣长还与古文辞学家荻生徂徕书信往来，显然，他对荻生徂徕的学术也颇感兴趣。之后，师从契冲学习歌学，并且精通于此。

原文如下：

　　こうして京都に上った宣長は、まず堀元厚一六八六—一七五四に、のちに武川幸順一七二五—一七八〇に医学を、そして堀景山一六六九—一七五七の門で儒学を学ぶ。ことに堀景山は朱子学者ではあるが、古文辞学者荻生徂徕一六六六—一七二八との徂徕書簡で知られているように、徂徕の学問にも関心を持ち、また契冲の歌学にも精通していた。②

本居宣长的求学之路并不顺畅，他不断辗转于各家。最终，他却走向了中国儒家思想的反面。这确实颇令人深思。探讨本居宣长入儒最终反儒的原因，可以看到他研究方法背后的隐情，即学术立场。方法与目的连在一起，目的是立场的派生品。本居宣长的治学目的是什么？《初山踏》中有清楚地表白。他明确地说，自己做学问的目的就

---

① 方国根、罗本琦：《简论儒学在朝鲜和日本的传播、发展及影响》，《青岛大学学报》2005 年第 3 期。
② ［日］子安宣邦：《本居宣长》，岩波书店 2001 年版，第 16 页。

是排除"汉意",确立"大和魂"。关于做学问的立场,古代日本学界都不认为是个问题,因为很早就传入日本的汉学特别是儒学,在敬天地、成人伦的大格局中,已经定下了成仁取义的思想价值。在本居宣长的老师贺茂真渊、契冲等人那里,这个观念开始动摇。面对日本国内对"学问"的不同主张。本居宣长在《初山踏》中指出:"首先,是关于学问的类别,学问分为神学、有职学、历史和歌学。谈到学问,他主张应该倡导皇国学问。"这是因为自古一提到学问便是指汉学。他对此颇为反感,甚至不无愤慨地说:"为了反思这个问题,过去日本人什么事都将中国的事情视为本国的事情。对于我们皇国的事情,却要站在外国的角度来看待。人很容易就陷入汉文化的意识中,刚开始做学问,就必须牢固地树立大和魂。这是对年轻人最初的训诫。"

原文如下:

  まず［一］で、学問を分類して、神学・有識・暦史・歌学の四科を立てる。そして、［ものまなび（すなわち学問）］といったときは、わが皇国の学問をさしていうべきだと主張する。これは、むかしから［学問］とだけいえば漢学のことであった、という反省のうえに立っている。宣長はそいった従来の日本人の発想を、万事もろこしを自分の国のごと錯覚し、皇国を外国のように扱っているところから来るのだといい、それを『漢意』と見なす。ひとはともすれば漢意陥りやすいので、学問を始めるにあって、しっかりと『大和魂』を堅固にしておかねばならない。そのことを最初に言うのは、若者への訓戒のためである。①

作为日本学者,他清醒地意识到日本学者关于学问的立场问题,

---

① ［日］本居宣长:《初山踏》,白石良夫注,讲谈社2015年版,第14页。

尤其是深受中国文化影响的日本学界。客观地讲，他的反思精神是具有一定的学术价值的。但是从另一个角度讲，这个问题又引发了学者应该"如何看待外来文化"的学术态度问题。最重要的一点，是要鉴别清楚，外来思想文化是否有道理，是否真知灼见。与之同时，还应该思考，纯民粹主义和自我至上主义是否是偏斜的危险的道路。这个问题是学者的良知，也是一个民族的底线。因为这是人之为人，民族之为民族，必须坚守的求真、向善兼美的处世之道。儒学以及广义的汉学与一切文化一样，有其高下精粗的诸多方面，但是不可否认的是汉文化有其自强不息和厚德载物的品质。究其大要，就是因为汉文化是和合天地人的文化，或者说是善根的文化。其善善兼成，美美与共的精神，不仅使华夏通和天下，而且使社会共享太平，众生得安宁。就学问来讲，只有以天下为公为圭臬，其他各种学术才能有准绳。儒学以及汉学有此衡准，故而给亚洲文化圈带来了深厚的福祉。在今天，汉文化仍然在给人类贡献着深厚的仁义和博大的智慧。

从民族的善根出发，就得思考一个问题，即开放性的好学精神。我们不得不承认的一个事实，就是任何一个国家都不应该，也不可能绝对封闭，任何一个国家都无时无刻地与他国进行着方方面面的交流。日本如此，中国也不例外。如同日本学习、移入中国文化一样，中国也经历过佛教的移入。尤其是近代，中国五四新文化运动无不是积极学习、吸收西方文化的事例。中国同日本一样，也面临着如何应对外来文化的问题。本居宣长在对待汉籍的态度上，认为："日本古籍都是借用汉字、汉文写成的事实。尤其是孝德天皇、天智天皇时代，一切事物以及典章制度都是学习中国。如对汉文不熟悉，那将是无法完成学习的。"但是他又强调："阅读汉籍时，如果未能牢固确立大和魂，就会被华美的汉文所迷惑，因而阅读时的心理状态是很重要的。"

原文如下：

漢籍をも交え読むべきである。古文献はみな漢字・漢文でもって記されて居るからである。とくに孝徳天皇・天智天皇の御代以後は、万事、中国の制度によるところが多いので、暦史書を読むにしても漢文が読めなくては十分でないのだ。ただし、漢籍を読むときは、とくに大和魂をつよく堅持して取り組間なければ、漢文の文飾にまどわされることになる。その心得肝要である。①

本居宣长一方面意识到汉籍的重要；另一方面，他时刻不忘的是确立"大和魂"。尽管汉文书籍是日本人做学问不可或缺的工具，他却时时叮嘱后生晚辈要抵制汉文，以防受到汉文的魅惑。本居宣长不愧为日本四大国学家之一。如果没有他的倡导以及提防警惕，估计中国汉籍直到当代依旧是日本文化的基石。也正是因为本居宣长的著书立说让日本学界开始关注日本文化的身份问题，确立日本文化的独立性。研究本居宣长的学术方法论，这一点是不能忽视的。任何一种有良知、负责任而且有出息的文化，在其发展过程中一定会正确地对待外来文化，学习异质文化所长，同时要警惕异质文化的侵蚀。本居宣长的学术思想给中日学界提供了一个反面例证，即保守、狭隘和小气的立场观点。笔者认为，人类的思想文化应该持正守善祥和开放的态度，那种专注于己并非有错，但是以博大的心胸积极学习外来文化，反思和检讨自己，改善自己也很重要。

本居宣长指出："对于外国的学问，包括儒学、佛学等各种学问，因为都是别国的事情。与其将精力用来研究外国的问题，不如用来研究本国的问题为好。至于本国的事情与外国的事情孰优孰劣，暂且不论，但是埋头于外国的事情，对本国的事情却懵懂无知，岂不羞愧？"

原文如下：

そのほか外国の学問として、儒学・仏学その他いろいろあ

---

① ［日］本居宣长：《初山踏》，白石良夫注，讲谈社2015年版，第76页。

るが、われわれにとってはみなよその国のことなので、いま論ずることではない。私は、あたら精力を外国のことに用いるよりは、みずからの国のことに用いたいと思うのである。その優劣を問題にしているのではない。外国のことばかりに熱中して、肝腎の自分たちのことを知らないのは残念なことではないか。①

做学问需要学习外国的文化，这是常识，也是有效之途。本居宣长也不否认这一点。但他同时看到了学习外国事物的弊端。他精研过汉学，但是不仅仅停留在汉学，而是对汉学及其他外国文化高度警觉地予以反思。反思后还抨击，必欲铲除而后快的则是汉学。举凡汉文化对日本固有文化和未来日本文化产生影响方面，他不加分说地全盘否定。与之同时，他不遗余力地挺举日本文化，为此不惜歪曲日本古代史和中日文化交流史。从维护和弘扬日本固有文化的角度看，他爱之而欲将之神圣化，其表现不无可理解之处。但是歪曲了历史事实则令人遗憾。可以毫不夸张地讲，他的作品是日本学界开始思考本国文化独特性的分水岭。今天人们研究本居宣长，一方面可以理解并肯定他反思外来思想文化的精神，赞赏其质疑和批判异质事物的勇气；另一方面，也要明了良知与善根才是治学理应遵循的本真立场，舍此不可能有善果，甚至会使自己的学习和研究成为走上邪门歪道的恶之端。

二 "原意"何意？

复原古意，是学术史上常见的方法之一。本居宣长也选用了这种方法。他是如何使用此法，看看他的"原意"是什么，就可见出分晓。本居宣长论及做学问之时，反复申述复古学习的重要性。他认为日本学者要阅读日本古籍，寻找日本文化的"原意"。这一点主要体

---

① ［日］本居宣长：《初山踏》，白石良夫注，讲谈社2015年版，第96页。

现在其研究"道"的问题方面。他所说的道，是日本的道。他认为日本的道与中国儒家思想中的"道"是截然不同的。那么，本居宣长眼中的儒家的"道"是什么？他是这样界说的："我国古代没有特意地大说特说'道'。道是异国（中国）提出的观念。为什么？因为中国是没有固定君主的国家，上下相争抢夺国家的治理权。所以，统治人的、作为说教的'道'是必须的。"

原文如下：

> わが国の古代では、わざわざ『道』ということを言わなかった。道に名前をつけて観念的に論じるのは、異国（中国）でのことである。なぜなら、異国は定まった君主のない国で、上下が相争って国を奪いあい、国が治まりがたかった。だから、ひとのおこなうべき『道』という教説を必要としたのである。①

本居宣长的这个观点是偏颇的识断。且不说日本的天皇更替中存在着多少狡诈、暴虐与血腥相争。单单是他对中国"道"的歪曲解读就让人瞠目结舌。再看看他是怎样解说日本之道："日本天皇统治无穷无尽，那是我们的道优秀、正确的证据。日本古代的道是天地自然的道，不是人所制造出来的道，而是神的道。那是《古事记》和其他古文献中记载的。要了解此道，就要反复阅读《古事记》。"

原文如下：

> わが国は皇統が無窮である。それはひとえに、わが日本の道がすぐれて正しの証拠である。この日本の古代の道は、天地自然の道でもなければ人間が作った道でもなく、神がはじめた道である。それは『古事記』やその他の古文献に記されてお

---

① ［日］本居宣长：《初山踏》，白石良夫注，讲谈社2015年版，第17页。

り、それを味読することがすなわち日本の道を知ることなのだ。①

　　本居宣长对儒家"道"与"日本道"的比较，可谓荒唐的比对。他所推崇的天皇之道，实际上是政治强权的一贯之道，虽说遇明君便有清明，但是倘遇"恶首"就会造孽，日本自古以来的内战史和侵略史都充分证明了这一点。中国的道，不论是哲学之道，抑或政治理论之道，应说是多元组合的哲理道与政治道的统一体，概而论之，可称为求善之道，此处因行文所限，暂且不展开论道。而就政治的层面讲，即就本居宣长所说的政治之道看，中国古代诸子百家都在想方设法从宇宙论和人性论等方面，警告和监控君王。在中国的上古已经形成了炎黄尧舜禹的仁政德治，高古就有了"民重君轻，社稷次之"思想，甚至还发展出了"庶众亦可贵，百姓可以诛杀独夫民贼"的民本理论。可以说，本居宣长的观点既没有可靠的论据支撑，也没有翔实的旁证可援引。中国历史上王朝更迭，也从反面证明家天下非善，这也是为什么在暗无天日之时，民众可以起义，绿林敢于造反。本居宣长的狡辩，实在是日本学术史上的荒诞说辞。可正是如此拙劣的言说，在18世纪的特定时代背景下，却正巧迎合了日本天皇世系，此后又滋养了军国主义集团。究其根源，就在于其歪理邪说不仅仅适应了日本国家意识形态的需求，同时也养育了一代代的皇国至上主义者，鼓荡了一批批嗜杀好战的军国主义衣冠禽兽。本居宣长被狂热地推崇为日本国学家，其作品被堂而皇之地编入了日本中学教科书。这些都与日本在近二百多年来的国内外形势变化有关，也与日本文化中缺乏多元生克的综合素质密不可分。

　　民族有了自己的意识，这是无可非议的。问题在于意识到了什么？是根性之真善美，还是劣根之假恶丑？本居宣长意识到日本文化受到汉文化影响，而失去了独立性。这在某种意义上有其可以理解的

---

① ［日］本居宣长：《初山踏》，白石良夫注，讲谈社2015年版，第17页。

地方。有这样意识的日本学者很多,本居宣长并非第一,也并非唯一。他的老师贺茂真渊(1695—1769)就是一个,而且其他人更早,如贺茂真渊的老师荷田春满(1669—1736)也是这个脉系。我们在这里不必赘述。需要关注的是本居宣长为什么而且如何对日本文化的独特性至上如此昧着良知做宣传。每一个研究本居宣长的人都应该思考,他为什么对两千多年来对日本民族有过滋养的中国文化如此憎恶?以怨报德的心灵深处隐藏着什么?这些问题事关重大。阅读本居者多少可以领略到其字里行间的那股戾气。

三 治学手法

本居宣长的治学方法不仅表现在立场选择和复古方面,也体现在其研究的细枝末节。比如说,他在治学方法方面还有一些具体的主张和践履,即有一套治学的技术手法,或曰治学技巧。他大讲特讲日本之道,但是心里很清楚,此道也须落到实处。他主张理解日本的"道",要讲究技巧,也就是手段。

他认为,首先是在阅读日本古籍时要摆脱成说:"对于研究古学的人,要认识到古学研究作为一门学问,不能为后世学者的一些成说所禁锢。对于任何问题都要从古籍出发,追根溯源。"

原文如下:

> 古学とは、後世の説によるのでなくて、もっぱら古文献によってそのもとを考え、古代のことを詳しく明らかにする学問である。[①]

他的摆脱成说论,实际上就是贯彻其学术立场的另一种表达。成说有对有错。错的成说,当然应摆脱,甚至应该予以摒除。但是对于正确的成说,摆脱就会铸成大错。这一点,他是不管不顾的。由此可

---

① [日]本居宣长:《初山踏》,白石良夫注,讲谈社2015年版,第156—157页。

以看到本居宣长的学术思想比较偏狭。

其次，他不仅强调要从古籍中探寻日本的道，而且针对初学者提出了更为深切的要求，即仔细研读，避免误读。他一再告诫"初学者不可寻章摘句、断章取义，文章的意思不好理解时，如果一字一句地思考，就会感到艰涩，不连贯。对于不理解的地方，暂时可以先跳过去，之后再思考。对于一些'众所周知的事情'，不能马马虎虎地一带而过。这样就会产生误读。以讹传讹"。

原文如下：

> 文意の解しがたいところを、はじめからひとつひとつと解きあかそうと、滞って先にすすまないことがある。そんなときは、不明なところはそのままにしておいて、先にすすめばいい。難解なことをまずをまず知ろうとするのは、たいへんよくない。平易なところにこそこころをつけて、ふかく味わうことをしなくてはならない。わかりきったことだとおもっていい加減に見過ごせば、微妙な意味が感得できず、さらに、間違って解釈していても、その誤りにいつまでも気がつかないものである。①

读古籍难免会遇到不懂的地方，那是司空见惯的事情。本居宣长建议人们跳过去，以后再研讨，这种方法无所谓优劣，姑行之也无不可。但是作为老师，让年轻学者囫囵吞枣，不求甚解，毕竟不是好的教学理念。对于莘莘学子而言，秉持严肃认真的学习态度，应该是积极进取的求知精神的养成。读不懂，可以请教学问高方的师长。锲而不舍，金玉可镂，引绳滴水，木石可穿。

最后，本居宣长给初学者提出了一些阅读古籍的建议。他叮嘱日本学者要先阅读《古事记》和《日本书纪》这两种原典，因为这两

---

① ［日］本居宣长：《初山踏》，白石良夫注，讲谈社2015年版，第158—159页。

部书就是日本道的根基。说到底，此道是天照大神之道，也就是天皇统治天下的根本原理，据说是通达四海而皆准的道。在本居宣长眼中，这个道只有日本一国传承下来。承载此道的典籍就是《古事记》和《日本书纪》。本居宣长将之说得神乎其神，其核心只有一点，那就是这两本书记述了日本"神代"的各种事迹。要了解道，就要对这两本书的"神代"卷反反复复地阅读。

原文如下：

さて、その（二）主としてよるべきすぢは何れぞといへば、道の学問なり。そもそも此道は天照大御神の道にして、天皇の天下をしろしめす道、四海万国にゆきわたりたるまことの道なるが、ひとり皇国に伝はれるを、其道はいかなるさまの道ぞといふに、（ホ）此道は，古事記、書紀の二典に記されたる、神代・上代のもろもろの事跡のうへに備はりたり。此二典の上代の巻々をくりかへしよくよみ見るべし。①

当然，本居宣长也知道仅仅死抠这两部书那是不够的："日本人做学问还必须阅读除此之外的其他历史书。不能不知道《日本书纪》之后的历史记载。为了了解日本历史，就必须阅读《续日本纪》《日本后纪》《续日本后纪》《文德天皇实录》《日本三代实录》。包括《日本书纪》在内的《六国史》是日本的国史，也是做学问的必读书。以上列举的历史书保留了日本人的古意和古言，应该用心阅读。"关于日本的古学，日本人应该从古籍出发。

原文如下：

『日本書紀』以後の時代のことも知らないといけない。それを知るための書は、『続日本紀』、『日本後紀』、『続日本後

---

① ［日］本居宣长：《初山踏》，白石良夫注，讲谈社2015年版，第57—58页。

紀』、『文徳天皇実録』、『日本三代実録』である。『日本書紀』をふくめてこれを『六国史』と総称する。いずれも勅撰の国史であって、必読の書である。右に挙げた暦史書のなかに記されている宣命には、日本人の古意や古言が残っているので、心してよく読むべきである。①

众所周知，做学问，功夫不得不下。刻苦精神还是不可或缺的。本居宣长对此也很在意。他说："做学问要坚持不懈，刻苦努力。"也就是说："做学问最重要的是要经年累月坚持不懈，刻苦努力。至于研究方法，实际上怎样都好，不可过分拘泥。"无论掌握了多好的研究方法，假如懈怠不努力，也不会取得成果。即便是缺乏禀赋的人，如能刻苦努力，也会取得相应的成果。入门较晚者，只要努力，也会取得出人意料的成绩。

原文如下：

> 詮ずるところ学問は、ただ年月長く倦まずおこたらずして、はげみつとむるぞ肝要にて、学びやうは、いかやうにてもよかるべく、さのみかかはるまじきこと也。いかほど学びかたよくても、怠りつとめざれば功はない。又、人々の才と不才とによりて、其功いたく異なれども、才・不才は生まれつきたることなれば、力に及びがたし。されど、大抵は不才なる人といへども、おこたらずつとめだにすれば、それだけの功は有るもの也。②

多读书不错，用功无疑也是好的。这些读书方法，不是本居宣长的发明。天下读书人，都懂这些道理。真正成为大学问家，靠的不是

---

① ［日］本居宣长：《初山踏》，白石良夫注，讲谈社2015年版，第71页。
② ［日］本居宣长：《初山踏》，白石良夫注，讲谈社2015年版，第53页。

什么投机取巧的方法问题，而是长年累月的奋进、持之以恒的涵养、殚精竭虑的思考和深思熟虑的著述。书山有路勤为径，学海无涯苦作舟。在这一点上，本居宣长的建议没有错，他强调刻苦用功，既是他作为贫家子弟从小苦其心志的经验之谈，也是好学不倦学问家的夫子自道。这些方法对于有志于学问者来说，无疑有其积极的启发意义。

四　双重标准

本居宣长讲做学问要辨析好坏。对于研究学问，要有批判精神，坚持不盲从定说的治学态度。这是值得肯定的。孔子早就说过："学而不思则罔，思而不学则殆。"强调的就是学与思的结合。学思结合的奥妙，就在于该结合的过程推进了理解的深化，激发着创意的生成。学习与思考的结合精进，不仅可以使学问增加，而且有比学问更重要的内涵，即德性修养。子夏说："博学而笃志，切问而近思，仁在其中矣。"这位孔子的高足，对老师的教诲心领神会，学思长知识，学思生创意，学思成仁义。在这一点上，本居宣长实际上暗暗继承了儒学教学的技术性方法，而遗弃了学思之中的本真含义，即道德修养。而且对于他暗暗既成的技术性方法，他也骂骂咧咧，恨恨不已，以此掩盖自己在方法论上小工匠般的捉襟见肘，和学人修养方面偷师学艺而又欺师灭祖的反儒小人。事实上，本居宣长为学日进，为人日蹙，为道日偏，为德日损。看看他憎恶儒学达到了无以复加的地步，就不言自明。

平实而论，方法研究从来不是技术性的活计，心底偏邪之时，自相矛盾便会穿帮露底。研读《初山踏》，不难看出本居宣长的治学态度有阴阳标准。他对中日两国书籍的评判如此，对中国诗歌与日本和歌的比对也是如此，都使用截然不同的双重标准。说到底，他的治学思想就是为了确立日本文化而故意制造出所谓的好坏。尽管他一再强调文学创作不论善恶好坏。但是却对中国古代典籍提出了有欠客观甚至是恶意的评价。本居宣长认为："然而世间有一些人，心中并未牢固确立大和魂，读汉文被其文章之华美所吸引，从而削弱了大和魂。

文章的体裁之美，与文章的辞藻之美是有所不同的。辞藻使用得好，读者容易接受和理解，也容易受其蛊惑。总体上看，汉文辞藻华美，用词巧妙准确，读者容易理解。即便是非学术性的、日常性的文章，也都写得华丽诱人，容易征服读者，我想汉籍大致就是这个样子。"

原文如下：

> しかし、普通の人はとかく大和魂がかたまりにくいので、漢籍を読むと、ことばの巧みなのに惑わされて、たじろぎやすくなる。このことばの巧みさとは、文章が麗しいということではない。表現が巧妙で、人が飛びつきやすく、惑わされやすいことをいうのだ。漢文はことばの巧みで、ものごとを理屈で論じ、さかしらに議論するので、人はすぐ飛びついてしまう。①

他对于汉籍中的文章大加贬讽，无视其文章的思想性，仅仅归解辞藻华美是蛊惑日本人的根本原因。但是他在谈论日本人做和歌时，却提出了日本人要斟酌词句，尽量追求完美。他认为："人们刻意创作、吟咏优秀和歌，那是自然而然的事情。即便《万叶集》所收录的和歌中，也都是有意识地追求优胜，这是无可厚非的。这种作歌的态度是合情合理的。今天吟咏古风和歌的人，也应该尽可能斟词酌句，追求优美。"

原文如下：

> だから、時代がくだって、構えてよい歌を詠もうと意識するようになるのも、そうならざるをえない自然のいきおいであって、「万葉集」に載っているころの歌にいたっては、みな構えてうまく詠もうとしたものである。自然にできたなどというのは少ない。万葉の歌がすでにそうであるのだから、まして後

---

① ［日］本居宣长：《初山踏》，白石良夫注，讲谈社 2015 年版，第 170 页。

世や現代においては、うまく詠もうと構えることがどうして咎められようか。これは自然のいきおいなのだから、古風の歌を詠もうとする人も、よくよくことばを選んで、麗しく歌を詠まなければならない。①

关于做学问，什么是好，什么又是坏？每个学者的立场，角度不同，得出不同的结论，也是可以理解的。然而在是非问题上还是要明事理，知好歹。判别典籍的高下精粗不可持双重标准。本居宣长在谈论做学问时的双重标准，则是不足取的。研究本居宣长做学问的这些观点，多少可以看出他有学习中国文化的印迹。如笔者在本书第一部分就讲过他在学医之前就研读中国古典书籍。就以学医来讲，他不也是研读了大批历代遗留的中医著作？学汉文化，砸汉文化，把许多原属于汉文化的东西贴上日本的标签，并且打上本居宣长的印记。这不能算是诚实的治学态度。吃谁砸谁，岂可长久？若能长久，其族可无祸？

本居宣长的学术观点所存在的问题，不仅仅是错误地分析中国的道，更有"为赋新词强说愁"的滑稽可笑。本书的写作并没有贬讽本居宣长的意思，而是为了考镜源流与辨彰学术，从中发现一些可资借鉴的闪光点。本居宣长对中国儒家思想的反思与质疑，尽管存在一些误读，甚至是别有用心的刻意误读，但是其质疑的精神是值得肯定的。他强调做学问需要阅读古籍，也是可取的。注释书籍中存在的问题，需要读者扬清去浊的观点同样是值得肯定的。问题是务必摆正自己的一颗心。

第三节 本居宣长"物哀"论的学术价值

"物哀"论是本居宣长倡导的诗学理论，也是颇受学界关注的本

---

① ［日］本居宣长：《初山踏》，白石良夫注，讲谈社2015年版，第191页。

居研究焦点。"物哀"论中包含着本居宣长极力排斥和反对中国文化的狭隘民族主义观念。在中日学界，有的学者赞赏其挑战中国"劝善惩恶"文学观的胆识；有的学者批评其"历史虚无主义"倾向；有的学者惊讶其对日本文学的广泛影响力；有的学者痛斥其将日本社会引入歧途的首恶凡例。客观地看，本居宣长"物哀"论堪称反观中国文论的参数。其局限性则是歪曲中日文化交流的事实，甚至可以说他在杜撰历史。该学说留给学界一个警示，即不论是哪一国学者，都应该平实而公允地对待本土文化与外来文化的关系。在全球化人文交流的大背景下，强调这一点尤为重要。

研究本居宣长的"物哀"论是深入了解日本古典文学、探索日本人精神底蕴的一个独特的视角，也是中日比较文学领域里的一个重要的节点。长久以来中国学者对本居宣长"物哀"论的评价颇高，对其"高评"成为一种趋势，而多维度研究和深层肌理的剖析却付之阙如。本书从本居宣长"物哀"论的成就、局限性以及启示三个方面解析其成败利钝。

一 "物哀"论的成就

本居宣长的"物哀"论之所以能够在日本文学和日本思想领域里熠熠生辉，有其自身的优点。它也关涉中国文论的一个具有争议性的核心论点。

首先，本居宣长的"物哀"论批判了中国文论的"克己复礼"观点。本居宣长认为："中国文论注重现实批判性，主人公往往即使心有所怜、所苦，但为'义'、为'礼'也要表现得冠冕堂皇，这是缺乏对'人性的真实描写'、'实则装腔作势、色厉内荏'。"[①] 他的这个观点本身就是有偏颇的看法，中国文论历来主张文学作品应注重情理和谐且以理节情，在诗学方面有著名的"哀而不伤""怨而不怒""发乎情止乎礼"的文学理念。毋庸讳言，中国的一些文学作品的确

---

① ［日］大野晋：《本居宣长全集》第1卷，《紫文要领》，筑摩书房1968年版，第94页。

有过分伦理化以致克制、压抑甚至是扭曲人性的现象。这个方面自魏晋以来已有不少学者予以纠正和批判。本居宣长在挑战汉文学思想的过程中，实际上是步中国学人中挑战者的后尘。他在批判中国文学及其理论的道德性时，抓住这一点，可谓找到了一个"排除汉意"的借口，但是借口不能望中国先行者的项背，其实也算不上是一个高明的突破口。就写诗需要动情感而言，本居宣长强调"物哀"的核心点在于"用情"："写作要如实把人的内心世界，尤其是脆弱细微之处表现出来，打动读者，使其感受到物之'真实'。""物哀"论以"真情实感"作为写作的要求和标准，不是没有道理，这是应该给予积极的评价。但是也要看到，自古以来，世界各国的"好文学"哪个不用情？他所嗤之以鼻的中国诗学，"言志""缘情""幽愤""性灵""神韵"等观点，哪一个没有重视情？

从公允的角度讲，批判某些中国文学及其理论的道德性偏重倾向，并不因此就可以对之予以肆意歪曲乃至全面排斥。对于中国文学的基本特征，世界文学界自有公论。美国学者厄尔·迈纳在《比较诗学》中的一段话很有见地："中国的'情感论'包含教化和娱乐，这一点与贺拉斯相似。中国官方的倾向是恪守儒家'教重于乐'的观念。日本与中国有着同一种前提，即认为诗人乃有感而发，但道德教化观念在日本却很难找到。除了早期有少数的几个例子外，儒家学说，或者更准确地说是新儒家学说，直到大约公元 1600 年，才因德川幕府把它采用为官方意识形态而获得发展的动力。但即使是到了这个时期，作家们大都还是持抵制态度。因此，中国的情感论正好处于日本和贺拉斯二者之间。"[①] 这段评论切中肯綮。相对而言，在西方文论和日本文论之间，中国文论确实是适中的文学观。

本居宣长自诩"求真"，可在历史真实面前都是失却真实的态度。这一点突出地表现在其杜撰、想象日本历史。其学术思想的荒谬之处

---

① ［美］厄尔·迈纳：《比较诗学》，王宇根、宋伟杰等译，中央编译出版社 2004 年版，第 37 页。

在于他无视历史事实，捏造出所谓"皇国创世神话"，认为"日本是世界诸神之祖天照大神所生，是万国之母国，所以日本远胜万国，即更源于此"。而"天皇是代替天照大神抚育万邦的现人神"。他的这套说辞企图证明的，归根结底就是这样一点，"无论圣人、神道还是儒教、佛教，日本具有先验性的绝对的优越性"。因日本是"先天地而生"，故具有先验性的真善美品格。"神国善美""天皇神圣""神道纯正"。这些被本居宣长杜撰出来的"神话"，从此被捧为"日本精神"。这些既没有科学根据，又违背历史事实的"想象"，完全是出于其刻意抬高日本文化的预设目的而编造出的伪历史。在他那里，无端被歪曲和批判的汉学"罪行"，无非出于一个目的，拉黑一方，以便闪亮另一方。但是这样一来，《初山踏》及其作者就堕入了伪造历史和历史虚无主义。在本居宣长那里，伪造历史与历史虚无主义，正好是不尊重历史和反历史的合二为一。

其次，有必要看看本居宣长对中国文论"劝善惩恶"的批判。本居宣长认为："外国（此处指中国）的书，无论是什么书，对待人物喜欢严格论定其善恶是非，喜欢讲大道理，每个人都极力证明自己的贤明。即使是在以风雅为宗的诗文中，也与日本的和歌大异其趣，并不着意表现人情，而是讲道理、显才学。日本的物语则无拘无束、随心所欲、丝毫也不卖弄才学，自然而然地写出了细腻丰富的人情。"[①]这个观点涉及文学功能的问题。客观地讲，不同的作家有不同的写作目的。有的人为了疗救即"治愈"功能而写作，有的人为了"寓教于乐"而创作，有人为了追求"崇高"而写作，而有的人为了"狂欢"而写作，等等。对于作者的创作目的，这本来就是一个仁者见仁，智者见智的问题，本居宣长又一次走偏。他认为："写作的宗旨是为了'物哀'、为了'人情'。"将写作目的仅仅限定为"物哀"，这样的观点是很狭隘的。关于这一点，看看他关于"物哀"的评断就

[①] [日]大野晋：《本居宣长全集》第4卷，《紫文要领》，筑摩书房1968年版，第29页。

一目了然。他认为:"知物哀的就是好人,不知物哀的人就是恶人。"① 如此评价"知物哀",可以说是一家之言,但却是偏颇的一家之言。有偏颇,这还不太严重。而当他把"物哀"与善恶完全剥离开来之时,其推崇"物哀"的恶俗低劣的粗滥底色就暴露无遗。他说"善恶自在人心",与是否"知物哀"没有必然的关系。在本居宣长看来,"凡是人,都应该理解风雅之趣,不解情趣,就是不知物哀,就是不通人情"②。"知物哀"是一种审美情趣,"仁义道德"也是一种价值追求,二者各有所好,没有孰对孰错的必然选择,因此不必厚此薄彼。世界上哪里有无缘无故的"物哀"呢?中国没有,日本也没有。这些观点与人类的审美经验大相径庭,与日本文学中有价值的成分也背道而驰。剥离善与恶,隔绝情与理,这样荒诞的思想,也从一个侧面说明,本居宣长为什么对中国文论中"善恶观"的批判是那么武断和失真。

最后,创新未必无源。作为日本学者,本居宣长提出"物哀"论不失为在文学理论领域里的创新之举。本居宣长认为:"以前我们没有属于自己的学问,仅仅是学习和研究来自中国的学问。久而久之,我们就对本国古代的事情越来越疏远了。相反,对中国的事情却越来越熟悉。最终在精神上完全汉化了。我们对于本国古代的事情不仅无知,而且连古语古词,听起来也感觉像是外国话了。"从这段话中我们可以看出两点。一是日本文学一直深受中国文学的沾溉,尤其是日本文论中的许多文学理论观点都是直接或间接地借鉴于中国的文论。这是本居宣长掩盖不住的铁的事实。二是本居宣长有一种日本文学的自觉或曰觉醒。前者是历史事实,后者是可以理解的日本文坛和学界的民族独立情绪。我们对本居宣长及其日本学界的创新举措也很欣赏,并且乐观其成。需要指出的是创新有一个国际学界的通则,那就是创制贵其真,求新据其实,进取有其道,协和是其德,舍弃真实与

---

① [日]大野晋:《本居宣长全集》第4卷,《紫文要领》,筑摩书房1968年版,第29页。
② [日]大野晋:《本居宣长全集》第4卷,《紫文要领》,筑摩书房1968年版,第38页。

道德的进取，不但行之不远，而且会伤人误己，甚至贻害无穷。

本居宣长"物哀"论的提出，彻底颠覆了日本文学评论史上长期流行的，建立在中国儒家伦理道德学说基础上的"劝善惩恶"论。他倡导"物哀"论，在摆脱对中国文论的依附方面，可谓敢于有为；但是在创新求变和日本文论自觉的同时，也披露出狭隘保守而且吝于为善和过河拆桥的行径。

二 "物哀"论的曲直

本居宣长"物哀"论在学理方面有其曲直问题。举凡学术创造，都有一个道理之曲直。理有曲直，道有大小。有大道理，有小道理。小道理从属于大道理。任何学术创新的价值，无不与此有关。如民族自尊的狭隘的民族主义，一脉独张的民族至上主义。这些都是不足取的。本居宣长的局限在于他知其曲，而不知其直。举其小，而忘其大。其所曲就在于拘泥于小道理，而忽略了大道理。

从纵向而言，学术问题，需要不断反思，不断提升，不断向更高的人类正道行进。在横向角度，学术繁荣也需要与各国各族各家各派相互切磋，集思广益，以期取长补短。中国先秦诸子百家之间相互交流、互补、互通，形成了百家争鸣的局面，各种学术主张共同促进了大道。而大道之行也，天下为公。随着国际交往的频繁，世界各国文化学术的交流越来越频繁，越来越需要求同存异，相互尊重，学他人之长，适可优势互补，或可异质同构。本居宣长为了彰显日本的"大和魂"，不惜肆意地诽谤和攻击中国文化是令人遗憾的做法。例如，本居宣长认为："中国不是日本这样的神国，从远古时代始，坏人比较多，暴虐无道之事频繁，动辄祸国殃民，世道不稳。为了治国安邦，他们绞尽脑汁，想尽办法，寻找良策，于是催生了一批批谋士，上行下效，因此无论做任何事，都一本正经、深谋远虑，费尽心机，杜撰玄虚的理论，对区区小事，也要论个善恶。无论上下，人人自命圣贤，将内心软弱无靠的真实情感深藏不露，使他人无法看到其内心的软弱无助。这些都是虚伪矫饰，而非真情实感。"① 可以说本居宣长的这种观点是罔顾事实的。此处仅指陈两点：第一点，本居宣长认为中国学者的"克制""隐忍"都是"刻意为之的装腔作势"，这对伟人辈出的中国学术长河不啻可笑的歪曲；第二点，本居宣长为了确立日本的"大和魂"，就攻击中国传统文化，甚至将中国文化一概否定，全然不顾世界公认的四大文明古国之一对全人类的贡献，这是不值一驳的狂悖行径。本居宣长关于中国思想文化的言行，可以用庄子的一句话作结："曲士不可言道，夏虫不可语冰。"

本居宣长"物哀"论只强调"人欲"而忽视"道德"，本身是有偏颇的。"物哀"论彰显了人的自然属性，注重"真实"，这无可厚非。但是作为一名思想家，在自己的作品中一味宣泄自己的情感，而无视社会基本的伦理道德则是不可取的。例如，本居宣长认为："《源氏物语》的宗旨是表现'物哀'和'知物哀'。"在所有人情中，最令人刻骨铭心的是男女恋情。而在恋情中，最能使人'物哀'和'知物哀'的，则是"背德"的"不伦之恋"，亦即"好色"。《源氏物语》中描写了许多"不伦之恋"，包括乱伦、诱奸、通奸、强奸、多情泛爱。这些恋情在本居宣长看来都是出自真情，都是无可厚非的，也都属于"物哀"。这里面不仅有一个审美取向的邪正问题，而且有一个文学伦理价值的判断问题。文学事业选择道德底线的坚守，还是选择所谓"真实的物哀"面具下的淫欲？对这个问题的回答，不同的作家、评论者似乎有自由权，但是本质上必须遵守天理的检视和人伦的拷问。在这两种律令面前，所有自认为是人的文人学士都无可逃遁。本居宣长在这里打出了日本天照大神的底牌，他认为："神只聆听人心之实。而中国人'凡事都设定大道理'是不被神所接受的。所以，只能以'物哀'感动神与人。"② 这个观点非常荒谬，把纵欲

---

① ［日］大野晋：《本居宣长全集》第2卷，《石上私淑言》，筑摩书房1968年版，第152页。

② ［日］大野晋：《本居宣长全集》第2卷，《石上私淑言》，筑摩书房1968年版，第174—175页。

和"去道德"的文学归之于神,这是一种虚伪的狡辩。如果以神说事,那么是否可以反问,神难道不要求人们恪守道德吗?神可以教唆人吗?如果神把文艺引向邪恶,那这个神谕还有什么价值可言可信呢?本居宣长的这套借神旨宣扬淫欲的"物哀"论,在这里露出了邪恶的马脚。

本居宣长"物哀"论被日本军国主义所利用。由于本居宣长的学术观点无视人间基本道德,肆意破坏文学的"伦理",触碰到了人性的底线。因为他的思想学说正好投合了日本历史上最反动最残暴最无耻的军国主义分子的胃口。他被此类势力捧为师尊,是毫不奇怪的。可以毫不夸张地说,本居宣长那套歪理邪说,就是日本军国主义集团狂妄不可一世的理论先驱。第二次世界大战犯的所有无耻谰言恶行,诸如"大日本至上""皇国优越""日本在世界上没有约束"等,都可在本居宣长的学说中找到根据。在这种意义上可以说,后来被日本军国主义者所赞美和利用的本居宣长思想,那就不再是"曲解",而是本质上的一脉相承。由此来看"物哀"论成为近代日本皇国史观的理论资源,大受日本统治者青睐,就毫不奇怪了。我们不妨听听本居宣长宣扬的"大和"诗心:"人问敷岛大和心,朝日灿烂山樱花。"(《敷岛之歌》)[①]回顾日本文化史,把"山樱花"作为图腾花的始作俑者当中,就有本居宣长其人。人们不会忘记,1944年10月,当时就任第一航空舰队司令官的大西泷治郎组建"神风特攻队",正是以本居宣长诗中的"敷岛""大和""朝日"和"山樱"命名四个大队。本居宣长的"物哀"论标榜的无道德无政治文学,皮里阳秋却是另一副腔肠。世界上的任何一种文学理论,曲抑或直,各有所见。但是突破了人性底线,那就不再是曲直的问题。

三 "物哀"论的启示

上述梳理对我们的启发是深刻的。我们不仅看到了本居宣长"物

[①] 周朝晖:《本居宣长:"物哀"的美学》,《书屋》2017年第10期。

哀"论的长短曲直,而且深切地引发了当今各国文化交流的应取态度。总起来讲,有以下三点发人深思。

首先,本居宣长所构建的"物哀"论,让我们思考如何公允地对待本土文化与外来文化的问题。在全球化的时代背景下,没有一个国家或民族可以完全封闭起来,不与其他国家、民族、地区联系。而且,客观地讲,各国之间的经济、政治、文化的交流也已经是你中有我,我中有你的。学者在做学问、做研究时,少不了客观评价本土文化与外来文化的问题。本居宣长无视事实的做法不可取。他认为:"日本学者以不知道中国的事情感到很羞愧,很丢脸。对于不知道日本的事情,则会毫不羞耻地回答'不知道'。"① 其实在当时,中国文化在日本的普及,是给日本社会注入正能量,这一点已经被历史证实,也被许多日本学者和有良知者所肯定。本居宣长对于"日本学者接受中国文化、学术而不了解日本文化"的现状有忧虑之心,全然违背历史真实,全然不思考日本历史上所用的国名"倭"与核心字词"和"也是从中国借鉴,全然不考虑他本人所离不开的一些思想元素,如"道""文"以及"物哀"术语,也都是汉语言文化的东传。他的"忧虑之心",实乃小人心态。本居宣长要确立民族自信、自立、自强,是可以理解,但是忘恩负义,甚至狂悖到无耻的地步,那就不是一个学术问题,而是人品卑劣的表现。他号召日本人学习日本文化的愿望没有错。但是,他抹杀了一个事实,日本的古代典籍,即便如所谓最古老的《古事记》,不但是用汉语写就,而且有不少内容原本就是对中国古代文献的改写或模仿。本居宣长为了证明日本文化、学术的独立性,绞尽脑汁切割与中国文化的历史渊源,实在是与历史开玩笑。

其次,本居宣长要给自己的民族树立与其他民族不同的标杆,其精神可嘉,但是不可狂妄自大。一方面,本居宣长为了确立"大和魂"而歪曲事实、曲解中国儒学的做法是不可取的,而比这种歪曲更

---

① [日]大野晋:《本居宣长全集》第1卷,《玉胜间》,筑摩书房1968年版,第40页。

可怕的是他把日本民族和日本文化置于世界各民族之上,"皇国优越""大日本至上",为了达此目的,不惜对历史本真虚无化;而另一方面,他对日本古代历史进行伪造,由此渲染的"大和魂"把日本民族拖向了一条危险的道路。一个人狂妄,是危险的。一个民族狂妄,则更危险。近代以来日本在法西斯化道路上的裸奔,已经不可争辩地证实了这一结论。

最后,在学术道德问题上务必守住底线。这一点非常重要。守底线,就必须给人性中的兽性那一面套上缰绳。西方有句谚语说得好:人的一半是天使,一半是野兽。不能让兽性失去控制,不能让淫欲祸水横流。守底线,就要推崇世界民族之林最起码的立场,诸如,不可忘恩负义,不可过河拆桥,不可面对事实而满口胡言乱语。守底线,就要培植和巩固人类共有的核心价值,如善良、公正、和平等基本准则。在各民族文化的交流和碰撞当中,上述三条底线,实际上要求人们具有自我反思意识和民族检讨精神。试看世界上那些伟大民族源远流长的文化,哪一个不是围绕上述底线不断自我批判,自我节制,在自我改造中经磨历劫,由此一天天发展壮大,从而恒久地自立于世界民族之林?

本居宣长强烈呼吁彻底排除毒害日本的"汉意",回归日本"古道",其目的就是要用抹杀历史真实和伪造历史,达到重构日本人的历史记忆,寻求日本人的集体意识。至于历史的真相如何,本居宣长完全忽略了。也正是因为他的"创造"与"发明",日本社会从天皇、学者到民众都遭受荼毒,甚至被导向了歧途。联系到今天日本政府以及部分普通百姓对第二次世界大战与侵略的错误态度,至少本居宣长及其"物哀"论难辞其咎。面对相当数量的日本人不愿正视第二次世界大战历史真相的种种现状,深入解析本居宣长"物哀"论背后的东西,对全球化大趋势中如何和平地推进各国各民族的文化交流,意义相当重大。

第二章 "物哀"论之情结抽绎

本居宣长的"物哀"论是在学习借鉴《庄子》之后的文学理论。"物哀"论的"情"与庄子的"情"的差异是本章的主要内容。本居宣长的"物哀"论与庄子的"齐物"思想是中日物性思维比较研究的两个重要概念,庄子的《齐物论》是中国古代文学思想的重要内容。本居宣长的"物哀"论是日本近代文学理论的关键术语。

第一节 "物哀"与"齐物"

庄子"齐物"思想的内涵是论述世界上人与物的存在和意义。万物看似千差万别,归根结底却又是相同的,这就是"齐物"。言论看似千差万别,本质上又是一样的,是非观念皆来自人们要区别对待的内心,这就是"齐论"[1]。庄子的"齐物"思想是中国古代文论的重要理念,也是研究中国文化的元素之一。本居宣长的"物哀"论指"作者将自己的感受如实表现出来,与读者分享,寻求审美共鸣。此外并没有教诲读者等其他功利目的,而读者阅读是为了'知物哀'。'知物哀'就是知人性,重人情,解人意,具有'风流雅趣'"[2]。本居宣长的"物哀"论是日本近代文学理论的重要思想。庄子齐物思想与本居宣长的"物哀"论都是围绕"物"展开的思想。二者表面看

---

[1] 李欣:《庄子译注》,上海三联书店2013年版,第24页。
[2] 王向远:《感物而哀——从比较诗学的角度看本居宣长的"物哀论"》,《文化与诗学》2011年第2期。

似乎不存在必然的联系,但是思维的理路可比之处却甚多。从中日比较文论层面深入研究,不仅可以发现二者的异同,而且可以把握到庄子"齐物"思想对本居宣长"物哀"论产生过影响。

一 "物化"抑或"物欲"

庄子的"齐物"思想究竟何指?对于这个问题的回答,学界存在两种截然不同的观点。有学者认为是万物本质上的相同。赞同者有任继愈、曹础基、刘笑敢等。任继愈认为:"庄子根据齐万物,进而得出齐是非。"[①] 因为"从道的角度来看,万事万物都是一样的"[②]。曹础基也说庄子的齐物思想,要人们能够"懂得任何事物都可以追溯到虚无,如果明白了这个道理,所有的是非与真伪也都解决了。因为一切事物都是齐同的"[③]。刘笑敢认为:"庄子眼中的世界,一切就是齐一,无差别的。"[④]"现实事物虽然呈现出千形万状,但是站在道的高度来看,一切根本就不存在差别。"[⑤] 这些解读大同小异,他们都将庄子的"齐物"论看作庄子《齐物论》的主要观点,"齐物"意思是万事万物都是一样的,没有区别的。或者不同的意见都是一样的,相同的。不赞同的学者有严春友与崔大华等人。严春友在《"齐物论"是庄子的观点吗?——庄子〈齐物论〉新解》一文中指出:"庄子的'齐物论'不是《齐物论》的主要观点。相反,庄子的'齐物论'所要论证的是事物的不相同,物与物论的不相同,物论与物论不相同。"[⑥] 无独有偶,崔大华也认为:"从内容的角度来讲,《齐物论》所述的是任万物或任物论,而不是齐万物。"[⑦]

[①] 任继愈:《中国哲学发展史·先秦卷》,人民出版社1983年版,第429页。
[②] 任继愈:《中国哲学发展史·先秦卷》,人民出版社1983年版,第427页。
[③] 曹础基:《庄子浅释》,中华书局1982年版,第22页。
[④] 刘笑敢:《庄子哲学及其演变》,中国社会科学出版社1987年版,第193页。
[⑤] 姚汉荣、孙小力、林建福:《庄子直解》,复旦大学出版社2000年版,第5页。
[⑥] 严春友:《"齐物论"是庄子的观点吗?——庄子〈齐物论〉新解》,《社会科学论坛》2005年第2期。
[⑦] 崔大华:《庄学研究》,人民出版社1997年版,第56页。

笔者认为，以上学者的观点，都有一定的道理。前者从宇宙论和本体论上解读庄子的"齐物"观，得出"齐"思有其根据。后者在事物的相对性和个体性以及自由观方面看"齐物"，得出的是事物各自不同和任其自然而然。这些见解都包含在庄子的《齐物论》之中。两种见解，分而论之，都属庄旨。但是统而观之，这些观点都缺乏宏观通化的意识，少了对庄子付诸"齐物"核心思想的把握。笔者认为无论是齐物还是任物，都只是表面现象的描述，是庄子借物发挥，庄子齐物的内在深意是物化思想。物在化中，化在物间，宇宙在物化中，心念也在物化中。本体与个体，局部与宏通，都在化中。借栾栋的一个术语表达，那就是通化的"齐物"观。① 本居宣长在对《源氏物语》与和歌的诠释中，首次对"物哀"这个概念作了细致的表述。他明确地说和歌的宗旨为"物哀"。他运用自己的"物哀"论观点对《源氏物语》作了新的解读。他认为，日本学界长期以来，从儒家思想与佛教教义的道德立场出发，对《源氏物语》的分析都是错误的。日本物语文学的写作宗旨是体现"物哀"，而不是道德劝惩。② 这里就存在一个问题，为什么日本文坛要沿用中国的"文以载道"观评论日本文学作品。既然习惯使然，又为什么到了本居宣长，要撇清中国文论对日本文学的影响关系？"物哀"论提出的真实目的是什么？本居宣长在《石上私淑言》中说："和歌以其自在与和柔，而流传至今世，咏出之歌，其情趣自然，非如诗之豪壮。唯标新立异，取彼虚幻无实、物动心摇、依依堪怀之事咏而为和歌，故词情语貌古今变异，而道出情趣。神代与今日如出一辙，则与彼诗之变迁，岂不异哉？"③ 本居宣长的"物哀"论强调和歌要温和柔美、顺应自然，而不是像汉诗那样豪壮。和歌要有新意，要虚幻，能够与物交融，遣词造句的变

---

① 栾栋：《文学通化论》，商务印书馆2017年版，第17—21页。
② ［日］本居宣长：《日本物哀》，王向远译，吉林出版集团有限责任公司2010年版，第7页。
③ ［日］本居宣长：《石上私淑言》，王晓平译，曹顺庆主编《东方文论选》，四川人民出版社1996年版，第774页。

化，要有情趣，自古如此。这一点与汉诗完全不同。从表面上看，本居宣长是对中日文论作比较，细究其背后的意思则是企图彻底颠覆长期以来流行于日本的中国儒家思想基础上的"劝善惩恶"论与"好色之劝戒"论。本居宣长的"物哀"论是日本的文学理论试图摆脱对中国文论的依赖，是日本的原创理论，是其独立性的集中体现，标志着日本文学观念的一个巨大的转折点。①问题在于他的"物哀"论真的摆脱了中国文论对日本的影响吗？事实恐怕并非如其所愿。因为中国流播日本的文论有人类弥足珍贵的文道关系论，有良知的学者，不论是日本人，抑或世界哪个国家的人，守底线之学术品格还是存在的。本居宣长的"物哀"论可以在某些时代甚至长时段被这样或那样的思潮所热捧，甚至崇拜，但是人同此心，心同此理的公理实情，仍然会像良知的种子一样，斩不断，困不死。本居宣长所倡导的"物哀"论这一事实本身，也恰恰反证了这一点。博大精深的中国文化不仅仅有儒家思想的"劝善惩恶"论，还有庄子的"齐物"论。本居宣长的"物哀"论，表面上跳出了儒家思想的影响，却又落入了庄子的"齐物"论的场域。

关于这一点，张谷在《论道家道教思想在日本的传播和影响》一文中，详细列举了中国道教思想在日本传播和演变的过程。据有关学者统计，日本江户时代从事老子和庄子研究的学者及其老庄注本，有169家，来自程朱学派、复古学派、古义学派、敬义学派、国学派以及僧侣、儒医等多个派别。朱子学派的林罗山、德川齐昭；徂徕学派的荻生徂徕、渡边蒙庵与太宰春台；古义学派的金兰斋；折中学派的龟田鹏斋与山本北山，古注学派的片山兼山，国学学派的本居宣长与平田笃胤等，都曾写过给老庄做注释类的文章。②这里能够统计上的数据，都只是有记载的人物与著述，实际的研究者和著述可能更多。日本的这个现象，使我们了解到当时老庄研究的盛况。对于江户时

---

① 王向远：《感物而哀——从比较诗学的角度看本居宣长的"物哀论"》，《文化与诗学》2011年第2期。

② 张谷：《论道家道教思想在日本的传播和影响》，《广西社会科学》2011年第5期。

代，老庄的注释书籍的大量出现，武内义雄有过推断。他认为，这是荻生徂徕倡导学习中国古文辞，推进中国诸子研究的结果。[①] 从以上史料可以看出，本居宣长曾经深入学习和研究过庄子思想，他关于庄子的注释是其"物哀"论思想的源头之一。中国文论是日本文论的发源地，长期影响日本文学理论的不仅有儒家的文学思想，还有道家思想和从中国传入日本的释佛教义，只是在不同历史阶段，日本文坛主流对儒、道、释的选择有所侧重而已。

庄子《齐物论》中齐物的内涵之一是万物的共性，即认为万物都是相同的。庄子："物无非彼，物无非是。自彼则不见，自知则知。故曰彼出于是，是亦因彼。彼是，方生之说也。……彼是莫得其偶，谓之道枢。枢始得其环中，以应无穷。是亦一无穷，非亦一无穷也。故曰莫若以明。"[②] 庄子认为事物彼此对立的两个方面相互依存、相互对立。人应该放下是非对立，观察事物的本然，顺应自然。这里说的"道枢"和"莫若以明"，其实就是化境。本居宣长的"物哀"论是对世间万物的一种包容、感受与感动，虽说这与中国儒家思想的理性、说教不尽相同，却与庄子《齐物论》中的"齐物"思想的这一点基本一致，即不要被文明的教条所束缚。因此，从本质上讲，本居宣长的"物哀"论只是背离了儒家思想的"劝善惩恶"，却又靠近了中国的庄子思想，甚至可以说坠入了庄子的思维网络中。入得"庄思"网络那倒也不是坏事，遗憾的是本居宣长并未在庄子那里修炼，而是赤裸裸地将一切变成欲望的菜肴，或者再讲透彻一点，将一切变成"物欲"或者说"欲物"。不仅春风、樱花、秋月，包括男人、女人亦然。可悲、可叹，如此"物哀"，怎一个"物欲"了得。

庄子《齐物论》中齐物的内涵之二是万物的差异性。万物之所以是万物，因为各具不同的特点。庄子指出："且吾尝试问乎汝民湿寝则腰疾偏死，鳅然乎哉？木处则惴栗恂惧，猨猴然乎哉？三者孰知正

[①] ［日］武内义雄：《武内义雄全集》第6卷，角川书店1978年版，第232—233页。
[②] 李欣：《庄子译注》，上海三联书店2013年版，第37页。

处？……自我观之，仁义之端，是非之涂，樊然殽乱，吾恶能知其辩？"① 这里庄子所要强调的就是物之差别。如果判断事物，总是企图用整齐划一的标准去衡量是不可取的。不同事物之间并无普遍的标准。事物各有其性，并不相同。而且事物之间存在的差异与无常。物各有其性，不存在普遍的标准，只见出无尽的化感通变。事物各有各的性质，没有统一的标准。是非、真假没有统一的标准。种种不同的看法和观点如同做梦一样，不能触及问题的实质。由于任何一方的看法都有偏颇，所以都不能作为评判的标准。"论"之间的不同和差异是存在的。"即使我与若辩矣，若胜我，我不若胜，若果是也，我果非也邪？我胜若，若不吾胜，我果是也，而果非也邪？其或是也，其或非也邪？其俱是也，其俱非也邪？我与若不能相知也，则人固受其黮暗，吾谁使正之？……既同乎我与若矣，恶能正之！然则我与若与人，俱不能相知也，而待彼也邪？化声之相待，若其不相待，和之以天倪，因之以蔓延，所以穷年也。"② 庄子认为是非是相对的，如果欲使是非不对立，就要用自然的方法，用"变"的心态来调和，"通和致化"。对，在一定条件下就成了不对，正确也会因为情况的变化而成为不正确。因此，无须争辩，人要忘掉对错、是非，把自己寄托于无穷无尽的物化境域之中。《齐物论》揭示了万物的不同，物有差异。正是通过对这种不同甚至对立的揭示，批判了人类认识的有限性和固执性。庄子认为通过辩论或者概念是不能进入道的境界的。《齐物论》的主题是对人类认识局限性的批判。对比庄子《齐物论》中的"齐物"内涵之二，即万物的差异性，本居宣长"物哀"论的提出只是一味反对中国的主流思想，即儒家学说。或者也可以理解为本居宣长用中国的庄子"齐物"思想的第一个层面"齐物论"来颠覆儒家的"劝善惩恶"，却忽视了庄子也是中国古代思想的一支分流。

庄子《齐物论》中齐物的内涵之三是物化即互相转化。"昔者庄

---

① 李欣：《庄子译注》，上海三联书店2013年版，第52页。
② 李欣：《庄子译注》，上海三联书店2013年版，第60页。

周梦为胡蝶,栩栩然胡蝶也,自喻适志与不知周也。……周与胡蝶,则必有分矣。此之谓物化。"① 事物之间没有绝对的界限,那些所谓的界限都是人为设定的。这是人认识事物的狭隘性。事物之间是可以互相转化的。物化是以承认事物的差异为前提的。如果事物之间没有差异也就没有必要物化了。化就是要打通不同事物之间的界限。界限就意味着差异,差异使物区别于他物。庄子认为物各有其性。同时,他也认为物性不是僵死的、永远对立的。物是不断变化的,"道"具有物化的能力。事物具有物化的能力。为此,千姿百态的事物才得以出现。从这个层面看,庄子《齐物论》的内涵属于较高的层次。本居宣长"物哀"论的一个根本目的是彻底清除日本文化中的中国影响,即"汉意"②。以所谓的"物哀"对抗中国儒家的"劝善惩恶"观,本居宣长"物哀"论的确立,就是日本文学独立性和独特性的确立,也是日本文化独立性和独特性的确立的重要步骤。它为日本文学摆脱汉文学的价值体系与审美观念,准备了逻辑的和美学的前提。从表面看,本居宣长找到了一个很好的文学观,来标榜日本文论的自立。但是细究"物哀"论,我们不难发现这不过是庄子"齐物"思想最粗浅的一个解释,或者只是庄子齐物论思想内涵的第一个层面。至于庄子"齐物"思想的深层内涵,本居宣长的"物哀"论还远远没有达到。

二 "吾丧我"与"知物哀"

王厚琛与朱宝昌在《庄子三篇疏解》一书中指出:"庄子认为'物与我的对立是一切烦恼的根源。要消灭烦恼和痛苦,惟有从根本上消灭这个对立。'"③ 这是庄子哲学的逻辑思维。世间的一切矛盾都是在"主客内外对立的基础上产生的"。如何摆脱烦恼痛苦,庄子认为应该"丧我"。人只有透过事物相对的差异才能领会平等无私的绝

---

① 李欣:《庄子译注》,上海三联书店2013年版,第60页。
② 王向远:《感物而哀——从比较诗学的角度看本居宣长的"物哀论"》,《文化与诗学》2011年第2期。
③ 王厚琛、朱宝昌:《庄子三篇疏解》,华文出版社1991年版,第4页。

对。天籁即在地籁之中,绝对即在相对之中。庄子《齐物论》循循善诱,其思想就是要步步通化,第一步,破相对而入绝对;第二步,由绝对重新回到相对。《齐物论》也还是相对世界的产物,故《齐物论》并未直接谈绝对,而是说相对中处处有个绝对在。西方哲学体系中的"主体""客体""主客对立""绝对""相对"这些概念和术语是有前提和语言环境的,它们与中国哲学的"天人合一""道法自然"等思想存在着相当大的差异。在分析庄子"齐物"思想时只能作为参考,却不能做意义对等的阐释。庄子认为"大知闲闲,小知间间;大言炎炎,小言詹詹"①。在这句话中,庄子对大知、小知、大言、小言作了平等否定。他认为,一切相对中都有绝对。大知、小知是相对中的绝对,大言、小言也是相对中的绝对。人类都迷信于万事万物表象的差异,而看不到一切事物都是相对中的绝对。于是在大知、小知、大言、小言之间,纠纷无穷,风波不尽。人们沉浸在物我对立的痛苦和烦恼之中。庄子认为:"夫言非吹也。言者有言,其所言者特未定也。果有言邪?其未尝有言邪?其以为异于鸟音,亦有辩乎?其无辩乎?"庄子的意思是人陷在物欲和执念的泥沼中不能自拔。就是非曲直而论,人之沉溺正应了今天的一句俗话:"天下本无事,庸人自扰之。"庄子为人类的"与接为构,日以心斗"而悲哀,也为人们的"与物相刃相靡"而痛心,为人类"终身役役,而不见其功"而难过。庄子认为,一切的是非都是以偏见纠正偏见,结果谁也说服不了谁,正确的、客观的认识是不存在的,唯一正确的出路就是消灭主观世界与客观世界的对立。

庄子的哲学思想仅仅局限于主客体是否对立吗?经过对庄子"齐物"思想的研究,我们认为庄子思想不能简单套用西方的认识论体系,而应该将重点放在庄子对齐物的界定上,他的思想超越了西方二元对立的价值体系,是寻求物化的终极思考。庄子哲学是中国传统文化的重要一支,是儒家思想的有益补充,它和儒家思想先后传入日

---

① 李欣:《庄子译注》,上海三联书店2013年版,第60页。

第二章 "物哀"论之情结抽绎

本，不同程度地影响着日本文论的发展和演变。鉴于篇幅关系，此处不再展开，仅就庄子的"齐物"思想对本居宣长的"物哀"论的影响做以下分析。

本居宣长的"物哀"论强调作者在写作时应如实地将自己的观察、感受与感动表现出来并与读者分享，不用考虑是否有教训、教诲读者等目的。读者阅读也是为了"知物哀"。他的观点也可以理解为作者在创作时要追求主体与客体的融合。读者在阅读时，不必考虑作者的价值取向，只要满足了自己的知人性，重人情，解人意，具有风流雅趣就可以了。那么，本居宣长的"物哀"论的哲学意义是什么？物我的融合，主客的统一？物我是永恒的交融，还是一定条件下的和谐统一，从字面上看，"物哀"表达高兴、激动、哀愁、悲伤、惊异等多种复杂的情绪和情感。深入地分析，本居宣长的"物哀"论分为"物哀"和"知物哀"。感知"物的心"，感知"事的心"。"物的心"是指人心对客观外物的感受，而"事的心"主要是指通达人际与人情，二者合起来就是感知"物心人情"。[①] 概括而言，本居宣长的"物哀"论的哲学意义是主客体的统一。无论是"物哀"还是"知物哀"都是要求主体与客体的统一，具体地讲就是作者在创作时要表现"物哀"，而读者在阅读时要"知物哀"。但是，作者在创作时真的可以完全不考虑道德因素吗？读者在阅读时也完全没有价值取向吗？聂珍钊教授在《英国文学的伦理学批评》一文中，以希腊神话为例论证了文学最初就是人类的一种伦理的表达，他以《哈姆雷特》为例，分析了作品中的伦理矛盾，认为主人公悲剧的本质是伦理的悲剧。[②] 那么，我们是否可以认为："文学，无论是哪一个国家的文学，都存在一种道德的因素，只是道德的标准不同而已。"[③] 因此日本文学也不例

---

① [日]本居宣长：《日本物哀》，王向远译，吉林出版集团有限责任公司2010年版，第7页。
② 王松林：《"文学伦理学批评：文学研究方法新探讨"全国学术研讨会综述》，《当代外国文学》2006年第1期。
③ 王松林：《"文学伦理学批评：文学研究方法新探讨"全国学术研讨会综述》，《当代外国文学》2006年第1期。

外，但本居宣长的"物哀"论却提出日本和歌、物语的宗旨不涉及道德因素。再进一步分析，陆建德教授在《阅读过程中的伦理关怀》一文中指出："阅读的过程是作者呼唤读者的道德意识的过程，作品的价值判断从文字中流露出来，这就需要读者具有阅读的品位，读者可以通过阅读意识到作品中的道德价值判断。"[①] 这段话充分说明读者在阅读过程中也是有道德判断的，不是仅仅停留在"知物哀"的层面。

文学作品不可能悬空地存在，就文学而文学。它是一种思想的表达，它无法超越道德的选择。无论是作者还是读者都必须面对人生，都需要价值判断，文学也都是时代的产物。本居宣长的"物哀"论认为无论作者还是读者都应该主客体一致。从深处思考，本居宣长的"物哀"论是宣扬无伦理、无道德的文学理念，看清了这一层，也就不难理解日本文学，甚至日本社会中的"性"观念和"性"文化。鉴于篇幅关系，此处不再就日本文学的"性伦理"展开论述，以后将在专题文章中阐述。

三 "一衣带水"之"物与"

中国古代文论与日本传统文论之间是怎样一种关系？二者是依赖、模仿的影响关系还是毫不相关的两种文学理论？本居宣长的"物哀"论是在什么样的背景下诞生的？我们又该如何理解其价值和意义？这些问题是中日文学理论比较中不可忽视的部分，值得我们深入探究其内在的关联。中国文论与日本文论之间呈现错综复杂的、你中有我、我中有你的交织关系。大致可以分为三个阶段：日本照搬中国文论的阶段；日本依赖、模仿中国文论的阶段；日本摆脱中国文论的阶段。奈良时代（710—794）之前，日本的文论还未进入自觉时代。圣德太子时开始对文论有了特别的关注。从飞鸟时代到奈良时代，中国的文献大量传入日本。受中国《诗经》《文选》等书籍的影响，日

---

① 王松林：《"文学伦理学批评：文学研究方法新探讨"全国学术研讨会综述》，《当代外国文学》2006年第1期。

本出现了《怀风藻》《万叶集》，以及《歌经标式》《和歌式》等作品，日本文论逐步形成。日本平安朝初期，汉诗文非常兴盛。日本文学深受中国六朝诗学影响，空海的文论《文镜秘府论》问世，为日本文论的形成发展起到了促进作用。《文镜秘府论》是宣扬社会风教的功利性强的文论，认为应从社会道德中去探求文艺具有的佛学内容。当时，日本以汉诗文为本位，强调文艺的功利性。这一时期的文论明显具有中国文学理论的传统特征，反映出大量的儒学内容，社会教化作用十分突出。

平安时期（794—1192）和歌理论的代表之一是藤原公（966—1041），《新撰髓脑》和《和歌九品》是他的歌论集。他认为上品的和歌要有"余情"韵味，这是日本和歌理论"余情体"与"有心论"的开端。平安时期，《内里和歌合》论述了歌合判词的声韵和形态要求，但未涉及和歌的社会教化作用。我们认为，这是日本文论中的一个新现象。靳明全在《日本文论史要》中指出，这是日本文论发展的一个阶段性倾向，显示出和歌将整体上从汉诗下位中脱离出来的趋势。[①] 通过以上分析，日本和歌理论是经历了模仿、脱离汉诗理论的过程。平安"歌合"很快成为日本贵族的一种社交工具，歌风日趋苍白纤弱、空泛乏味。针对如此状况，藤原俊成借鉴中国《文选》《玉台新咏》等书籍，提出"幽玄体"。他追求情景交融的境界，认为歌人要通晓和歌的优劣与深奥的道理。他把歌道与佛法结合起来，试图用和歌引导众生。

清少纳言在《枕草子》中论述了日本日记文学的特点，她认为作者的爱好决定物语乃至和歌的性质，强调作者思想感情应该自然流露，要淡化文艺的功利性。平安时期物语的集大成者紫式部认为，物语从产生起就不应有功利性，而应是一种自然表现，是实际生活影响下的自然现象。平安中期是日本和歌从现实生活表现到艺术表现转换的时期。与此同时，日本社会与儒学相关的文论也大量出现。这个阶段可以说是日

[①] 靳明全：《日本文论史要》，中国社会科学出版社2010年版，第3页。

本文论观百花齐放的时期，既有以弘扬佛教为目标的文艺观，也有儒学的文艺论，还有文艺消遣悠闲论的文论观。伊藤仁斋的文学理论主要是道人情说，他认为："文学要述人情；文学不是劝善惩恶的工具，它表现的共通人情，使人更完善；文学要古今通变，而人情不变，和汉、雅俗文学没有差别；雅被传统束缚，俗传达眼前事与情，为人之真情，文学应该注重俗；文学评论的关键是理解作品的精髓。"[1] 伊藤仁斋的观点对日本文论影响巨大，他提出的"文学非劝善惩恶之工具"的说法是本居宣长"物哀"论的基础；也正是因为伊藤仁斋的主张，日本文论产生了分裂。自此以后，日本文学不再是以儒学为中心的"劝惩文学观"一统天下。日本文论形成了三种观点鼎立的新格局：第一种是坚持以儒学为中心的"劝惩文学观"；第二种是重视人性真的"人情说"；第三种是游走在二者之间的文学观。但是不论是哪一种文学观，中国给予日本的是陶冶了数千年的思想精华。中国历朝历代及其文化代表人物，敞开大门，一任日本来中国的使节和留学生挑拣取舍，让日本人在中国为官、为商、为僧、为民。"一衣带水"是对两国关系的一种形容，实际上在漫长的历史交往中，中国给予日本的有文化，有物产，有思想，有技术，张载用于国人的四个字——"民胞物与"，中国朝野对日本邻邦不折不扣地都做到了。

在日本的文论发展过程中，为什么会出现本居宣长的"物哀"论？当中国作为世界超级大国，政治经济文化等方面处处领先于日本时，日本积极地从学于中国的政治、经济、文化、文学等各个领域。但是，清朝中期以来，中国的经济、文化开始衰落，日本不再甘心亦步亦趋地学习中国，甚至发展为想逐步摆脱中国文化的影响。然而一千多年的传统，日本文学无法摆脱中国文化根深蒂固的、无处不在的印记。本居宣长的"物哀"论产生的背景则是日本已经积极地向世界领先国家，诸如荷兰、英国等国学习的时代。本居宣长提出"物哀"论，也就是"以感情为中心"的审美学标准，其文化精神与以自然为

---

[1] 靳明全：《日本文论史要》，中国社会科学出版社2010年版，第41页。

本体的"神道"精神是相通的。和歌是人心触物、为之所动而产生的感情，与以"教诫"劝惩为目的的儒学思想，或者说与佛教思想是不同的。和歌的本质是"物哀"；和歌的本意是"知物哀"，主张重视技巧、重视用词，作者通过形式的规范性来探究人的内在心理和人的真实性，使人的真情和表达的技巧和谐统一。

本居宣长认为表现人的真情，倾诉人内心所思的事是和歌的根本所在；为政治、为修身并非和歌的目的，这与中国文论是截然不同的。本居宣长认为："歌乃情之产物也。此情之思之所以易感于物，乃触物感怀至深至笃之故也。欲者则思之一端，唯以求索希冀之心萦怀，岂不细微哉？不深谙为瞬间之花鸟色香而抛泪，乃贪图彼财宝之思，以此所谓欲者而疏于触物感怀之道，故歌咏不出矣。思色虽本亦乎欲，然殊关乎情，世间一切生物之所不免也。况人乃万物之灵，若善知触物感怀，刻骨铭心，不堪其哀者，正此思也。宜知此外即诸景诸态，触物感怀，皆可咏歌。"① 本居宣长的观点是和歌不论善恶，不探讨治国之道，也不思考人之为人的道德观，只是触物感怀，随其心自然表露。

本居宣长在《紫文要领》中写道："欲知歌道之本意，宜精读此物语，领悟其情味；且欲知歌道之风采，宜细观此物语之风采以领悟之。此物语之外则无歌道；歌道之外则无物语。歌道与物语其趣全同。"② 由此可清楚把握说明本居宣长的文学观。他认为歌道与物语均为触物感怀，二者都不必与道德相联系，他的"物哀"论的观点把文学与道德彻底分开，有其特定历史时期的内在原因。

庄子《齐物论》是中国物化思维的一个重要内容，它对中国传统文学在某种程度上起到了底色的作用。《齐物论》的思想在深刻地影响中国文学的同时，也远播到东亚各国，尤其是日本。本居宣长"物

---

① ［日］本居宣长：《石上私淑言》，王晓平译，曹顺庆主编《东方文论选》，四川人民出版社 1996 年版，第 779 页。
② ［日］本居宣长：《紫文要领》，王晓平译，曹顺庆主编《东方文论选》，四川人民出版社 1996 年版，第 782—783 页。

哀"论的源头可以追溯到庄子的"齐物"思想。从比较文学角度研究，我们可以得出一个结论，那就是庄子《齐物论》对本居宣长"物哀"论产生过重要影响。

第二节 《庄子》与《紫文要领·物哀论》"情"观异同论

《庄子》论"情"有三个层面：任自然的"物情"、通天下的"气情"与合大道的"道情"。本居宣长《紫文要领·物哀论》的"情"体现在"通人情"与"不通人情"。

将二者做比较可以看出三个对应点：第一，《紫文要领·物哀论》学习借鉴了《庄子》的"物情"观，他们都注重自然、真实；第二，《紫文要领·物哀论》汲取了《庄子》的"气情"，以反对儒家"仁""义""道""德"的规范；第三，《紫文要领·物哀论》以"好色"为最高标的，彻底抛弃了《庄子》"情"观中的大道及其所包含的天道之伦理，把日本传统的"不伦之恋"奉为日本文学文化审美的终极关怀。由此可见，《庄子》的"情"观妙在目击道存，《紫文要领·物哀论》陷于"情欲"之性。研究二者的差异，可以辨识庄子的审美思想与本居宣长诗学理论的牵连与异趣。

《庄子》中蕴含着丰富而深刻的"情"。五彩缤纷的"情"可以概括为三个层面，首先是"物情"，它包含有人的情绪、感情与本真之情；其次是"气情"，它是情与理性相结合，人经过理性思考的情感，但是既不执于理，也不溺于情；最后是"道情"，这是庄子的核心追求，指人的精神愉悦、精神自由之情。《庄子》的核心内容就是遵照、顺应人生命的本真实情。本居宣长在《紫文要领》中提出的"物哀"论，强调写作要追求"真实"，不要道德、伦理的束缚，不要教训、教诲的内容。① 一言以蔽之，本居宣长在《紫文要领》的

---

① ［日］大野晋：《本居宣长全集》第4卷，《紫文要领》，筑摩书房1968年版，第37页。

"物哀"论里的"人情",汲取了庄子的"物情",放弃了更高层次的"气情",更不及"道情"。庄子强调人应该摆脱"物"的依赖与执着;而本居宣长"物哀"论之"情"则深陷偏执之中,不知自拔。

一 《庄子》的"物情"观与本居"物哀"论的"通人情"

关于《庄子》之"情",截至 2022 年 6 月 10 日,中国知网上已经发表的文章有十余篇。比较早的论文是晁福林的《试析庄子的"情性"观》(2002),之后有方金奇的《〈庄子·内篇〉之"情"新释》(2005),朱松苗的《论庄子之情》(2011),王春晓的《〈庄子〉之"情"浅析》(2011),徐媛的《论〈庄子〉之"情"》(2016),张丽的《庄子的"心"和"情"——访台湾大学教授、北京大学讲座教授陈鼓应》(2017),莫医铭的《〈庄子〉中"情"之意蕴探赜》(2019)等。研读以上文章,我们可以看出庄子的"情"观是《庄子》的一个重要的内容。《庄子》关于"情"的表述有不同的指涉,也有高低之分,有取舍之别。陈鼓应认为:"《庄子》中的'情'具有'真'、'实'与'感情'等多重含义,在人的生活智慧中,兼顾了人的伦理秩序,在文学文化的层面中包含了中国人的道德的底线,它开启了中国人性论的抒情传统。"[1] 庄子"情"观的核心内容是他对精神自由的追求。本居宣长"物哀"论中对于"情"的论述也有三个方面,它们分别是"通人情""表现人情"以及追求"真实人情"。而这三者均与"不伦之恋"息息相关。

细究庄子的"情"观与本居宣长"物哀"论之"人情"的内在关联,我们不难看出后者来自《庄子》的"物情"层面,而且本居宣长的文学观于此裹足不前。他把"通人情"与"物哀"相结合,并使二者融合。甚至,他认为"物哀"是日本和歌与物语的宗旨。[2]

---

[1] 张丽:《庄子的"心"和"情"——访台湾大学教授、北京大学讲座教授陈鼓应》,《人民政协报》2017 年 6 月 19 日第 9 版。
[2] [日]大野晋:《本居宣长全集》第 4 卷,《紫文要领》,筑摩书房 1968 年版,第 110—111 页。

庄子的"物情"是追求"真实"。然而,"气情"比"物情"的可贵之处,就在于人的理性与"情"的结合,它规避了"情"的感性与极端化。庄子的"道情"观是比"气情"更高的追求,即"人的精神自由"。庄子的"气情""道情"观远高于本居宣长所理解的人的"自然"性。本居宣长的"物哀"论强调的是不受伦理规范约束的、抛弃理性的"情"。客观地讲,这是狭隘的、偏执之"情"。

有学者统计,《庄子》一书中,"情"字出现了62处。[①] 也有学者认为,《庄子》中"情"字出现了50次。[②]《庄子》中"情"字究竟出现了多少次?是62处,还是50次?抑或其他。对于这个问题的最终解答,笔者认为,具体的数字与版本相关,造成数字层面的差异,可能是由于不同版本造成的。本书在此不做赘述,仅就庄子之"情"的含义及其哲学思想与本居宣长的"人情"观进行比较。陈鼓应有一观点相当笃实,他认为:"追溯情的概念至中国先秦时期,诸子百家的'情'的主题首先由庄子提出。"[③] 研究庄子之情,以及本居宣长"物哀"论之"人情"是中日文学理论比较研究的重要内容。

因为《庄子》中,关于"情"的表述有多种含义,所以常常令读者产生困惑。笔者的看法是要以庄解庄,即首先要了解庄子哲学的内核,同时根据不同的语境,准确地把握庄子的"情"观。研究《庄子》之情,需要联系庄子的时代背景,以及庄子的哲思理路,才能做出相对全面而合理的阐释。"《庄子》中的'人情'提升至'气情''道情'的境界;而由'道情''气情'反向发展则成为'任情''安情'的现实人性。本质上,庄子与屈原几乎同时涉及'情',前者可归为想象哲学,而后者可以理解为想象文学,一方面是'任其性命之情''安其性命之情';另一方面则是'发奋以抒情'。二者汇

---

① 莫医铭:《〈庄子〉中"情"之意蕴探赜》,《中国社会科学报》2019年3月28日第2版。
② 曹晓虎:《"情"字考——先秦文献断代的重要依据》,《中国社会科学报》2019年5月7日第3版。
③ 张丽:《庄子的"心"和"情"——访台湾大学教授、北京大学讲座教授陈鼓应》,《人民政协报》2017年6月19日第9版。

合而为中国古代'情'的历史序幕。"①

《庄子》中的"物情"具有"本真实情"的含义，即事物的真实状态。它是客观的、自然的规律。人的言行要合于自然。它强调的是一种对本真、实情的描绘与体悟。庄子认为："人如果能够做到'凄然似秋，暖然似春，喜怒通四时，与物有宜而莫知其极。'才能够与大道相同。"(《庄子·大宗师》)这句话的意思是人如果能够安静时如同秋之静默、萧索；开朗时，愉悦的心情如沐春风，那么人的喜怒哀乐就与四时相通，随季节的变化而自然地调适自己的心境，顺应自然以及本真。这就是庄子之"物情"，也是人的自然情感。也有人说这是"本然"。这里的"物情"与人的生理因素紧密相关，是一种浅层次的情感反应。比如，当人看到美景，就会自然地感到赏心悦目，看见污浊的环境，就会产生反感，甚至厌恶之情。这里就产生了一个问题，人的赏心悦目与反感厌恶是外在的景物与环境触动人的。这种情感是由客体引起的一种无意识的反应。作为主体的人并没有参与其中，只是被动地、油然而生的一种喜悦或者厌恶。这样的"情"是直接性、短暂性与自发性的。

这个观点与本居宣长在阐述"物哀"时，曾经举的例子如出一辙。"人看见樱花盛开，就会表现出开心与愉快；看到别人痛苦，就会伤心难过一样，这样的人就是'通人情'、'知物哀'的。"② 本居宣长的"通人情"与庄子的"物情"是一个层面的表述。对于"通人情"，本居宣长格外推崇。他在"物哀"论里认为：和歌与物语中，有"通人情"与"不通人情"之分。"通人情"就是"知物哀"；不通人情就是"不知物哀"③。具体而言，本居宣长认为：将人情如实地描写出来，让读者深刻地认识与理解人情。这就是让读者"知物

---

① 张丽：《庄子的"心"和"情"——访台湾大学教授、北京大学讲座教授陈鼓应》，《人民政协报》2017年6月19日第9版。
② ［日］大野晋：《本居宣长全集》第4卷，《紫文要领》，筑摩书房1968年版，第57页。
③ ［日］大野晋：《本居宣长全集》第4卷，《紫文要领》，筑摩书房1968年版，第37—38页。

哀",像这样呈现人情、理解人情,就是善,即"知物哀"。看到他人哀愁而哀愁,听到别人高兴就高兴,这就是"通人情",就是"知物哀"。而那些看到他人悲伤而无动于衷,看到别人忧愁而熟视无睹,麻木不仁的人,就是"不通人情","不知物哀"的恶人。在这里,本居宣长用"物哀"的概念替换了人类日常生活中"善恶"的判断,并把"知物哀"与"善","不知物哀"为"恶"画上了等号。研究他的"物哀"论,让读者不得不思考的一个问题,那就是"放弃人的善恶判断,只追求物哀"的文学观是一种正确的审美观吗?甚至,本居宣长认为:应该凡事都是以"物哀"为先,即使是恶行,也可以弃而不论。柏木奸淫他人之妻(女三宫,光源氏的妻子),并生有一子,犯有这样恶行的他也是好人。① 客观地讲,这样的文学观是一种狭隘的文学观。更具体地说,本居宣长的这个观点明显是错误的,这是完全没有伦理道德的表述。

人因为经历不同,所以选择就不同。庄子认为有的人可以超凡脱俗。比如姑射山神人就是超越了凡夫俗子的神人。在《庄子·逍遥游》中有一个故事。肩吾问于连叔曰:"吾闻言于接舆,大而无当,往而不反。吾惊怖其言。犹河汉而无极也;大有迳庭,不近人情焉。"也就是说,肩吾认为接舆所言的神人"不近人情"。神人是超出平常的人。此处的"人情"指人的自然而有的生命特质,是人生命的本真情实,而姑射山神人的体貌、行为皆不是常人的。庄子在这个寓言故事中,把常人与神人进行了比较。大多数的常人、普通人、一般的人,他们有着常人的追求,或者说是争功求名。与"常人"相对而言的就是"神人"。神人之所以是神人,就在于他具有超脱的思想境界。神人不似普通人之处,就在于他不为名利所累,以精神自由为最高的目标。由此可知,庄子赞赏的是神人,是超脱的人,而不是"常人"。这里,庄子的"人情"是普通人的一般情况。

---

① [日]大野晋:《本居宣长全集》第4卷,《紫文要领》,筑摩书房1968年版,第41页。

本居宣长在京都游学之际，曾经研读过《庄子》，并做了相关的摘录。① 也有记载，本居宣长曾经给《庄子》做过注释。② 由此可知，本居宣长学习，并借鉴了《庄子》的"物情"观，他在"物哀"论中所表述的"通人情"，就是要作者在写作时，呈现人情、理解人情。但是本居宣长为了"通人情"而放弃人类的"美善追求"，善恶判断的文学观，仅仅是为了追求描写人的真实情感。从境界的角度讲，这是比较浅层面的文学观。

二 《庄子》之"气情"与本居的"好色"

庄子之"气情"是相对于"物情"而提出来的。"气情"区别于"物情"之处，就是"气情"是"情"与理性相结合，经过理性思考的情感。其特点是真挚、稳定、持久与笃诚。这里的"气情"，主体具有自觉性、主动性与理解力。主体的领悟力越高，其"情"越深刻、越炽热。陈鼓应认为："儒家与道家的理论是同源而异流走向。就心性而言，孟子开辟出心性的道德领域，而庄子拓展出心性的审美向度；孟子侧重在人性的美，而庄子倾向于人性的真和美。因此，在人性的问题上，儒家与道家呈现出互补的关系。"③ 概括而言，庄子的道家思想与孔子的儒家思想在道德、伦理方面的追求是同中有异，异中存同的。

比如，《庄子·养生主》篇中，"老聃死，秦失吊之"的寓言里"遁天倍情"一词的意思就是人要"遵循生命的本然之情，保持本真之情"。庄子认为："人不应该放纵自己的情感戕害身心；也不应该人为地延年益寿。"也就是"不以好恶内伤其身"，或者"不益生"。正确的态度是"常因自然"，即"顺应自然的生命，把握生命的本然"。概括地讲，庄子之"气情"通常表现为"无情"与反对"常礼"。关

---

① ［日］村冈典嗣：《增补本居宣长》1，前田勉校注，平凡社2006年版，第34页。
② 张谷：《论道家道教思想在日本的传播和影响》，《广西社会科学》2011年第5期。
③ 张丽：《庄子的"心"和"情"——访台湾大学教授、北京大学讲座教授陈鼓应》，《人民政协报》2017年6月19日第9版。

于庄子的"无情",在《庄子·德充符》里庄子与惠施有一段对话。"有人之形,无人之情。有人之形,故群于人;无人之情,故是非不得于身。眇乎小哉,所以属于人也;謷乎大哉,独成其天。"惠子谓庄子曰:"人故无情乎?"庄子曰:"然。"惠子曰:"人而无情,何以谓之人?"庄子曰:"道与之貌,天与之形,恶得不谓之人?"惠子曰:"既谓之人,恶得无情?"庄子曰:"是非吾所谓情也。吾所谓无情者,言人之不以好恶内伤其身,常因自然而不益生也。"这段话的意思是圣人有俗人的外形,而无俗人的追求(名与利)。有俗人的外形,所以能混迹人群。无俗人的内涵,所以能摆脱是非。普通的外形等同于俗人;超脱世俗的内涵是为了顺应天命。惠施问:"圣人不是人吗?既然也是人,他能超脱人之情吗?"庄子说:"他能。"惠施问:"人无情,还算人?"庄子说:"遵照阴阳变化的规律,父母遗传给了他相貌、身材、特征、血型、气质、灵魂,大自然又提供种种物质,塑造了他的骨架和肉身,你竟然说他不算人?"惠施问:"既算人,岂能无情?"庄子说:"你把人的内涵当作了人之情。此处的内涵,凡人皆有,他当然有,但他的内涵不同于凡人。我说的圣人无情,是说他无俗情,能摆脱是非,能忘掉得失,能勘破死生,能淡化欢爱,能消化仇恨的内涵。他能够不让俗情之斧砍伤灵性与肉身,而不是说他的心冷冰冰,就像岩石一样硬。他的心温暖如春,四季永远是春天。他顺应自然规律,也就是顺应天命,不去炼丹服药,求所谓的长生不老。"[1] 以上的寓言故事阐述了庄子的"无情",概括地讲,庄子的"气情"是高尚的情感,是脱离了低级追求的情。与之相对的是本居宣长的"通人情"。本居宣长为了说明"情"的唯一性,他在"物哀"论里认为最能体现人情的,莫过于"好色"。因而"好色"者最感人心,也最知物哀。不写好色则不能深入人情深微之处,[2] 不能很好地表现"物哀"之情如何难以抑制,如何主宰人心。本居宣长

---

[1] 郭庆藩:《庄子集释》上卷,中华书局2014年版,第226页。
[2] [日]大野晋:《本居宣长全集》第4卷,《紫文要领》,筑摩书房1968年版,第65页。

认为，日本的物语文学作品详细地描写恋人的种种表现，目的是使读者感知"物哀"。

本居宣长"物哀"论里的人情是"俗情"，是不受理性束缚的滥情。关于庄子的反对"常礼"。庄子反对人执着于"礼"的外在形式，而违背情感的真实。他反对的仅仅是世俗的人情世故，而不是"道""德"与"仁"本身的高尚情操。因为世俗的人情具有"虚假化、程式化、规范化"的特点。庄子主张的是"情感的自然而然，反对情感的放纵与压抑"。也就是为了表现"仁"与"礼"而人为地做出符合人之常情的外在动作与表现。本居宣长在"物哀"论中排斥儒学的道德伦理是反对理性，反对理性对"情"的约束，即"以理制情、以理化情"。

笔者认为，本居宣长在"物哀"论里，把"好色"作为一个表现人情的手段是不可取的。人之所以是人，人区别于动物的正是人的理性与人的道德伦理观。正如文学伦理学批评的理解，由于理性的成熟，人类的伦理意识开始产生，人才逐渐从兽变为人，进化成为独立的高级物种。把人同兽区别开来的本质特征，就是人具有理性，而理性的核心是伦理意识。① 具体地说，庄子的"气情"与本居宣长"物哀"论里的"通人情"的区别就在于，庄子反对的是儒家道德观中的"礼"，以及"礼"的外在形式。他并不反对"道"与"德"。也不反对理性对"情"的制约。而本居宣长反对的则正是人的理性对情感的克制。相比之下，庄子推崇人的真实、本然的情感，他反对人对自身情感的放纵。笔者认为，作者的创作有自己的审美尺度与伦理选择。

《庄子》的"气情"与本居宣长"物哀"论中对"性"的宽容相比，是云泥之别的审美追求，二者有着巨大差异的。《庄子》认为，人生于天地间，要遵从道德规律而行，敞开生命境界而活。庄子期望人顺应"物情""气情"，体悟"道情"。寻求精诚之真情，不以好恶

---

① 聂珍钊：《文学伦理学批评：基本理论与术语》，《外国文学研究》2010 年第 1 期。

损害自己的本性，顺其自然而不用人为去增益。本居宣长汲取了《庄子》反对儒家"礼""仁""道""德"的规范化，并彻底抛弃了中国儒道文化中对"礼""仁""道""德"的至高追求。本居宣长以"好色"之名，把日本传统的"不伦之恋"奉为日本文学文化审美的终极关怀。

三　庄子之"道情"与本居的"愚懦"的真实人情

庄子之"道情"，指"道之实情"，意为情感与理智的合二为一。其表现为"精神上的愉悦"，也可以说是"精神上的自由"。《庄子》中的"道情"是庄子的人生论与自由观的集中体现。其本质是主张人摆脱世俗中对物的依赖。庄子一生都向往超脱，希望获得精神的自由，实现人与自然的天人合一。这是庄子之"情"的最高境界。

庄子破除了对"生死的执着"。在《庄子·大宗师》篇中，提到了"夫道，有情有信，无为无形；可传而不可受，可得而不可见"[①]。也就是说，庄子认为："道有情、有信。"虽然道无为无形，不可口授，不可目见，却是可传可得的，道与人心存在着某种联系，人可以通过身心的修养工夫，去体道、悟道、修道，进而上升到"道"的境界。"道情"也指天地运行都有其规律可言，自然四季变化也有时有行，人生于天地间，要遵从道德规律而行，敞开生命境界而活。《庄子》在思考个人与人生的时候，不仅把人看作社会的个体，而且更注重个体生命在宇宙之间存在的意义。此处的"道情"强调生命要顺应自然，顺时而生，应时而去。庄子认为，生死变化不过是气的聚散，面对生死要能"安时而处顺，哀乐而不能入"。人要服从时代的需要，顺从自然的规律。心安理得的人，对生命的欢乐，对死亡的悲哀，不会悬挂心头。生死不再悬挂心头，绳结就解开了，古人称之为自然的悬解。

庄子认为："死生亦大矣。"（《庄子·德充符》）即生死都是天地

---

① 郭庆藩：《庄子集释》，上卷，中华书局2014年版，第252页。

自然的安排。接受它，不把情绪上的喜悦与悲哀植入其中。顺应自然造化的安排。尽管人的死亡是不可避免的，但是，"穷于为薪，火传也，不知不尽也"（《庄子·养生主》）。即"燧人氏的第一盏灯，灯油早被灯芯燃尽，可是灯火传遍九州，灯光夜夜照明，从荒古，照到今"。所以，"古之真人，不知悦生，不知恶死"（《庄子·大宗师》）。也就是，"古代的真人，不知道生活有什么可爱，不知道死亡有什么可憎；生从虚无来，不必庆幸；死回虚无去，不必抗争"。

庄子如此豁达的生死观，可以使我们看出庄子的"道情"是摆脱了生死的偏执，以通达对生和命的参透。"达生之情者，不务生之所外以为；达命之情者，不务知之所无奈何。"①《庄子·达生》也就是说，庄子认为，通晓生命实情的人，不会去努力追求生命本身以外的东西；通晓命运实情的人，不会去努力追求命运无可奈何的事情。庄子认为："人不应执着，沉溺与放纵于喜、怒、哀、乐、气、意、恶、欲与色等情感，而应摆脱种种物对人的限制之中。人应该保有和充分发挥人自然而有的生命特质。"这一点与本居宣长的"物哀"论的"好色"是完全不同的。

本居宣长"物哀"论里关于"情"的第三个论点是"真实的人情"。何谓"真实的人情"？本居宣长认为"真实的人情就是像女童那样幼稚和愚懦"。他认为："坚强而自信不是人情的本质，常常是表面上有意假装出来的。"②本居宣长的这个论述不无偏颇。人的性格各种各样，有的人生性懦弱，有的人威武坚强。而本居宣长却认为人的真实性情只有一种，那就是"幼稚和愚懦"。显然，他的这个观点是不全面的，甚至是偏执的，其表述是以偏概全的说法。如果一个人表现得坚强，或者自信，在本居宣长看来，那就是装出来的。相信大多数读者不会同意他的观点。委婉一点评价，本居宣长的"物哀"论感性有余，理性付之阙如，思维的周详不足，终于流于偏执。

---

① 郭庆藩：《庄子集释》，中卷，中华书局2014年版，第629页。
② ［日］大野晋：《本居宣长全集》第4卷，《紫文要领》，筑摩书房1968年版，第106页。

《庄子》的"道情"超越了"生死",追求的是"人的精神自由"。而本居宣长的"物哀"论却局限在庄子的"物情"之中,纠结于所谓的"真实的人情"。本居宣长所指的"真实的人情",也只是大千世界中人的秉性的一种类型。简言之,本居宣长的"物哀"论是一种以偏概全的文学观,也是一种狭隘的文学审美观。

　　本居宣长的"物哀"论里有《庄子》所提倡的人的"真情";而在本质上讲,其基本观点丢掉了《庄子》之情的根基,即人的品德与人的理性,以及人对自然规律的敬畏之心。庄子主张"人"应该成为摆脱名利诱惑的"神人",应该成为不被各种情、欲与物所"奴役"与限制的人,而本居宣长的"物哀"论是陷在"好色"之中,丧失了"人"的伦理底线的日本文学审美观。

第三章 "物哀"论之要点透视

"物哀"论作为最典型的日本式的文学理论术语,在日本文学作品中熠熠生辉,可以说耐人寻味。我们细究"物哀"论的发展演变,不难看到三个关键性的节点,那就是紫式部《源氏物语》中的"物哀",凄美而无解;本居宣长《紫文要领》里的"物哀",见出标新立异;以及川端康成的《我在美丽的日本》中的"物哀",美与哀愁的难分难解。在日本文学作品中,"物哀"文学理论可谓千回百转,跌宕起伏,最终成为日本文学的象征与审美追求。

第一节 "物哀"论的前世今生

11世纪,日本平安时代,随着紫式部《源氏物语》的问世与广泛传播,"物哀"这个文学概念初步成了日本文学作品的审美追求。18世纪60年代,本居宣长在《紫文要领》里,将"物哀"整理、升华为日本的和歌与物语理论,它在当时虽然引起了学界的众多议论,但是始终未占据文坛与思想领域的主流地位。直到明治维新,19世纪70年代以后,由于日本军国主义发展的需求,伴随本居宣长的"国学"热,"物哀"才进入日本文化的主流。

第二次世界大战后,日本战败,本居宣长的"国学"以及"物哀"一度石沉大海、销声匿迹。20世纪70年代,日本的经济高速发展,GDP总量跃居世界第二位,日本成为世界经济大国。在这样的时代背景之下,日本如何树立自己的大国形象,成为日本人的时代课题。1968年，川端康成荣获诺贝尔文学奖，他在获奖感言《我在美丽的日本》中，将"物哀"作为日本文学与文化的"标签"，或者说是"象征"，推向了世界。

"物哀"文学理论作为日本文学与文化的独特存在，它经历了1000多年的起伏与变迁，至今依然吸引着人们不断地去思考和研究。纵观"物哀"诗学的发展轨迹，可以归纳为观念形成、术语凝练与日本风范这样三个重要的节点。而这样的发展演变又分别与紫式部的《源氏物语》、本居宣长的《紫文要领》以及川端康成的《我在美丽的日本》息息相关。

一 紫式部《源氏物语》中的"物哀"

"物哀"究竟最早出现在日本的什么时代，或者什么作品中？研究《源氏物语》的日本学者久松潜一认为："《源氏物语》一书中13次出现过'物哀'一词。"[①] 也就是说，物哀与《源氏物语》有一定的关联。日本学者片冈良一认为："《源氏物语》以理性的眼光，分析平安时代日本贵族的生活实相，概括地讲，就是充满了矛盾与撞突。从这个角度出发，《源氏物语》就是平安时代日本贵族阶层的生活矛盾的总结。""主人公光源氏不堪痛苦的经历，面对人生的各种矛盾，他无法用现实的理性的手段解决，企图不顾现实，放下苦恼，因此追求物哀。在追寻物哀的过程中，化解人生的痛苦与烦恼。"[②] 此说法证明了紫式部把"物哀"作为《源氏物语》化解矛盾的出路。叶渭渠认为："紫式部的文学论是以物哀作为焦点的。物哀是紫式部《源氏物语》的核心，日本古代文学思潮从哀到物哀的变化过程中，紫式部起到了功不可没的作用。"[③] 可以说，叶渭渠的观点成了日本"物哀"的开端的定说。通过对中日学者研究紫式部《源氏物语》中

---

① ［日］久松潜一：《日本文学评论史》，至文堂1986年版，第191—192页。
② ［日］片冈良一：《片冈良一著作集 物哀与和歌精神》第2卷，中央公论社1986年版，第54—60页。
③ 叶渭渠：《日本文学思潮史》，北京大学出版社2009年版，第101页。

的"物哀"问题的梳理，基本上可以得出这样一个结论：日本文学理论术语"物哀"一词发端于紫式部的《源氏物语》。

《源氏物语》自问世以来，就备受世人瞩目。那么，紫式部《源氏物语》中的"物哀"所指究竟是什么？首先，《源氏物语》中的"物哀"表现了人的真实感受与触动。即对四季景物的描写，通过景物烘托故事人物的心理以及故事情节的演变。这一点是日本作家比较常用的创作手法，紫式部在《源氏物语》的写作中也频繁运用了这个艺术手法，并且通过与"物哀"的融合将其发挥得水乳交融，耐人寻味。

例如在《源氏物语》的第十八回"松风卷"中写道："正是秋天，情绪多端，物哀。出发的那一天的早晨，秋风瑟瑟，虫声啁啾，明石姬面向大海那一边望去，只见明石道人，比往常的后夜诵经时刻起得还早，一边抹鼻涕，一边诵经拜佛。"此处，紫式部用"物哀"表达了人的真实感受。她用对秋景的描述烘托出明石道人、明石姬这对父女心头的离愁别绪，作者一句"心境万端物哀"把故事人物的内心世界刻画得入木三分，凸显了人生的多愁，表达了对无常的哀叹。

另外，在《源氏物语》的第二十回"槿姬卷"中写道：源氏反过来一想，又觉得此人很可怜。他回忆往事：在这老婆婆年轻时，宫中争宠的女御和更衣，现在有的早已亡故，如尼姑藤壶妃那样盛年夭逝；有的零落漂泊。真是意想不到。像五公主和源内侍等人，风烛残年，却还活着，悠然自得地诵经念佛。这些都让他不禁唏嘘，深感世事之不定，体察"物哀"之情。

此处的"物哀"表达了人事无常，含有孤寂、悲戚的意味。作者描述"源氏"从五公主家出来，遇见一位年长的阿婆，当他得知，此人原来也是他父皇喜欢过的女人，目睹旧人，让他回忆起过往的人与事，不禁感叹世事的变迁。《源氏物语》中的"物哀"有多重含义，其中人的真实感受是紫式部所推崇的。无论是触景生情还是因物思人，都是日本文学作品的一种常用的表达手法。

其次，《源氏物语》中的"物哀"指"恋爱的情趣"，准确地说是"不伦之恋"。对于日本文学作品中的爱情故事,有些是能被世俗接受的感情,有些则不被承认,无法光明正大的、得不到祝福的爱情。对于文学作品中的爱情,作者的创作态度以及文学评论者的评论是其文学观的投射。紫式部在《源氏物语》里描写了大量的"不伦之恋"。这些爱情因为得不到妥善的处理,让故事人物身陷其中,或郁郁寡欢、生不如死,或遁入空门、祈求来生。文学评论者也对《源氏物语》发表了多种多样的评论观点。有学者认为紫式部在《源氏物语》里描写的"悖德之恋"是为了劝善惩恶,或是对好色的劝诫。然而也有学者,比如本居宣长坚决否定这个观点。他认为紫式部创作《源氏物语》的目的是表达物哀(本书第二部分将重点阐述此观点)。

例如在《源氏物语》的第三十五回"柏木卷"中写道,源氏叹息一声,又对三公主说:"倘使你说现已出家为尼,故欲与我离居,这便是你真心厌弃我了,使我觉得可耻可悲。还望你爱怜我。"三公主答道:"我闻出家之人,不知物哀,更何况我本来就不知,让我如何回答呢?"三公主说罢,源氏马上反问一句:"但你也有懂得的时候吧!"

这个段落里的"物哀"有两处。一处是明确地出现了"物哀",另一处是承前省略了的。但是意思是一样的,指的是"不伦之恋"。三公主口中的"物哀"是"知物哀",也就是她用"不知物哀"表达了自己对源氏"不伦之恋"的不理解,含有责怪的意味。而源氏的"但你也有懂得的时候吧!"虽然没有出现"物哀"两个字,但是读者可以通过之前的话推想到。这里,紫式部表达了主人公"源氏"对三公主与柏木"私通"的知情与理解。谈到"私通"这样的问题。作者采取了用"出家"的方式,来寻找解脱。本居宣长认为:"紫式部《源氏物语》与中国的儒学、佛学不同,不以善恶、道德、伦理为尺度。"[①] 其实,紫式部笔下的诸多人物正是因为悖德的"不伦之恋"

---

① [日]本居宣长:《源氏物语玉小栉》,山口志义夫译,多摩通信社2013年版,第152页。

而备受煎熬，却无法解脱。厌世也罢、出家也罢，真的能换回内心的平静与安宁吗？在 11 世纪，紫式部的文学选择是她排遣自己孤独、寂寞以及痛苦的方法。她在作品中，用佛教的思想来解决现实的痛苦只能是不得已而为之的、貌似解决的解决。实际上，所有的痛苦依旧存在，并不会自动消失。也不可能通过出家就一了百了，彻底解脱。

最后，《源氏物语》中的"物哀"含有"同情"体察他人的不幸，人同此心，心同此理的含义。例如在《源氏物语》的第五十二回，"蜉蝣卷"中写道："匂亲王察看薰君的神色，想到：'此人何等冷酷无情！凡人胸中怀抱哀愁之时，即使其哀愁不是为了死别，听见空中飞鸟的啼鸣也会引起悲伤之情的。我今无端如此伤心哭泣，如果他察知我的心事，也不会不知物哀的吧。'"

此处的"物哀"表达了理解、同情的含义。面对别人的痛苦，"知物哀"的人会感同身受，会为他人的痛苦抛洒一把同情的理解之泪。这里出现一个问题，只要别人痛苦，我们就要"知物哀"吗？不问原因，不辨是非，不理对错，不要道德？可能大多数中国读者无法接受，毕竟我们民族的集体无意识里已经种下了"仁""礼"和"道德"的基因。就是要"知物哀"，也会先问清楚为什么会痛苦？是什么原因导致的"痛不欲生"？如果是乱伦、悖德的结果，让所有人都"知物哀"，多少会给人留下强人所难的感觉。综上所述，紫式部《源氏物语》里的"物哀"具有人的真实感受与触动、不伦之恋以及对他人痛苦的同情这样三种主要的含义。

二 本居宣长《紫文要领》中的"物哀"

《源氏物语》是日本古典文学作品中的巅峰之作。在日本学界关于《源氏物语》的注释书、研究专著等林林总总，精彩纷呈。其中比较重要的有：四迁善成的《河海抄》（1362—1368），这是日本最早的，并且影响巨大的一本注释书；一条兼良的《花鸟余情》（1472）；三条西实隆的《弄花抄》（1504）；三条西实隆的《细流》（1510—1513）；三条西公条的《明星抄》（1539—1541）；九条植通的《孟津抄》(1575)；中院通胜的《岷江入楚》(1598)；里村绍巴的《源氏物语抄》(1603)；北村季吟（1624—1705）的《湖月抄》；契冲的《源注拾遗》(1696)；安藤为章的《紫家七论》(1703)；本居宣长的《紫文要领》(1763)①；荻原广道（1815—1863）的《源氏物语评释》。通过梳理日本关于《源氏物语》的注释书及研究专著，我们可以对《源氏物语》在日本的流传之广以及日本学者对其研究之深，窥见一斑。因为本居宣长的《紫文要领》对"物哀"进行了比较充分的概括和总结，而且他的观点在日本引起了众多的评论，他被认为是"物哀"文学理论术语化的缔造者。

四迁善成在《河海抄》中认为："紫式部《源氏物语》的写作目的是讽刺和教训。"本居宣长在《紫文要领》里表达了《源氏物语》的写作目的是"物哀"。这样截然不同的两种解释，需要我们思考紫式部《源氏物语》的写作目的究竟是什么？日本学者龟井胜一郎认为："《源氏物语》是揭开了的日本平安时代宫廷生活的病态部分。""在从藤原道长到赖通摄关政治的黄金时期，也是藤原家庭的盛世顶峰，读过此作品的读者的内心会感觉到其荣华富贵已经开始从内部腐化和崩溃。同时，也会感受到自己的内心崩溃。"② 由此可知，紫式部的《源氏物语》讲述的是日本平安时代贵族阶级的生活实状。作者对光源氏三代乱伦的描写以及人性紊乱的反思，与当时日本佛教所宣扬的无常、宿命思想息息相关。作者在作品中表达了"前世姻缘""因果报应""轮回"等佛教的观念。《源氏物语》中的主要人物大都以出家遁世或死亡作为最终的解脱。

本居宣长通过研究《源氏物语》，写出了《紫文要领》，并提出了"物哀"这个文学概念。那么，本居宣长的"物哀"是什么含义？它与《源氏物语》里的"物哀"有什么异同？笔者认为，本居宣长《紫文要领》里的"物哀"有三个特点。首先，本居宣长认为："日

---

① [日] 本居宣长：《紫文要领》，子安宣邦校注，岩波文库2013年版，第24—25页。
② [日] 龟井胜一郎：《日本人的精神史》，文艺春秋社1967年版，第134页。

本古代物语文学的写作宗旨就是'物哀'和'知物哀'。"本居宣长认为："长期以来，日本人一直站在儒学、佛学的道德立场上，将《源氏物语》看作是'劝善惩恶'的道德教诫的书。以《源氏物语》为代表的日本古代物语文学的写作宗旨就是'物哀'和'知物哀'，而不是道德劝惩。"本居宣长的观点让我们思考一个问题，文学作品的写作目的是什么？这是一个人言言殊的问题。它可以是抒发自己的心绪，也可以是模仿现实生活，还可以是"劝善惩恶"，等等。这个问题本是作者个人的，在写作时的考量与权衡。我们不能规定作者写什么。毕竟写作，这是作者需要考虑的事，对文本负责的是作者本人。读者通过阅读，读者得到什么启发，同样道理，这也是一个无法确定的问题。它完全取决于读者个体，不同的读者会有不同的感悟。也绝不会仅仅是"知物哀"。"哀"还是"不哀"，取决于读者的学识、人生经历等因素。如果从文学评论的角度讲，偏废其他，独树一帜，这本身就是不客观的，应该引起警惕的思想。

其次，本居宣长认为："'物哀'就是感知'物之心'"与感知'事之心'。"本居宣长在《紫文要领》中认为，"物之心"指人心对客观外物（四季自然景物等）的感受。这一点与紫式部《源氏物语》里"物哀"的第一种情况相同。"事之心"指通达人际与人情。能够体察他人的悲伤，就是能够察知"事之心"。能够体味别人的悲伤心情，自己心中也不由得产生悲伤之感，就是"知物哀"。看到他人痛不欲生，毫不动情、无动于衷的人就是不通人情的人。由身外的事物触发的种种感情的自然流露，对自然人性的广泛的包容、同情与理解，其中没有任何功利目的。对于本居宣长的这个观点，我们也无法赞同，弗雷德里克·詹姆逊（1934— ）在《政治无意识》（1981）一书中将"一切文本与意识形态联系起来，提出了独特的解释文学作品的叙事分析方法"。如果文本的内容是作者意识形态的展示，那么，读者理所当然地应该运用自己的头脑来思考问题，而不是一味地"知物哀"，或者感知"物之心"与感知"事之心"。否则，阅读的意义就会大打折扣，而且如果是精神鸦片之类的书籍，岂不是被洗脑，把自己的大脑变成了作者的跑马场。如果所有的读者仅仅只是为了"知物哀"而阅读，这样的阅读，岂不悲哉？

最后，本居宣长认为："'物哀'就是悖德的不伦之恋。"本居宣长在《紫文要领》中认为："在所有的人情，最令人刻骨铭心的是男女的恋情。在恋情中，最能使人'物哀'和'知物哀'的是悖德的不伦之恋，也就是好色。"本居宣长认为《源氏物语》中绝大多数的主要人物都是"好色"的，都有不伦之恋。其中包括乱伦、诱奸、通奸、强奸、多情泛爱等。这些由此而产生的思念、期盼、悲伤、痛苦、焦虑、自责、担忧都是可贵的人情。只要是出自真情，都无可厚非，都是"物哀"。本居宣长认为，《源氏物语》所表达的是以"知物哀"为善，以"不知物哀"为恶。这一点我们也无法接受。

孔子说："《关雎》，乐而不淫，哀而不伤。"（《论语·八佾》）意思是"《关雎》这首诗，快乐而不放荡，哀婉而不忧伤"。这个文学观点集中表现了中国文学作品情感的理想状态。文学作品不但要具备道德上的纯洁性和崇高性，而且要受到理智的节制，讲究适度、平和，不能过于放纵、任其泛滥。我们称之为"中和之美"。快乐却不是没有节制，悲哀却不至于过度悲伤，一切情感的外现都是那么的恰到好处。这表现了孔子对人的生命的尊重与爱护，他期望人的生活与感情都是健康、正常的，反对沉溺哀乐、毁伤生命。

因此，对于本居宣长所说的"物哀"，我们实在无法认同。善恶本在人心，又岂能不辨？如果没有了善恶、道德，何谈秩序、伦理？如果一切都唯求"物哀"，人的幸福从何谈起？全部都按紫式部的招数，让佛教教义来解决问题？出家能化解一切矛盾，解决所有因为乱伦、诱奸、通奸、强奸、多情泛爱所导致、衍生出来的问题吗？还是按本居宣长的"物哀"解决？本居宣长《紫文要领》中的"物哀"标新立异，他想确立日本文学理论的立场，客观地讲，这是没有错的。本居宣长采用"先破后立"的手法，排除汉意，不要"劝善惩恶"。对于他的历史贡献，我们也应给予充分的认可。只是从文学功能的角度讲，本居宣长所指的"物哀"，是18世纪日本文学的一个所谓"新"的学术观点。之所以说是所谓"新",是因为"物哀"这个词汇早在11世纪时,就已经被紫式部在《源氏物语》中频繁使用过。说是"新",却是因为此处的"物哀"被本居宣长赋予了确立日本文论的学术立场,或曰民族文学的自觉。

本居宣长认为将污泥浊水蓄积起来,是为了栽种莲花。写悖德的不伦之恋是为了得到美丽的"物哀之花"。在《源氏物语》里,那些道德上有缺陷、有罪过的、离经叛道的"好色"者,都是"知物哀"的好人。例如风流好色的源氏,一生荣华富贵,并获得了"太上天皇"的尊号。那些道德的卫道士却是"不知物哀"的恶人……对于本居宣长的强词夺理,我们不需要过多的评述,就算是"源氏"一生荣华富贵,并获得了"太上天皇"的尊号,这也不过是紫式部的虚构而已,更何况,那些经历了万千苦恋,而不得善终的男男女女,在一世红尘中,跌跌撞撞,苦海无边。对于紫式部的"物哀",已经让作为读者的我们感同身受,唏嘘不已;本居宣长的"物哀"更是把读者推向了万劫不复的深渊。

研究物哀,我们得出一个结论,读者真的不能轻率地被作者牵着鼻子走,自己独立的思考是阅读时必备的防身术。引发我们思考的始终是文学的功能到底是什么?"劝善惩恶"还是"物哀"?作者要如何创作?读者该怎样阅读?"物哀"在日本又会经历怎样的发展与演变?

二 川端康成《我在美丽的日本》中的"物哀"

进入20世纪,对于"物哀"的起伏,我们不得不研究的是日本著名文学家川端康成。因为,他是日本传统文化的传承者。他的文学作品中充满了"物哀"的气息。而且,在1968年,川端康成荣获诺贝尔文学奖时,他发表了一篇《我在美丽的日本》的演讲。值此盛会,他不遗余力地把"物哀"推介到全世界,企图标示日本文学的独特性。

川端康成的文学作品在日本备受注目,他的文学创作与"物哀"有着怎样的关联?首先,不可否认的是他如同许多日本人一样,钟爱阅读《源氏物语》。他不可避免地受到了《源氏物语》中"物哀"的影响。他曾说过："少年时代的我，虽然不大懂日语的古文，但是我觉得自己所读的许多平安时期的古典文学中，《源氏物语》是对我影响深刻的一部书籍。在《源氏物语》之后，日本的小说几乎都是憧憬或用心模仿这部书的。"① 由此可知，他对《源氏物语》的天然喜爱。他对《源氏物语》虽不解其意，只朗读字音，欣赏着文章的优美的抒情调子，然已深深地为其文体和韵律所吸引。这一经历，对他后来的文学创作，产生了巨大的影响。川端康成喜爱《源氏物语》，也反复思考《源氏物语》。他曾说过："如果宫廷生活像《源氏物语》那样堕落，那么衰败、灭亡就是不可避免的。"他的观点也说明"物哀"审美追求是一条不归路。另外，他还说："《源氏物语》写了藤原氏的灭亡，也写了平氏、北条氏、足利氏、德川氏的灭亡，至少可以说这些贵族人物的衰亡，并非同这一故事无缘吧。"② 由此可知，他对《源氏物语》的"物哀"也保留了自己的思考，或者说是他对"物哀"价值取向的一种反思。

　　第二次世界大战期间，川端康成沉潜于日本古典文学的阅读与文学创作之中。他在《独影自命》中说："我强烈地自觉做一个日本式作家，希望继承日本美的传统，除了这种自觉和希望以外，别无其他东西。""我把战后的生命作为余生，余生不是属于我自己，而是日本美的传统的表现。"不仅如此，川端又在《作家谈》（1953）中指出，"坦率地讲，我从哲学家、思想家那里汲取的东西似乎不多……更为重要的是，我觉得自己作品还是日本的元素多……我正在渗入日本风俗、习惯、感受方法中的那种哀伤的要素。这是一种感伤主义。""这种悲哀本身融合了日本式的释放……在日本，也没有见过西方的虚无和颓废。"③ 川端康成所说的"感伤"同日本的"物哀"有着紧密的

---

① 叶渭渠：《日本小说史》，北京大学出版社2009年版，第414页。
② 叶渭渠：《日本文学思潮史》，北京大学出版社2009年版，第107页。
③ ［日］川端康成：《川端康成谈创作》（日本文化丛书），叶渭渠译，生活·读书·新知三联书店1992年版，第131—132页。

关联。

叶渭渠在《川端康成评传》中指出，"川端康成的'物哀'不仅仅是指悲哀，也包括感动、感叹、可怜，甚至壮美的内容"，"物哀不仅是强调自己的感受，还包括对他人、自然的体贴与同情之心，是以一种深沉广博的悲悯情怀"①。蒋茂柏在《论川端康成文学的"物哀"品格》中认为："川端独特的'物哀'：于'物'强调自然风物；于'情'突出男女恋情；'哀'的底蕴、美的追求；超然、圆融的'知物哀'化境。"②

1968年的获奖演讲《我在美丽的日本》浓缩了川端康成的文学观，也表达了他的"物哀"观。我们通过研究这篇美文，不难看出他的"物哀"特点。笔者认为川端康成的"物哀"具体表现为：故事人物感情的表达与自然景物的和谐统一；故事主人公在"不伦之恋"与道德、伦理之间的艰难选择；美的徒劳与"无"的想象。

首先，川端康成在《我在美丽的日本》的演讲里引用了良宽、道元等歌人的和歌。他想通过这些和歌阐述人与自然合一的理念。例如，良宽："心境无边光灿灿，明月疑我是蟾光。"我们用庄子"物化"的思想解释，那就是："我心里的澄净，让我无限灿然，连天边的一轮明月也会误以为我是蟾光一片。"这时的我是月光，还是我是我，已经不重要了。澄澈的心境让我沐浴在月光的柔情之中。这种典型的东方审美意境，是人与自然合一的审美境界。另外，道元："秋叶春花野杜鹃，安留他物在人间。"春花、秋叶、野杜鹃一到时节，就会回归人间，不变的是四季的轮回。而人在世间的存留是多么的短暂。日本文学作品，无论是和歌还是物语，作者都喜欢"寄情于山水、四季景物的描写"，以此体现所谓的"日本的精髓"，人与天、地、自然的浑然一体。

其次，故事主人公在"不伦之恋"与道德之间的艰难选择。川端

---

① 叶渭渠：《川端康成评传》，中国社会科学出版社1989年版，第112页。
② 蒋茂柏：《论川端康成文学的"物哀"品格》，《重庆三峡学院学报》2006年第1期。

康成的著名作品《千只鹤》（1949—1951）、《山音》（1949—1954）、《睡美人》（1960—1961），充分地表达了日本式的"物哀"。《千只鹤》《山音》《睡美人》的主人公超越伦理的爱情与紫式部《源氏物语》里的"不伦恋情"存在着惊人的相似。他们同样的焦灼与痛苦，同样的悖德与两难，就像穿越了近1000年，从20世纪又回到11世纪，"物哀"的文学审美一脉相承。紫式部在《源氏物语》中通过佛教教义来帮助主人公解脱，而川端康成在他的文学世界里思考"虚无"。这样无解的悲哀贯穿始终，让广大读者唏嘘不已。这些自然的、真实的，甚至是打动人心的感情，从人性的角度讲是可能存在的，然而却是世俗所不能接受并不被道德所允许的。从伦理道德的角度讲是乱伦与悖德。紫式部的《源氏物语》里存在，川端康成的作品中也有。

何欢在《浅析日本传统美在川端康成作品中的体现——以〈我在美丽的日本〉、〈雪国〉为中心》一文中指出："川端康成的文学创作继承了《源氏物语》的'物哀'精神，并将其发展成为美与悲融合，悲是在美的审美方式下，进行创作的。"由此可知，川端康成对"物哀"的传承。他引用了女诗人永福门院的和歌，并且评价此和歌"是日本纤细的、哀愁的象征，这与我的写作思路非常的相近"。这种美与悲并行的审美观念有继承传统的因素，还有一点，那就是川端康成的文学作品中体现美与哀，大都是女性，这也是一个值得思考的问题。这与平安时期女流文学，尤其是与紫式部的《源氏物语》异曲同工。概括地讲，"悲、美与女性"的三组合模式，成了川端康成文学的聚焦点。

那么，川端文学的"物哀"，除了继承紫式部《源氏物语》的写作手法，把乱伦、悖德的"不伦之恋"搬上现代的时空舞台，通过把平安时代的皇宫人物替换成现代的日本女性重新上演以外，他给这些问题的解决出路不再是出家，因为佛教教义无法彻底解决现实世界的所有问题。所以，他笔下的女性，最终只能葬身火海（《雪国》），或者意外死亡（《睡美人》）。

川端康成"物哀"的第三个特点是结合了美的徒劳与对"无"的想象。从实用主义的角度讲"徒劳"是没有意义的，但是面对生活中的太多无奈，用实用主义思考问题，是完全解释不通的。而真正打动人心的作品正是明知不可为而为之的"坚持"，或者说是"徒劳"。他的代表作之一《雪国》，其主人公"驹子"形象的塑造，充分体现了川端康成的这种文学观。对于"驹子"而言，明知是无意义的爱，是没有结果的付出，还是不能放弃，她在绝望中去坚持，是怎样的孤苦无依？也许就是活下去的那一点点理由。另外，川端康成对"无"的思考。对于这个有无限想象空间的"无"。中国老子《道德经》第二章就讲到了"有无相生"，以及第十一章论述了空与无对有的作用，或曰无用之用。川端康成不厌其烦地详细地论述了"驹子"的徒劳，也许就是要把虚无进行到底，来告慰日本式的"坚持"与化无为有的执着。

川端康成的"物哀"与紫式部的"物哀"有相通之处。比如人与景，人与物的融合以及"乱伦之恋"的讲述。所不同的是他们对其结果的处理手法不同。而本居宣长的"物哀"为了树立日本文学理论，却将"物哀"引入议论之中，无法脱身。还是让"物哀"以真实、审慎地存在更为妥帖，而不是夸大其词，一手遮天地谬赞。"物哀"经历了1000多年的演变，它被紫式部、本居宣长、川端康成等成百上千的日本作家赋予了五彩纷呈的意蕴。即便是大江健三郎、村上春树的文学作品也抹不去"物哀"的痕迹。"物哀"的外在表现也许会与时变迁，而其内核将会继续流传下去。

第二节　本居宣长和歌观

和歌是日本传统的诗歌形式。本居宣长的和歌理论集中在《石上私淑言》一书中。其和歌论有以下三个特点：一是日本和歌的宗旨是"知物哀"；二是本居宣长研究和歌的方法是其从中日比较中提炼出来的；三是"知物哀"的和歌论涉猎广泛。本书从上述三个角度切入，并将之与相关文论加以比较,力求从中揭示出其和歌研究的诗学价值。

本居宣长被日本各界推崇为"国学大师",他从幼年时就十分喜爱和歌,经常参加歌会活动。《石上私淑言》(1763)的"石上"是本居宣长的号,也是日本古代和歌的歌枕。歌枕,通常指和歌的修辞方式,此处指代和歌诗眼,还可称为和歌理论或和歌原理。本居号"石上",可谓一语双关。"私淑言"是私下说的话。《石上私淑言》是采用问答体的方式撰写而成。

一 本居给和歌的"知物哀"定位

和歌是日本文学的重要体裁之一。本居宣长在《石上私淑言》第一卷第一个问题就直叩和歌宗旨。他认为:"神乐歌、催马乐、连歌、今样、风俗、当今之狂歌、俳谐、小歌、净琉璃、童谣与劳动号子等,只要词美,有节律,有文采,都可以称为和歌。"① 由此可知,本居宣长所定义的和歌范围很广,只要具备了词美,有节律,有文采的特点就属于和歌。对于什么是词美,有节律,有文采?本居宣长认为:"歌唱时用词恰当,听起来流畅、生动,有趣就是词美,有节律。有文采就是整齐有序。"② 笔者认为本居宣长的和歌论契合了孔子在《礼记·表记》里表述的"情欲信,辞欲巧"的观点。此处的情,指文章的内容;辞,指感情要真实,言辞要美好。

(一)和歌由"知物哀"而产生

日本的和歌理论是关于和歌思考的理论形态。学界普遍认为最早的和歌论是藤原滨成的《歌经标式》(772)。叶渭渠认为:"这部作品从作歌技巧开始,兼含审美价值而逐渐形成了日本的文学批评。"③

---

① [日]本居宣长:《本居宣长全集》第2卷,《石上私淑言》,筑摩书房1968年版,第87页。
② [日]本居宣长:《本居宣长全集》第2卷,《石上私淑言》,筑摩书房1968年版,第88—89页。
③ 叶渭渠:《日本文学思潮史》,北京大学出版社2009年版,第37页。

《歌经标式》作为日本和歌理论的开山之作，它在日本和歌理论中的影响以及地位自然不容忽视。藤原滨成在《歌经标式》的序文中指出："原夫歌者所以感鬼神之幽情，慰天人之恋心者也。"其中"慰天人之恋心者也"即吟唱男女恋爱是日本和歌的主题之一。后续的日本和歌集，如《古今和歌集》《后撰和歌集》《新古今和歌集》等都有专门的"恋爱"主题的部分。因此，我们可以得出一个结论，吟唱男女恋爱是日本和歌的主题之一。甲斐胜二在《从日本初期和歌理论〈歌经标式〉讲到"古代华文文学圈"的观点》一文中指出："作者在《序文》的这个句子，利用'歌者所以感鬼神之幽情'的权威性（根据《毛诗》为代表的中国诗歌理论），将日本和歌吟唱男女恋爱感情的行为正当化。"① 甲斐胜二的陈述道出了一个中日文学交流史上"影响比较"的事实，本居宣长的和歌论在中国秦汉诗论中早已蕴含。

本居宣长在《石上私淑言》一书中认为："和歌由'知物哀'而产生。"② 何为"知物哀"？《古今集·序》中说得很清楚："倭歌，以人心为种子，由千言万语而成。"③ 此处的"心"就是感知"物哀"的心。人生在世，事态繁杂，心有所思，眼有所见，耳有所闻，就一定有所言。这心有所思，就是指"知物哀"的心。本居宣长进一步指出，世间的一切众生都有"情"，因为有"情"，则会触物有思，继而因思有歌。人生的经历，所思所想都是经常会有的，因此，歌是人必不可少的东西。人的思想为什么会复杂深刻？因为人能够感知"物哀"。世间的繁杂，触动人心。有时欢乐，有时悲伤，有时气恼，有时喜悦，喜怒哀乐的各种感受、体验皆是"知物哀"的心有所动。遇到高兴的事而高兴，遇到悲伤的事而悲伤。这种"根据各种具体不同

---

① [日]甲斐胜二：《从日本初期和歌理论〈歌经标式〉讲到"古代华文文学圈"的观点》，中国古代文学文献学国际学术研讨会论文集，新北市台湾淡江大学，2001年12月，第701—702页。

② [日]本居宣长：《本居宣长全集》第2卷，《石上私淑言》，筑摩书房1968年版，第99页。

③ [日]本居宣长：《本居宣长全集》第2卷，《石上私淑言》，筑摩书房1968年版，第99页。

的事情，而知其可喜或可悲的缘由，就是知物哀"①。概括而言，那就是"人们根据自己的判断，或以物喜，或以物悲，因而有歌"②。显而易见，本居宣长的"和歌"论受中国古代诗学启发而成。我们要指出的是与之不同的另一种人文高致，即中国北宋文学家范仲淹在《岳阳楼记》中提出的著名观点：诗人的高级层次是"不以物喜，不以己悲"，而应"先天下之忧而忧，后天下之乐而乐"。他告诫人们不要斤斤计较外物的好坏和自己的得失，而应淡然物外，襟怀天下苍生。范公此语表达了中国古代贤哲仁智豁达的审美思想。以此而论，本居宣长关于"物喜""物悲"的和歌论，可说尚处于中国古代诗论所言的初级境界。

有"知物哀"，就有"不知物哀"。本居宣长认为："'知物哀'与'不知物哀'的差别是二者对万事万物是否有'心有所动的情感活动'。而且，'知物哀'的人是有心之人，'不知物哀'的人是无心之人。"③笔者认为，此观点是本居宣长学术观点具有偏颇的一个说法。

(二) 日本和歌的宗旨是"知物哀"

本居宣长认为："使人感知'物哀'是和歌的本质，为了通俗易懂而选择'心'与'词'，反而有悖歌道之心，因此追求'心'与'词'的文雅才是和歌之'德'。如果不问词的好坏，只管通俗易懂，即使能使人'知物哀'，也不合和歌之'德'。"④由此可知，本居宣长对和歌的价值判断是有其"德"的考虑。表面上看，这与他一贯的好色唯情主张似有不同。仔细考究，此"德"还是乏善可陈。从具体的和歌审美而言，他反复陈述的"文雅"就是知趣识相的"物哀"

---

① ［日］本居宣长：《本居宣长全集》第 2 卷，《石上私淑言》，筑摩书房 1968 年版，第 99—108 页。
② ［日］本居宣长：《本居宣长全集》第 2 卷，《石上私淑言》，筑摩书房 1968 年版，第 99—108 页。
③ ［日］本居宣长：《本居宣长全集》第 2 卷，《石上私淑言》，筑摩书房 1968 年版，第 106—107 页。
④ ［日］本居宣长：《本居宣长全集》第 2 卷，《石上私淑言》，筑摩书房 1968 年版，第 176 页。

和"知物哀"。此处他突然将"和歌之德"的追求放到了"使人知物哀"之上，好像给人以向形而上提升的标识，预示了在德目的高端处检索。但是令人遗憾的是他始终停留在形而下的范围，因为他用以统摄其歌德的"歌道"概念依然相当狭隘。

本居宣长这样强调自己关于和歌的高端理念："只有歌道，至今仍然不失我神国之心。偶尔有自命圣贤，立意说教的和歌，则看上去殊为不美。这表明，我国的风俗人情远比外国（中国）为优。"① 这样歪曲中国的诗学思想是肤浅可笑的。中国从先秦以来就有申述情志而向大道升华的诗学理论，到两汉已经形成了堪称博大精深的审美思想。由来已久的"诗言志"的纲要，不但与道相连，天道、人道、文道一以贯之，而且与情相通，歌情、乐情、舞情"三位一体"。道德与自然通合，既有天人合一，也有天人合德，诗歌与情理交融，原本心物互答，思与境偕，情与理并。中国诗学史上是有过道德信条僵化的现象，但是几乎与之同时，就有反僵化的诗学思潮补偏救弊。

本居宣长所谓的和歌之"德"其实是在伸张日本的"神道"。此处暂且不论其"神道"内涵的是非高下精粗，仅就他借用或者说挪用中国诗学的"物""哀""道""德""文""雅"等概念，已足以说明他是一个扭曲中日诗学流程，而且刻意过河拆桥的人物。本居宣长自设的和歌之"德"（标准）与中国文论中的道德伦理是完全不同的两个概念。他认为和歌保留了日本传统文化的精髓，并且他反对和歌说教的功能。那么和歌应该具有怎样的功能呢？

（三）和歌的功用

和歌功能是该文体本真价值的实践性表达。本居宣长对此有如下论述："和歌的功用是它可以将心中郁积之事自然宣泄出来，并由此得到抚慰。"② 他将"自然宣泄"与"得到抚慰"看得很重，在其著

---

① ［日］本居宣长：《本居宣长全集》第2卷，《石上私淑言》，筑摩书房1968年版，第183页。

② ［日］本居宣长：《本居宣长全集》第2卷，《石上私淑言》，筑摩书房1968年版，第166—168页。

作中屡屡重复申明。这两个概念表达的其实是一个意思，即慰藉。"自然宣泄"是过程，"得到抚慰"是效应。"慰藉"说有其积极的意义。所有诗歌当然都有此功能，但是应该看到，仅仅拘泥于"慰藉"还是有其局限。比如本居宣长非常反感的教化功能，无疑也是和歌功能之一。再如，趋于内在静笃的心理净化作用，同样是其功能之一。还如，和歌与所用文学体裁一样，都有交流和沟通的功能等。

就以本居宣长非常在乎的物哀之情而言，他的前辈已有比较客观的权衡和把握分寸的取舍。日本戏剧家近松门左卫门（1653—1725）就是一个有启发性的参照。他的文学创作和理论主张都很强调"知义理"与"知恋爱"的统一。① 在17世纪中叶至18世纪20年代，"知义理"与"知恋爱"这两种不同的人性欲求常常相互抵触，难以统一。比如说德川幕府时代，作为官方统治地位的意识形态（儒学的"知义理"）与日本町人追求人情、性爱自由的"知恋爱"发生了不可调和、无法平衡的矛盾。近松门左卫门的文学创作是介于"慰"与"劝善惩恶"之间。② 遗憾的是在18世纪60年代，即本居宣长撰写其和歌论之时，他已经完全抛弃了"知义理"之"劝善惩恶"，只保留了一个可怜的"慰"。透彻地讲，他以娱情为主的享乐意识占据了和歌理论的要津。

表面上看，本居宣长也讲"正己"和"律己"，比如他认为："感人心而'知物哀'，自然就会设身处地以人正己，以人律己。"③ 他也讲和歌的沟通效应，如他认为："面对他人歌唱是和歌的本质功能。"④ 但是只要顺着本居宣长的思路看下去就会发现，他所说的"正己"和"律己"，并非自我的品德修养，而是"重色""好色"的"唯情"，甚至是倒向性欲和纵欲的"物哀"。在反复引喻和重沓类比

---

① 叶渭渠：《日本文学思潮史》，北京大学出版社2009年版，第187页。
② 叶渭渠：《日本文学思潮史》，北京大学出版社2009年版，第187页。
③ [日] 本居宣长：《本居宣长全集》第2卷，《石上私淑言》，筑摩书房1968年版，第166页。
④ [日] 本居宣长：《本居宣长全集》第2卷，《石上私淑言》，筑摩书房1968年版，第112页。

的行文中，本居宣长也看到了和歌的交流功能，他历数和歌的精美，强调了歌与听的关系。提到了和歌要让听者感动，讲者释怀。我们看到，这些释怀和感动之类的说辞，在西方和中国早就有精彩的论述，本居宣长捡了自己想要的通情与两情相悦，但是遮蔽了或者说抛弃了"真善美统一"和"发乎情止乎礼义"等中西诗学的精髓。

如果听者不感动，则讲者无法尽兴。这里就存在一个相互满足的关系，听者的积极反馈，有力地促进并完成了讲者与听者的双向运动。和歌重要的是使他人听到和歌而感知物哀，并为此而追求用词的文采，声调的优美，这是和歌的本然。

二 本居宣长的日本和歌理论是通过比较完成的

日本和歌理论的诞生、发展是不断学习中国诗歌理论的一个过程，这期间经历了日本学者对中国诗歌理论的模仿、借鉴、学习、吸收以及扬弃的不同阶段。在这一点上，本居宣长费尽心思想撇清二者的关系，但是细心的读者还是有所体察。《石上私淑言》的字里行间，就隐藏着中日"比较"的气息。可以说，本居宣长研究和歌的方法是通过中日文学理论的比较而完成的。具体来说，他主要围绕汉诗与和歌的异同，《古事记》（712）与《日本书纪》（720）的利弊，审美自律与他律三个方面进行了粗浅的比较。

（一）汉诗与和歌的比较

汉诗与和歌打断骨头连着筋。本居宣长也知道很难否认二者之间的联系。不过，他尽力强调二者的差别，尤其是突出和歌的卓异性以淡化汉诗。他认为："和歌与汉诗原本并无不同，但到了后来两者分途发展，差别越来越大。这是由两国风俗文化的不同所造成的。"[①] 这个擘划不无道理，但是该观点既没有说明中日文学文化的关系，也未揭示汉诗与和歌之间的内在联系。本居宣长的这个观点，引出了一个

---

① ［日］本居宣长：《本居宣长全集》第 2 卷，《石上私淑言》，筑摩书房 1968 年版，第 164—166 页。

问题。那就是"汉诗与和歌的关系"。对于前者，叶渭渠有一个剀切的论述："日本古代吸收中国文学，采取了完全认同的模式。……日本从借助汉字作为文字表现，完全模仿六朝诗学及其思想，到吸收中国佛、儒与道文学思想，可以说是亦步亦趋。"[1] 也就是说，日本和歌与汉诗一样，都是通过汲取中国文学、文化的养分发展起来的，所以"和歌与汉诗原本并无不同"。他还进一步指出日本之所以会出现对汉文化完全认同的原因，认为汉诗的繁荣说明，"日本缺乏对本国文学以及文学思想固有的与传统的东西的自觉认识"[2]。而汉诗与和歌的后续发展差别越来越大的原因是日本文学在发展过程中不断成熟，日本学者在学习、借鉴中国诗歌理论的同时，出现了一些与中国诗歌理论不同的提法。叶渭渠的这一论点是客观的，实事求是的。笔者认为，本居宣长"知物哀"的和歌理论的提出，正是日本学者民族文学自觉的表现之一。

本居宣长认为汉诗的创作虚伪。具体体现在"《诗经》直抒胸臆，是诗的本质。而后世的诗装腔作势"[3]。本居宣长推崇《诗经》的真、实，反对诗歌的虚、伪，这是世界上所有尚真诗学的通则。他在反对"装腔作势"诗歌的正确态度中，也有一竿子打翻满船人之嫌。自《诗经》以后，"后世的诗"中毫不"装腔作势"的优秀作品数之不尽，像屈骚、古诗十九首、陶诗……这样的真诗人和真诗歌如星河灿烂。为了论证他的观点，本居宣长将矛头更多指向日本汉诗，他批判日本汉诗自然得从其源头即中国诗学下手。《石上私淑言》是问答体，在本居"讲道理"与"从心里悟得"可知，他将汉诗与和歌做比较，深层的较量则是就中日诗学放对。

《石上私淑言》中有这样一段话："所谓'诗'，只是托物言情，讲述对父母尽孝的道理，听者虽以为然，但是没有诉诸感情，难以触

---

[1] 叶渭渠：《日本文学思潮史》，北京大学出版社2009年版，第6页。
[2] 叶渭渠：《日本文学思潮史》，北京大学出版社2009年版，第6页。
[3] [日] 本居宣长：《本居宣长全集》第2卷，《石上私淑言》，筑摩书房1968年版，第150—151页。

及人的内心深处。凡事若刻意为之，讲大道理，坚持说教，难以打动人心。这样做，即使在道理上有所认同，在情感上也很难被感动。日本的和歌，不用讲孝的道理，即可以直接感知父母恩情之深，从而悟得尽孝的道理。由于是从心里自然悟得，所以能够诉诸感情的深处。由此可见，和歌比汉诗更能动人情，感鬼神。"①

显而易见，本居宣长在其中所不屑的"托物言情"的"孝道诗"，直接指向了中国儒家诗学的伦理方面。其实，本居宣长上面这些话并不全错。不讲孝道大道理的孝敬诗作，早就是中国诗歌的表现方式之一。"托物言情"的"孝道诗"不就是这样的诗作吗？直抒胸臆的孝道诗也不是全然不可取。日本汉诗有错吗？没有积极的意义吗？任何偏激和片面的挑剔都会有失公允。更何况中国诗歌富若山海，彪炳史册的不仅是儒家的伦理诗，百家争鸣、百花绽放的诗歌中国，岂止孝道诗一种。即便是儒家的伦理诗，其中优秀作品车载斗量，像杜甫、白居易、陆游这样诗人是儒流，但是他们不是也有许多惊风雨泣鬼神的好诗吗？客观地讲，中国诗学不仅讲道理，而且重情感，不仅求真尚善，而且要求尽善，讲究尽美，真意切。本居宣长片面地突出，或者只强调中国诗歌的教诲功能，而弱化中国诗歌的求真、重情的方面，以偏概全地品评中国诗歌是不正确的做法。

本居宣长推崇日本古代精神，排斥中国文学对日本文学、文化的影响，是日本文学与中国文学文化分道扬镳的具体表现。他坚持认为："和歌保持了神代日本人之心。"② 也就是和歌没有受到汉文化影响，保持了日本原始的、固有的传统文化。这一观点是不客观的。日本的和歌理论学习中国文论的事例不胜枚举，本居宣长却无视历史事实地自认为日本和歌没有受到中国文化的影响。甚至还认为："和歌没有受到汉诗的影响，没有改变它的本心，也没有受到世风的影响，

---

① ［日］本居宣长：《本居宣长全集》第2卷，《石上私淑言》，筑摩书房1968年版，第171—172页。

② ［日］本居宣长：《本居宣长全集》第2卷，《石上私淑言》，筑摩书房1968年版，第153—155页。

而改变其根本。"① 因此,他得出:"和歌之道乃日本之大道。"② 通过以上的引文,我们可以看出本居宣长的和歌论不顾历史事实,排斥汉文化,漠视中国文化一千多年来对日本文学与文化的影响。这是典型的历史虚无主义在作怪。

叶渭渠在《日本文学思潮史》中指出:"在日本古代文学思潮的形成与发展过程中,受到外来文化的激烈碰撞,从上古、中古到中世、近世不断地反复出现过'汉风化'与'和风化'的两种极端思潮交替,而达到最后的结合。"③ 而本居宣长在《石上私淑言》中推崇日本传统文化,标榜日本神道,乃至日本文化优越性。在明治20年代以后,他的这些学术观点被日本右翼主义者所采纳。日本在中日甲午战争、日俄战争以及日本资本主义工业取得了较大的成功之后,日本社会普遍产生了对本国和本国文化传统的盲目崇拜,存留在日本的封建思想被当作国粹而加以高扬,并且以文化团体政教社为中心,竭力宣扬国粹主义。这些团体成了右翼日本主义者的活动舞台。日本的国家权力出于政治的目的,将文化上的国粹主义与政治上的民族主义结合起来,走上封建军国主义的道路,导致了日本发动了一系列的侵略战争。④ 这些真实的历史事实,是研究当代日本文学作品、文化现象的内在根源与本质特征。

(二)《古事记》与《日本书纪》的比较

《古事记》(712)与《日本书纪》(720)都是记载日本古代历史的书籍。本居宣长认为:"《日本书纪》全部用汉字撰写,语句中有许多修饰,没有使用日本古语,主要是为作文而写。而《古事记》使用日本古语写作,不是为了作文而作文。"⑤ 这段话表达了本居宣长对

---

① [日]本居宣长:《本居宣长全集》第2卷,《石上私淑言》,筑摩书房1968年版,第156页。
② [日]本居宣长:《本居宣长全集》第2卷,《石上私淑言》,筑摩书房1968年版,第153—155页。
③ 叶渭渠:《日本文学思潮史》,北京大学出版社2009年版,第203页。
④ 叶渭渠:《日本文学思潮史》,北京大学出版社2009年版,第208—209页。
⑤ [日]本居宣长:《本居宣长全集》第2卷,《石上私淑言》,筑摩书房1968年版,第92—93页。

日本古语以及汉字的态度。他注重日本古语，而轻视汉字。也反复表达了他对日本古代精神、文化的重视。另外，本居宣长认为"语言为本，文字为末"①。说明他为了强化日本古语，而漠视文字的传承作用。客观地讲，如果日本没有引入汉字，创造出日文假名及当用汉字，日本的古代文化甚至无法存留至今。本居宣长无视中国汉字、书籍、文化、风俗对日本的积极作用，以偏概全地全面否定儒学以及汉字对日本历史文化的贡献，是不可取的做法。

甚至本居宣长偏执地认为："《日本书纪》出现后，后代的人就在这些文字旁，加上注解。故其原典性多不可信。"② 这种论断荒谬至极。如果后人给前代的书籍加注的做法是导致原典不可信的理由。那么，本居宣长本人以及他的老师贺茂真渊等日本学者给古籍加注，是否也会令日本古籍不可信？如果真是如此，本居宣长耗费几十年的时间，去完成《古事记传》的意义何在？是为了让《古事记》这部原典不可信？

在《古事记》与《日本书纪》孰优孰劣的问题上。本居宣长认为："因用词意义不甚明确，所以应该以《古事记》中意义明确的古语作为依据，对《日本书纪》中的汉语加以解读。"③ 甚至他还进一步指出："无论何种情况下，都应该把《古事记》作为本文，而将《日本书纪》看作注解。"④ 他的这个观点明显具有典型的极端化的倾向。

（三）审美自律与他律

本居宣长对中国"阴阳五行"等传统文化也有过批判。对于世间

---

① ［日］本居宣长：《本居宣长全集》第 2 卷，《石上私淑言》，筑摩书房 1968 年版，第 92—93 页。
② ［日］本居宣长：《本居宣长全集》第 2 卷，《石上私淑言》，筑摩书房 1968 年版，第 92—93 页。
③ ［日］本居宣长：《本居宣长全集》第 2 卷，《石上私淑言》，筑摩书房 1968 年版，第 92—93 页。
④ ［日］本居宣长：《本居宣长全集》第 2 卷，《石上私淑言》，筑摩书房 1968 年版，第 92—93 页。

万物的理解，本居宣长坚持不可知论。他认为："'阴阳五行'的观点是不存在的。"① 为了证明他的观点，本居宣长进一步认为："只能将万事万物托命于神，这是皇国神道的基本精神。中国人以人力探究物理，将'阴阳五行'作为解释天地万物的方法，是不知天高地厚。"② 人类对于宇宙、物理、天体的研究与探索，从来都没有停止过，阅读本居宣长的著作，看到他的这些保守的观点，让人啼笑皆非。

本居宣长排斥外来文化，尤其是中国文化对日本的主导性影响。本居宣长认为："言语是'主'，文字是'从'。"③ 他认为，日本人对日本古语要充分地尊重，而文字（汉字）是从中国借来之物，因而不必对其字义过分探究。他的观点充分地表达了他对外来文化（中国文化）的轻视与不尊重。客观地讲，本居宣长是熟读中国古典书籍的日本学者，在面对评价本国传统文化与外来文化的问题方面，理性客观评价是一个学者的良知，之所以有诸多的学者把本居宣长作为一个反面的人物去评价，实在是他在著书立说的时候，缺少了一个学者应具备的基本的良知。

为了区分和歌与中国诗歌，本居宣长认为："'歌道'必须抛弃中国书籍中所讲的那些大道理，以'神道'为宗旨来思考问题。"④ 其实，研究日本的宗教，我们不难发现日本的神道自佛教传入日本（522）之后，与佛教并存，甚至依附于佛教，直到1867年，日本恢复任命神祇官，神社与佛教分家。日本社会沿用了一千余年神佛合一的日本宗教。无论是佛教、神道教与中国儒学、道家思想，它们之间

---

① ［日］本居宣长：《本居宣长全集》第2卷，《石上私淑言》，筑摩书房1968年版，第185页。
② ［日］本居宣长：《本居宣长全集》第2卷，《石上私淑言》，筑摩书房1968年版，第186页。
③ ［日］本居宣长：《本居宣长全集》第2卷，《石上私淑言》，筑摩书房1968年版，第115页。
④ ［日］本居宣长：《本居宣长全集》第2卷，《石上私淑言》，筑摩书房1968年版，第174—175页。

存在着千丝万缕的内在联系。所以，本居宣长所说的"抛弃中国书籍中所讲的那些大道理"是不可能真正实现的，因为日本的神道早已经内化了中国的儒学、道家思想学说与学术观点。

如此排斥中国文化的本居宣长，在论述自己的学术观点时，却毫不手软地借用中国的书籍。例如："情动于中而行于言，言之不足，故嗟叹之，嗟叹之不足，故咏歌之……"（《毛诗序》）这句话说明人在非常激动的时刻，会用语言来表达内心的情感，如果用语言都难以充分表达的时候，会用朗诵诗歌的形式表达。在这一点上，中国与日本，人同此心。①

审美自律，关于情绪的克制。文学作品的审美应该是任由情绪泛滥，还是克制自己的情绪，不同的作者在创作时会有不同的策略。本居宣长认为："只有感物兴叹，表现孤苦无依的和歌，才真正契合诗歌的本质。"② 他的这个观点非常极端化。人有悲欢离合，月有阴晴圆缺。中国诗歌理论中有"言志"与"缘情"两个方面的审美追求。本居宣长单方面地强调"缘情"，完全排斥"言志"的文学选择，分明就是短视的行为。

和歌与道德训诫无关。本居宣长认为："和歌的宗旨是'物哀'。和歌与道德训诫无关，因此，无论好事坏事，都将内心所想和盘托出。不会事先选择、判断这是坏事，还是好事。"③ 这个观点再一次表明了本居宣长偏执、极端化的审美追求。本居宣长一味追求真实，他认为儒学思想中的克制是装腔作势，虚伪。甚至，本居宣长用《太平记》中的《志贺上人的故事》来佐证佛教戒律的虚伪。他坚信和尚的淫欲也是情理之中。④ 即使佛教界的个别僧侣有人的情欲，毕竟选

---

① ［日］本居宣长：《本居宣长全集》第 2 卷，《石上私淑言》，筑摩书房 1968 年版，第 122—124 页。
② ［日］本居宣长：《本居宣长全集》第 2 卷，《石上私淑言》，筑摩书房 1968 年版，第 153 页。
③ ［日］本居宣长：《本居宣长全集》第 2 卷，《石上私淑言》，筑摩书房 1968 年版，第 158—159 页。
④ ［日］本居宣长：《本居宣长全集》第 2 卷，《石上私淑言》，筑摩书房 1968 年版，第 161—162 页。

择了出家，就应该遵循佛教的戒律。用个案来说明问题的研究方法，犯了以偏概全的错误。

本居宣长和歌理论的特点就是把和歌的本质确立为"物哀"，同伦理道德截然区别开来。并且，他以"真实"观代替了善恶观，作为评价和歌的尺度。这种和歌理论强调"艺术的独立价值"，排斥了正义、平等、公平等许多人类美好的审美追求。他的这种主张针对的是中国儒学、佛教的"劝善惩恶"文学观。

目前，研究本居宣长学术的学者众多。其中，一些研究本居宣长的中国学者将焦点集中在日本复古派的消极层面上。我们在做研究时，既要看到本居宣长的学术观点中充满了排外、感性，排斥理性的一面，也要充分肯定"物哀"论的提出，提升了日本文学、学术的创造力。如果忽视了"物哀"论的局限性，我们的学术研究容易重蹈覆辙；无视"物哀"论的影响力，同样也是一种狭隘的学术眼光。只有客观、正确、合理地评价本居宣长的学术观点，才能有助于我们全面认识本居宣长及其学术思想。

三 "物哀"论与其他文论的异同及其所产生的深远影响

从16世纪起，日本兴起了复古主义学派，以本居宣长为代表的日本学者从古籍中发现并阐扬日本民族的传统文化与日本精神，其历史意义不可低估。本居宣长把对日本封建意识形态，特别是日本学者对中国儒学（朱子学）的反思向前推进了一步。对于本居宣长的历史贡献，从客观的角度讲，中日学者都应该给予充分的认识。由于他崇拜日本古典，作为日本创世纪神话的信奉者，他提出"大和魂"等概念，为的是表明日本皇国的优越性，为了强调"神道"至高无上的地位，他不惜歪曲历史事实，信口雌黄。对于他漏洞百出，荒谬不堪的部分神学观念，我们在做研究时也要深刻地认识到其危害性，并要引以为戒，不重蹈覆辙。

第一，"物哀"论与西方文学理论的异同。首先，与古典主义文艺思潮的比较。西方的古典主义文艺思潮是17世纪发展起来的，本居宣长的"物哀"论是18世纪60年代提出的。其次，从时间的先后顺序上讲，"物哀"论迟于古典主义文艺思潮。从政治与社会角度分析，古典主义文艺思潮是西方国家商业资本发展时期的产物，以重商政策为基础。它服从于当时绝对君权的统治，是绝对君权政治在文学上的反映，也是当时资产阶级在政治上对封建王权暂时的迁就、妥协、让步的一种表现。本居宣长"物哀"论的时代背景是日本资本主义取得了较大的发展，町人阶级拥有大量财富，日本城市商人与武士阶层相互妥协的年代。古典主义文艺思潮以法国发展得最为完备，也先后出现于英国、德国、俄罗斯。古典主义文艺思潮曾经在欧洲居于支配地位。当时资本主义渐趋发展的历史阶段，君主政体民族国家开始建立，社会上兴起了学习古代、崇尚古代，模仿古代、以古代的希腊、罗马文学为典范而得名的。本居宣长钟爱日本平安时代的贵族文学，尤其爱读《源氏物语》。他的"物哀"论是在研究《源氏物语》的过程中提出的学术观点，他重新评价了紫式部的写作目的，形成了与其他评论者完全不同的文学评论观。

第二，"物哀"论与浪漫主义文学思潮的异同。本居宣长的"物哀"论注重个人感情的表达。它要求作者从主观内心世界出发，强调写作的真实，主要特征是反对理性。"物哀"论是唯心主义的学术观。本居宣长的"物哀"论对情爱（不伦之恋）的肯定性评价，与18世纪晚期至19世纪初期的浪漫主义文学思潮具有一定的相似性，特别是浪漫主义文学思潮强调直觉、想象力、感觉与非理性主义的特点。

第三，"物哀"论与象征主义的异同。本居宣长的"物哀"论注重写出作者内心的故事。这一点与象征主义抒写个人感情为重点，抒写不可捉摸的内心隐秘是相同的。"物哀"论与象征主义的不同有两个方面。一个方面是"物哀"论强调读者的"知物哀"以及作者写作与读者阅读的共鸣。而象征主义追求的艺术效果，并不是要使读者理解诗人究竟要说什么，而是要使读者似懂非懂，恍惚若有所悟；使读者体会到此中有深意。另一个方面是本居宣长的"物哀"论如实地描写客观现实，而象征主义者反对现实主义和自然主义者如实地描写客观现实。他们认为现实的物质世界是虚幻而痛苦的,只有隐匿在背后的内在的世界才是真实的。其作品中运用大量的暗示和象征来隐喻表现人的内心世界。

第四,"物哀"论对日本文论的影响。18世纪,本居宣长为了确立日本学术的地位,选择了与中国儒学背道而驰的文学观。从当时特定时代背景考虑,确实起到了振奋日本民族的文化精神,提升了日本民族的文化自信。本居宣长提升了日本人的民族自信心。从客观的角度讲,这是日本学者提供的一种"人情"文学观。但绝不是人类文学世界里唯一的文学观。

第五,"物哀"论对日本自然主义文学流派的影响。本居宣长"物哀"论提倡文学的本质是道人情,追求主观感情的真实,写作的自然与真实。因为只强调"真",就排斥儒学、佛教所倡导的"劝善惩恶"文学观。这与20世纪初日本自然主义文学流派的"如实描述"是一致的。"日本自然主义文学家者们强调作家要忠实地对待自己,单纯表现自己所见所闻,排除所有道德规范和标准,对自己所描写的事物,不作任何政治的、道德的和美学的理解和评论,完全采取自我本位的态度,纯客观的态度。"[①] 世间的万事万物都存在着内在的联系,一味地追求"真",就遮蔽了"虚"。无视客观规律,不合乎社会规范的"真",实际上是机械唯物论的反映论,具有极强的片面性。作者在写作时,只把自己的所见所闻、所思所想的个别现象真实地描写出来,无疑近似"瞎子摸象"。每一个瞎子只是接触到了大象的某一个部分,无法看到事物的全貌,更无法触及事物的本质,得出的结论也就不可能正确。这种停留在表面现象的描述,是不能企及文学、艺术的本质以及真实的。

第六,"物哀"论对私小说的影响。1920年左右,日本私小说出现在日本报纸上刊登的文章中。中村武罗夫认为"私小说只是叙述作者心境的小说",是"近于短歌、俳谐的境地"的文学。私小说遵循

---

① 叶渭渠:《日本文学思潮史》,北京大学出版社2009年版,第249页。

日本自然主义的创作原则，脱离时代背景和社会生活，孤立地描写个人身边琐事和自己的心理活动，特别是表白自己的矛盾和丑恶，把自我直截了当地暴露出来，不要虚构和想象，不要创造性。日本自然主义文学流派兴起后不久，就遭到了日本写实主义、浪漫主义、唯美主义与白桦派等文学流派的反对。其中白桦派的文学主张具有强烈的反自然主义倾向。

　　本居宣长的和歌论是研究日本和歌的重要内容。通过细致地研究，我们可以看出"知物哀"的可取之处，也了解了"物哀"论的局限性。日本和歌的审美追求从"劝善惩恶"到"知物哀"。这是日本学者、文学评论者的文学选择。不同的文学观、审美标准和研究方法都应该根据不同的研究对象而有针对性地选择。各民族、各个国家之间相互学习、借鉴是学术圈的良性互动。无论是中国还是日本的学者在做研究时，都应该秉持独立、自由与平等的原则。各种文化只有在相互交叉、相互激荡之中，才能不断推出创新的结论与成果。

第四章　本居宣长"物哀"论的三个误区

本居宣长是日本享有盛名的"复古国学大师"。其堆砌啊哈咿呀哀哉等感叹词拼凑的"物哀"论至少有三个误区：一是忽物偏心的日本主体意识；二是蔑视文学伦理的滥情思想；三是"皇国神道至上"的神道教独尊邪念。倾空了文学伦理元素的文学思想是超道德的骗局；极端排外的民族意识膨胀是危险的导向。二百多年来日本的"大和"独优论和军国主义侵略说辞，都可从本居宣长的文字中找到根苗。"物哀"论就是其中的一株罂粟花。

本居宣长一生著述颇丰。其毕生职志在于"牢固确立大和魂"。《紫文要领》是其代表性著作之一。他的"物哀"论（もののあわれ）可谓日本文学思想史上的一朵奇葩。明治维新以来，日本军国主义侵略势力急剧膨胀，本居宣长的"皇国神道优越论"大受吹捧，其"物哀"论也被官方意识形态和民族主义精神强烈的学术圈当作精品弘扬。

时至今日，国际学界对本居宣长"皇国神道优越论"的实质看得比较清楚，但是对其"物哀"论却仍然赞美有加。有人甚至称之为"日本的《文心雕龙》"。如果仔细阅读本居宣长的关于日本"物哀"论的著述，就不难看出本居宣长的审美思想充满了矛盾和破绽，其中有一些精彩的见解，但是总体上则充满了谬误。本书把观察点依次放在其缘起性、本色观和神道教独尊三个方面，力求较深入地解析本居宣长"物哀"论的真实本相。

第四章
本居宣长"物哀"论的三个误区

第一节 "物哀"论缘起处的缺憾

什么是"物哀"（もののあわれ）？这个词语是由三个部分组成。もの，指物，物的。の，助词。あわれ是感叹词。在日本语言的早期阶段，有语无文，这些词汇均借汉字表达。物（もの）哀（あわれ）合称，即もののあわれ，日语古文献借汉字写作"物哀"，或"物のあわれ"。本居宣长给这个词下过许多定义，从总体上讲，"那就是对所见、所闻、所行，充满了深深的感动。通常以为它只是悲哀之意，其实大谬不然。一切高兴之事、有趣之事、悲哀之事、爱恋之事，大都兴叹为'阿波礼'（"物哀"，あわれ）"[1]。本居宣长的"物哀"论主要体现在其于《紫文要领》《源氏物语玉小栉》和《排芦小船》长文基础上扩写的《石上私淑言》。我国著名日本文化研究专家王向远先生对本居宣长的"物哀"论有深湛的研究，他收录并翻译成中文的《日本物哀》一书，可谓集本居宣长"物哀"思想之大成。

本居宣长的"物哀"论，精华全在关于日本物语与和歌的评论方面。其阅读的细致和评述的繁复，确实让人感受到他所下的功夫。特别是在《源氏物语》与和歌的用情方面，可以说本居宣长的理解达到了一个奇思妙想的极致，其所称"物哀"，在某些方面，不啻为情所化，为情造论，所述远远超出了所研究对象的实际意蕴。文学成果是作者与读者或曰研究者共同完成的。从这个意义上讲，本居宣长用"物哀"论解释日本古典文学，有飞声腾实之处，其有所贡献是应该肯定的。但是就物哀思想本身而言，其行文狂放，笔调张扬，任情宣泄多，强调语气多，反复重言多，而在理论上很难说有体大虑周的创制，在思想上也未达到圆观宏照的境界。这些都是显而易见的事实。至于作者的学术立场和政治用意，我们将在本书的第三部分"'物哀

---

[1] ［日］本居宣长：《日本物哀》，王向远译，吉林出版集团责任有限公司2010年版，第159页。

论'的神道教独尊邪念"中阐述。此处先检索本居宣长"物哀"论在物哀缘起方面的缺憾。

本居宣长认为一切都是天照大神创造的。"神创造了天地、国土与万物。"① 以此类推，物哀的起源自然也得归功于天照大神的业绩。事实上，他只在一个地方提到了天照大神与物哀的直接关系，即《古语拾遗》云："当此之时，上天初晴，众俱相见，面皆明白，伸手歌舞，相与称曰：'あわれ！阿那於茂志吕！阿那多能志！阿那佐夜憩！'云云。"这段文字，虽有可疑之处，但见于古籍，是天照大神从天之岩屋中走出来之后说的一段话。此处的"阿波礼阿那"重叠使用，都是感叹词。②

按说，既然本居宣长认为是天照大神造物，那就应该对天照大神与物哀之"物"有个交代。然而在这个问题上，本居宣长虚晃一枪，匆匆带过。他在列举了神说"あわれ！"等一串感叹词之后，立刻暗示这段文字"有可疑之处"。可见连他本人也觉得神说"あわれ"无法让人信服，仅是说说而已。

表面上看，天照大神与物的关系虚无缥缈，且疑窦难平。然而这不是说本居宣长就此放弃了"物哀"论与天照大神关系的深层勾连。这个问题我们将在后面的行文中探索。这里要指出的是本居宣长的轻物思想或曰忽物眼光。他作为"物哀"论专家，本应认真揭示物与哀（即物与あわれ）的关系，但是我们翻遍其关于物哀论的著述，找不到他对这个问题的明确解释。本居宣长闪烁其词地提到了"物"，但是每有涉及，动辄一掠而过，用以搪塞物与哀关系之"物"，全是感觉、感知或心念等，也就是说，他笔下的"物"，如同勾起"あわれ"的影子，说到底，其坐实处只是一声感叹罢了。诸如，他刚提出"世上一切事物中皆有'物哀'在"，马上就说："心灵对一切事物都

---

① ［日］本居宣长：《日本物哀》，王向远译，吉林出版集团责任有限公司2010年版，第309页。
② ［日］本居宣长：《日本物哀》，王向远译，吉林出版集团责任有限公司2010年版，第147页。

第四章
本居宣长"物哀"论的三个误区

会自然地生出感动。"① 再如，凌空一句断语："樱花无论何时都是物哀之花。"若问为什么？从他那里得到的解释却答非所问，"因为樱花本来就为赏花而栽"②。在他看来，明月之于盲者，雷声之于聋人，都无物哀可言。③ 只有耳聪目明、具备感知物哀的人，才能够从雷声知物哀。换言之，只有具备慨叹あわれ情感能力的人，才是物哀之人。将物本身作为可资あわれ的基质剥蚀掉，物哀岂非无源之水，无本之木？以此类推，其结果必然是以心蔽物，将物与事混淆，使物被哀糊弄，最终索性在"物哀"与"知物哀"之间画上等号："对于不同类型的'物'与'事'的感知，就是'物哀'。"④ 这就是说，"知物哀"就是"物哀"，反之亦然。这实际上一种偷换概念的学术游戏。

在审美创造和审美鉴赏活动中，主体与审美对象、物与心，"物哀"与"知物哀"之间，是有一些模糊混合状态存在，作家可以自然而为，但是研究者则不能一味描述现象而毫无解析。对于普通读者，在物与哀之间浑然不分，那是不伤大雅的。对于一般的诗歌爱好者，对"物哀"与"知物哀"不加分辨，也无可非议。然而作为物哀思想的阐幽发微者如本居宣长，这样的理论含糊真让人为之物哀。

显而易见，本居宣长放大了"感"而忽略"所感"，堕入了以心蔽物的偏颇。最终结果，心在膨胀，物却消散，本居宣长喋喋不休的"あわれ"，充其量是一大堆感叹词的堆砌。众所周知，我国先秦已经产生了感物兴叹的诗学观念，汉代即弥漫着缘事抒愤的情采，南朝齐梁时代"物动心摇"的思想几成文坛常识。刘勰《文心雕龙》熔文论和诗学于一炉的宏构伟制，精辟地揭示了心物互动的辩证关系，听

---

① [日]本居宣长：《日本物哀》，王向远译，吉林出版集团责任有限公司2010年版，第66页。
② [日]本居宣长：《日本物哀》，王向远译，吉林出版集团责任有限公司2010年版，第122页。
③ [日]本居宣长：《日本物哀》，王向远译，吉林出版集团责任有限公司2010年版，第164页。
④ [日]本居宣长：《日本物哀》，王向远译，吉林出版集团责任有限公司2010年版，第66页。

一听"既随物以婉转","亦与心而徘徊"的脉动,看一看"目既往还,心亦吐纳"的气韵,悟一悟"情往似赠,兴来如答"的真斋,也许就可以明白,中国上古中古物感思想,早就包孕和涵摄了あわれ之类的感叹。① 可以毫不夸张地讲,本居宣长的那一点"物哀",原本是中国历经秦汉魏晋隋唐宋元明以至清初,源源不断传输给日本的文论和诗学余绪。这些比本居宣长早出一千年、两千年的物之感、物之哀,本居宣长是不知,还是视而不见?人们推崇他是日本顶尖的"国学家""和学家"。而他本人则自视甚高,认为这样的称号有辱其斯文。他将自己所做的"'皇国的学问',一定要直接称为'学问'"。因为他要做的是匹配天皇统御万国的"学问"②。细读本居宣长"物哀"论的著述,语言混乱的问答段子比比皆是。人们不由得会发出这样的感叹:如此狂妄地竖"和魂"、攻"汉意"的"神道"学家,原来是这样一个缺乏学术修养的"物哀"论者。

不言而喻,本居宣长是从日本古语中提取出あわれ的学理根据和文化资源。他说:"阿波礼(あわれ)这个词是深有感动之词,后世多以为它只是就可悲哀的事情而言,于是用汉字的'哀'字来标记。实际上,'哀'仅仅是'阿波礼'的一种,'阿波礼'不限于'哀'。"③ 诚如本居宣长所言,"阿波礼"是一个叹词,对事物的各种感动都可以用这个词表达,阿耶、阿那、咄嗟、呜呼、于嗟、哀哉、猗、矣,此类叹词均可囊括其中。问题在于这些感叹词也是用汉字标注。将这些叹词集结于某事物的もののあわれ或"物のあわれ",是否真能透彻表达所有感叹活动的深刻内涵呢?本居宣长的罗列有一个明显的用意,那就是强化日语主体与原创,淡化以至泯灭汉字在日文形成中的作用。他声称"汉语词很粗糙",用汉字作为"真假

---

① 刘勰:周振甫注,《文心雕龙》,人民文学出版社1981年版,第493—494页。
② [日]本居宣长:《日本物哀》,王向远译,吉林出版集团责任有限公司2010年版,第267、261、263、272、303页。
③ [日]本居宣长:《日本物哀》,王向远译,吉林出版集团责任有限公司2010年版,第146页。

名"来标注和翻译日语，那简直是一种"怪癖"，"实属岂有此理的愚蠢行为"①。在这里，本居宣长已经不只是得了便宜又卖乖的市井小人，而是一个把造福于日本的汉文化当作仇敌的忘恩负义之徒。

在日语形成的过程中，日本古人引入汉字发展语文是一个历史过程。汉语言文字对日本语文的贡献是抹杀不了的事实。这个结论早已得到日本学界许多有识之士的广泛肯定。本居宣长在物哀的语言学源头另辟蹊径，当然是一个有意义的举措。但是做学问一定要根器端正，要实事求是，要有理有据。就拿物（も、もの）来讲，日语引入了汉语的物字，是其语文的一个亮点。物感、物色、物情、物事、物语、物哀、物议、物理、物流，以及人物、英物、怪物、天物、神物、鬼物、动物、植物、矿物、财物、庶物、杂物……这些个汉语文字和词汇，有效地丰富了日本语文的物概念和物思想。本居宣长在自己的学术探讨中刻意遮蔽这个方面，其结果只能是画地为牢和作茧自缚。在物哀缘起问题上，如果他于物之汉字根源处实事求是地发掘，足以使其"物哀"论的有感无物倾向和重感失物状态大为改观。

物，在汉语为杂色牛。这个字既象形又会意，其指实，可聚会世界众体；其象征，则通化天地鬼神。这些内涵原本可以赋予"物哀"论许多正能量。遗憾的是本居宣长忽略了这一点。偶尔，当他借鉴汉语说事，立刻出现生动局面。试举一例，本居宣长从《康熙字典》检索到感为"动也"的解释。发挥说："对万事万物都有所心动，或喜或悲，深有所感，都是'感'字本义，也就是'知物哀'。"② 这一考释有效地加深了他对"知物哀"的思索。汉语的感字远比本居宣长的解说要丰富和深湛，倘若他在汉语古文字的瀚海中畅游，所见所得会美不胜收。客观地讲，本居宣长仅从《康熙字典》求解物缘，尚嫌浅略。从《周易》以上，物神物象的"前缘"源远流长，《周易》以

---

① ［日］本居宣长：《日本物哀》，王向远译，吉林出版集团责任有限公司2010年版，第345页。
② ［日］本居宣长：《日本物哀》，王向远译，吉林出版集团责任有限公司2010年版，第146页。

下，物情物思的"后感"富比山海。他的心胸气质限制了眼量。尽管如此，他能迈出这一步，做这样一个浅显的引证，已经给其"知物哀"增色不少。

在中国思想文化史上，物感与感物是深不可测的人文资源。善于学习的日本民族采撷了"物"这个字眼，在物语、物哀等方面开发制作，创造了灿烂的文学成果，包括在理论方面的诸多建树。我们在鉴赏"物哀"这样的审美思想之际，常常为其缘起处的学术缺失而遗憾。这样的遗憾向下延伸，则又引发了另一层思考，那就是文学的伦理价值问题。

第二节 "物哀"论情色观的龌龊

文学离不开情。文学根于情。文学家用情之深浅，是其作品成功与否的重要元素。但是文学的情愫也是最容易自我病变的霉菌。它可以是人类心灵的灵芝草、长生果、青霉素、红霉素，也可能是狂放族群的精神梅毒、思想霍乱或文化鼠疫。正因为如此，人类对文学真情非常在意并非常看重，同时也对文学滥情非常警惕且不容放纵。本居宣长的"物哀"论是滥情的典范。

他在论述《源氏物语》、和歌、俳句等文学作品时，有不少真知灼见。比如，他对《源氏物语》之"物哀"有如下评论：源氏所说的"物哀"（物の哀れ）、懂情趣（をかしき），这两点可谓人情之枢纽。两者合起来说就是"物哀"，"懂情趣"也属于"知物哀"。分而言之，"物哀"主要指忧郁哀怨的一面，"情趣"主要是指有趣而喜悦的一面。在《源氏物语》中有时将两者分开说，但大多合为一谈。合为一谈的时候，有趣的事，高兴的事，都称作"哀"（あわれ）。在人情中，有趣的事、喜悦之事较轻，较浅，而忧伤和悲哀之事则较重、较深。[①]

[①] [日]本居宣长：《日本物哀》，王向远译，吉林出版集团责任有限公司2010年版，第53页。

第四章
本居宣长"物哀"论的三个误区

  这段话相当有见地。虽然他用"忧郁哀怨"指称"物哀"仍有轻物偏哀之嫌，但是对《源氏物语》的哀情解析还是非常精辟的。本居宣长认为"哀"这个汉字只有悲伤之义，日语用这个字有了更多的含义（あわれ）。这个阐发是很有创意的。上面所引这段话也是本着あわれ解释"哀"。他在解说了喜悦一面之后，也重点强调了"哀"这个汉字"忧伤和悲哀"所具有的"较重、较深"的意蕴。

  重要的是为什么而喜悦，为什么而忧伤。恰恰在这个关键点上本居宣长滑入了情色下流的泥沼。他在评述和歌短句时，多少引述了不少清新明快的好诗歌。但是在论述源氏及其周围各色人物的过程中，其乐什么和忧什么的内囊完全亮了出来。他不厌其烦地引述《源氏物语》中的通奸、乱伦、诱奸等情节，将这些描写统统说成是"知物哀"。物语人物源氏与藤壶、胧月夜等人私通，他自己尚且有一定的羞愧和忏悔之意，这个意思实际上就是紫式部在"薄云卷"披露的深层思想之一："这是不伦之恋，是罪孽深重的行为。"但是本居宣长则对此另作导向："'知物哀'者就是这样对情欲不可抑制，而对别人也同样不加苛责。"[①] 本居宣长甚至认为，"有无淫事无关紧要"[②]。更有甚者，他直截了当地说："要守节操就不能'知物哀'，这就所谓的不解风情"[③]。至此，读者大概明白本居宣长的"物哀"论是什么意思。在《源氏物语》中，儿子与继母、君臣与女眷、同胞兄妹间，乱伦故事占有不少篇幅。作为一部文学作品，作者往往是在历史与现实、心灵与物色、形象与个性等复杂关系中如此这般地书写，颇多走笔任情之处，但也有反思检讨之意。比如，紫式部借源氏之口，不止一次表达在性生活方面收敛和检点的必要。紫上在议论《宇津保物

---

  ① ［日］本居宣长：《日本物哀》，王向远译，吉林出版集团责任有限公司2010年版，第80页。
  ② ［日］本居宣长：《日本物哀》，王向远译，吉林出版集团责任有限公司2010年版，第50页。
  ③ ［日］本居宣长：《日本物哀》，王向远译，吉林出版集团责任有限公司2010年版，第78页。

语》中的人物时,源氏插入了这样的话题:"做事与众人不同,但也要有个限度啊!"① 本居宣长心里也清楚,《源氏物语》所写"乱伦生子"的情节"不合人伦之道,是破坏天皇血统的大罪。在我国也是罪大恶极的,人神共愤,不可宽宥。然而,恰恰是这样的人却一生幸福,无灾无祸,荣华富贵臻于绝顶。如上所说,以天子、皇后、大臣为子女,而获得'太上天皇'之尊号,一生安逸享乐,子孙繁盛,神佛庇佑有加,天下人莫不靡然风从,可谓世界无双"。他的结论是乱伦就是"物哀","作者写'乱伦生子'是为了更深刻地表现物哀,也是为了更好地描写源氏的荣华绝顶,而绝没有劝诫讽喻的意味"②。

如果说紫式部写书完全为了讽喻劝诫,那是不符合事实的。但是彻底否定《源氏物语》的伦理道德因素,那又倒向了另一个极端。举例来讲,作者在"夕雾卷"对善于坑蒙拐骗女性的夕雾大将描写十分成功,对坚贞不屈的落叶公主塑造也细致入微。仅读作品,很难说紫式部是褒贬其中的哪个形象。而本居宣长则完全按照自己的逻辑推论,称夕雾"知物哀",落叶公主不近人情。由此大发议论,认为父母对儿女的"识趣"教育相当重要,应该让子女在性关系上善解人意。在他看来,一个人只要放纵情欲,任意妄为,就是"知物哀",不但有情色满足,还会尽享荣华富贵。紫式部对自己笔下的人物,心理刻画大都比较周详,注重多个侧面的组合。如写源氏及其周围的人,有荒淫、纵欲,也有自责、自谅,读者可从中解读出丰富的启示。而本居宣长则只取与自己观点合辙的段子。源氏屡屡为好淫缺德开脱。在"薄云卷"中说:"要说以前的那种不伦行为,都是年轻时缺乏思虑,神佛也会原谅的。"③ 在"夕雾卷"中源氏也说:"人生中

---

① [日] 本居宣长:《日本物哀》,王向远译,吉林出版集团责任有限公司2010年版,第51页。

② [日] 本居宣长:《日本物哀》,王向远译,吉林出版集团责任有限公司2010年版,第103页。

③ [日] 本居宣长:《日本物哀》,王向远译,吉林出版集团责任有限公司2010年版,第80页。

第四章
本居宣长"物哀"论的三个误区

最光辉的时候,干出那种风流好色之事,鬼神也会原谅他。"① 本居宣长只取了源氏德性的这个向度。他举例说:"薄云女院(藤壶)是十分'知物哀'的,也是堪称'恰如其分'的。因为'知物哀',才自然而然地与源氏私通。"② 反过来讲,因为她与他私通,他们都"知物哀"。这一解释不再是偷换概念,而是让龌龊的脏水横流。

他正是以这种思想引导读者:"要问在私通生子的描写中,作者有何特别的意图,那就是要深刻地表现好色之'物哀'。"③《源氏物语》写了许多性事,为性爱苦恼,使诈,不择手段——目的达到;喜不自胜,欲求难逞,痛不欲生。本居宣长的意思,是要统统按照放弃性伦理的"知物哀"去理解。像这样呈现人情、理解人情,就是"善",也就是"知物哀"。看到他人哀愁而哀愁,听到别人高兴而高兴,这就是通人情,"知物哀"。不通人情,不知"物哀"者,看到他人悲伤而无动于衷,看到他人忧愁而麻木不仁,物语将这样的人视为"恶"而把"知物哀"者视为"善"。④

这里再清楚不过,本居宣长宣扬的"知物哀",就是放弃了人间普适性伦理诉求和普遍性价值尺度的所谓超道德性爱论。也正是基于这种超道德的性爱论,他把人类其他一切伦理标准都视为伪善,甚至是"恶"。为了极力宣扬其滥情纵欲的"物哀"论,他把阻碍其诗学观点的思想文化都视为眼中钉,必欲连根拔除而后快:"'物语'与外国书籍迥异其趣,中国书与日本物语完全不同,以中国书的眼光来读《源氏物语》完全违背作者原意,也无法理解《源氏物语》的真意。只有将中国书的道德意图完全抛弃,然后才能理解《源氏物

---

① [日]本居宣长:《日本物哀》,王向远译,吉林出版集团责任有限公司2010年版,第81页。
② [日]本居宣长:《日本物哀》,王向远译,吉林出版集团责任有限公司2010年版,第62页。
③ [日]本居宣长:《日本物哀》,王向远译,吉林出版集团责任有限公司2010年版,第97页。
④ [日]本居宣长:《日本物哀》,王向远译,吉林出版集团责任有限公司2010年版,第44页。

语》。……不摆脱中国书籍的思维方式，无论如何也不会真正理解《源氏物语》。"① 中国书籍浩如烟海，包罗鸿富，将之视为宿敌未免狭隘。中国传统道德也是多元契合，抑恶扬善，对之一概排斥也有失雅正。中国的文学思想博大精深，本居宣长仅用僵化的教条加以概括，当然蒙骗不了天下人。说到底，他要排除的不是中国元素，而是人类文化中的一种弥足珍贵的伦理价值。像他那样，公然把日本文学一再推向淫荡的"物哀"论，而且冠之以皇国诗学精髓，恐怕既不符合日本文学的实际，也没有公正面对日本大多数民众的人心物情。

也许连他自己也觉得把物哀推向了淫欲不太光彩，于是极力给自己开脱，说"物哀"不是"风流好色"。他说："我蓄积污泥浊水，是为了栽种莲花，并不是为了欣赏污泥浊水。"问题是他把污泥浊水当成莲花，着实给自己的"物哀"论抹了一把黑。这一点，看看他混淆善恶的文学观念，就一目了然了。文学有情，而且情深，但是文学绝非灭绝了社会伦理内涵的色情展览。文学也好，社会也罢，任情任意，势必坠入泥沼。本居宣长的误区正在于剥离了文学与其他元素和其他方面的关系，留给人们的只有人欲横流。这一点，紫式部也是不赞成的。《源氏物语》的"蝴蝶卷"中，那个风流成性且被本居宣长视为"知物哀"楷模的源氏也说："如果太不谨慎，任意而为，以为做出知物哀、解情趣的样子，也不会有什么好结果。"② 这句话，用之于本居宣长的"物哀"论，应该说是恰如其分。

第三节 "物哀"论的神道教独尊邪念

人们通常把近现代封闭性十足和排他意识强烈且极具攻击性的某

---

① ［日］本居宣长：《日本物哀》，王向远译，吉林出版集团责任有限公司 2010 年版，第 86 页。
② ［日］本居宣长：《日本物哀》，王向远译，吉林出版集团责任有限公司 2010 年版，第 79 页。

第四章
本居宣长"物哀"论的三个误区

个教派的思想，称作原教旨主义（fundamentalism）。其实，原教旨主义不是晚近才有的怪物，而是由来已久的一种极端排他性的思想行为。其邪恶的前身可以追溯到古代社会，如宗教战争就是显例。在人类历史上，并非只是宗教领域有神道教独尊，社会政治和思想文化领域亦然，如纳粹主义、日本靖国神社辩解话语均属于此类。而鼓吹"大日本皇国优越论"的本居宣长，就是日本神道教独尊的始作俑者。

国际学术界已有不少学者指出了"靖国神社辩解话语"与本居宣长思想之间的关系，从文化、宗教神学、语言学、民族学等角度，揭露了近二百多年来所谓"日本文化国家"的真面目。① 笔者认为，"皇国神道论"作为神道教独尊思想，也是日本侵略战争话语的一个根源。这股浊流滥觞于其前辈师尊契冲、荷田春满和贺茂真元，本质上就是一种封闭、排他并且攻击性极强的神道教独尊，本居宣长是集大成者。本书不打算全面论述本居宣长的神道教独尊文化观，此处仅从"物哀"论的聚焦点，透析其神道教独尊的邪念。

从历史上看，世界上哪个国家都有感物吟哦的文学。本居宣长高调赞美的噫嘻啊哈呜呼哀哉之类的あわれ，不论他怎么刻意强调日本元素，在基本性质上抹杀不了受汉语言文化及其思想的深刻影响。"物哀"二字不用多说，甚至连本居宣长精心挖掘的あわれ三字也是中国书法草书"安波礼"的变体。早于本居宣长的日本古人选这三个汉字表达情感宣泄，绝非不加考虑，而是颇有深意。如"波"如流的情绪感受需要"安"，"安"之道是"发乎情止乎礼义"。在人类文化史上，举凡大肆宣扬唯情论者，无不隐藏深层的目的。表面上看，本居宣长的"物哀"论是唯情是举，似乎扣情而不及其他。因而不少学者以"主情论"解释其中的意蕴。仔细辨析便可发现，在"物哀"论的情感后面，隐藏的是本居宣长蛊惑人心的政治理念。貌似纯审美的"物哀"论与日本的神道教独尊如同一个硬币的两个侧面。本居宣

---

① 魏育龄：《"日本文化民族主义批判——从本居宣长到今日的'靖国辩解话语'"》，《日本学刊》2006 年第 3 期。

长所说的"物哀"论除淫纵之外，还有两点，一是"神之道"，二是"对是非善恶丝毫不作严格的判断"①。

他说："纵观世间学界，在以研究'道'为主要宗旨的学者中，许多人被中国式的大道所束缚……所理解的仅仅是表面上的神道。"②真正的神道是什么？他说得极其绝对："天下所有事物都出自神之御心，出自神的创造。"鉴于此，"天下黎民也将天皇御心作为自心，靡然从之，这就叫做'神道'。所以'歌道'也必须抛弃中国书籍中所讲的那些大道理，以'神道'为宗旨来思考问题"③。"天照大神的血统与天地共时。"④ 天皇是替天行"道"，"道本是天皇统治天下的正大光明之道"。他强调说："一切被统治者，无论善恶好坏，都按照所处时代统治者所制定的法制行事，这就是日本古代之道的精神。"⑤ 至此，读者就十分清楚，本居宣长不遗余力地鼓吹"神道"，实则是用歪曲古典和抹杀良心的手段，让人们不辨善恶，盲目遵从"天皇神道"。

他有一段更露骨的表白：日本神道非外国所谓的佛祖菩萨圣人，不得以当然之理衡量之，"……何况无论善，抑或恶，均为可尊可佩之神，更非以人之小智小理能以测知矣。唯有尊其尊畏其畏耳"⑥。这是十足的原教旨一派胡言，其中没有善根宗教的一点影子。让日本人民跟着天皇去干任何伤天害理的事情，这就是本居宣长神道教宣传的根本居心。他甚至为全教旨刽子手的开脱词也准备好了："夫世间之情形，万事均为善神恶神之所为，有善亦有恶，极而言之，非人力之

---

① ［日］本居宣长：《日本物哀》，王向远译，吉林出版集团责任有限公司2010年版，第281页。
② ［日］本居宣长：《日本物哀》，王向远译，吉林出版集团责任有限公司2010年版，第295页。
③ ［日］本居宣长：《日本物哀》，王向远译，吉林出版集团责任有限公司2010年版，第244页。
④ ［日］本居宣长：《日本物哀》，王向远译，吉林出版集团责任有限公司2010年版，第271—272、298页。
⑤ ［日］子安宣邦：《本居宣长是谁》，平凡社2005年版，第151页。
⑥ ［日］姜尚中：《民族主义》，岩波书店2003年版，第47页。

所能及也……即便为了国家做下些许恶事,既然是历来难以避免之事,亦大可不必操之过急地除弃、改正之。"这些教条读来何其耳熟?大家都明白,日本第二次世界大战以后参拜靖国神社的政客不就是用这些言论,为自己的行为辩解吗?本居宣长的这一套歪理邪说,正是给未来历代日本战犯准备的强心剂和招魂曲。日本右翼分子妄图推翻第二次世界大战后的国际秩序,为日本重蹈祸害天下危途而激起的种种谬论,不就有本居宣长的这一套神道教独尊的陈词滥调吗?

学界不少评论文章涉及本居宣长"物哀"论之时,都是就"物哀",论"物哀"。我们将本居宣长的"物哀"论与其神道教独尊思想统而观之,这是因为本居宣长本人将自己的"物哀"论纳入了其日本"神道"思想的圭臬。他不仅在讲"歌道"之"物哀"时大讲"神道",而且在讨论《源氏物语》"物哀"时渗透了"神道"。尤其是当他把日本物哀文学概括为"宽松柔软而且十分风雅"的"神之道"之时,那种消除了善恶底线、民族主义优越论根植了原教旨主义思想的"物哀"论就格外具有欺骗性。[①] 聂珍钊先生有一段话说得非常好:"文学伦理价值缺失,文学失去崇高的道德目标,这就导致一些人醉心于对经典文学进行篡改、戏说。"他还说:"文学教唆犯或损害道德是不能被允许的。"[②] 近二百多年来,东西方都掀起了唯情论、唯美论和超道德的文艺思潮。其中不乏为了纠正道德教条主义而矫枉过正的偏激风气。文学不是道德的外套,僵化的道德教条应该解除,但是文学绝非脱离了道德乃至与伦理价值格格不入的杂耍。丧失了伦理元素的文学,要么是骗局,要么是不负责任的思想引导。本居宣长的"物哀"论是另外一种典型,即以唯情和纯情饰件包裹起来的日本"神道"文学的"香火店"。为日本神道教独尊上香的"善男信女"鱼贯而来,赞美本居宣长的评论者络绎不绝。其中自然不乏很有才情的"物哀"者,比如川端康成,但这并不说明本居宣长的思想中没有

[①] [日]本居宣长:《日本物哀》,王向远译,吉林出版集团责任有限公司2010年版,第281页。
[②] 聂珍钊:《文学伦理学批评导论》,北京大学出版社2014年版,第5页。

毒素，正如本居宣长毕生的著述，总还有一些有价值的东西一样。

　　学术界已有不少专家指出了本居宣长在篡改《古事记》《日本书纪》等典籍方面的错误，指出了他在极端排斥"汉意"和狂热张扬"大和魂"的歇斯底里的行为。其实他拼命排斥"汉意"，绝非情绪上的偏激，而是从根本上与中国思想文化为敌。其"牢固确立大和魂"的第一个敌人就是"汉意"①。中国语言文字乃至整个思想文化和物质技术，对日本的滋养和玉成是历史事实，有良知的日本各界人士对此是有认识的。一个恩将仇报和忘善趋恶的所谓学者如本居宣长，其学术水准如何，是不难权衡的。如果一个人在《古事记》这样的典籍中肆意歪曲历史本相，在"物哀"文学上大作泯灭善恶而又狂热鼓吹"神道"的所谓"原旨"，如果他披着日本"国学"外衣，大干排外恨世的勾当，其面目是可怕的，其后果是严重的。因为他毁坏的不仅是中日文化交流的健康往来，而且有日本人民真正的灵与肉，有中国人民深切的情与礼。

　　中古时代，中国赋予日本的"倭"（顺貌）与"和"（融洽）等名称，并非为了播种仇恨，而是为了栽培友谊。本居宣长的原教旨主义导向，把日本思想文化带到了靖国神社甲级战犯的灵牌之前。始作俑者本居宣长想到了吗？想到了。他是这样说的："学者的责任就在于探明'道'，而不是自己随意行'道'。所以应该尽可能阐明古代之道，即便五百年一千年之后，时来运转，能有统治者加以采用，与天下政事有所裨益，则也应翘首以待。此为宣长之所望焉"②。日本明治以来的战犯没有让本居宣长失望，神道教独尊邪恶种子，终于播撒开来，结了恶果，而且至今流毒甚广。

　　"始作俑者，其无后乎！"当今日本政坛一小撮崇拜甲级战犯的政客和狂徒，在本居宣长的神道教独尊基础上越走越远。神道教独尊真

---

　　① [日]本居宣长：《日本物哀》，王向远译，吉林出版集团责任有限公司2010年版，第273页。

　　② [日]本居宣长：《日本物哀》，王向远译，吉林出版集团责任有限公司2010年版，第272页。

能长久地横行霸道吗？包括日本人民在内的世界人民是不会听之任之的。当我们认识了"物哀"论的罂粟花本质，其妖冶的诱惑就失去了令人无法阻挡的欺骗性，接下来就会有更多的人分析它，提炼它，改造它。这是世界一切恶的挣扎过程，也是本居宣长"物哀"论的归宿。

第五章 "物哀""古意"与"古义"

在日本古籍中,"物哀"一词,最早见于《源氏物语》。本居宣长对这个词做了不少阐释,形成了较为理论化的规模。作为日本江户时代重要的文学理论,它对后来的日本文学演变产生了深远的影响。本居宣长对自己的"物哀"论建树颇为自负。从"物哀"论的核心理念来看,情字是其灵魂所在。钟情、嗜情与用情,构成了他的"物哀"论情结。抓住这个情结剥茧抽丝,不但可以看到其肌理,而且能够解读出本居宣长不可告人或不愿告人的某些元素。

平心而论,本居宣长赋予"物哀"以诗学意义的动机起初确实没有太大的野心,应该说立意就是排除"汉意"与张扬"和魂"。他将日本和歌以及物语文学的宗旨定义为"物哀",并将"物哀"提升到"大和魂"的地位。毋庸置疑,"物哀"理念是经本居宣长而诗学化,并成为日本文学理论标志的。中国儒学传入日本的演变过程中,并非一成不变地被日本社会全盘接受,而是在不同的时代发生了相应的变化。日本社会不同阶层对于儒学的受容情况也是不同的。到了江户时代,尤其是德川幕府统治中、后期,日本的武士(儒家思想为背景)阶层逐渐没落、町人(工商业)阶层迅速崛起。一部分日本学者对中国儒学思想采取了选择性的汲取,催生了本居宣长"排除汉意"的学术立场。18世纪,日本的资本主义得到一定的发展,出版业的兴盛促进了日本民族学问的自觉。日本社会出现了町人的追求享乐与武士阶层的"崇德"思潮的交错并行,日本大众文学也迅速获得了普及。日本的"江户戏作文学",即"好色"文学思潮对本居宣长的影响巨大,"好色"文学是"物哀"情色论的前奏。此正如刘勰所言,"质文代变,与世推移"。

第一节 本居宣长"物哀"论中的儒家思想情愫

本居宣长的"物哀"论与中国儒学存在着千丝万缕的关系。他专注于儒学经典书籍的阅读。1752年,本居宣长怀着学医的理想来到京都。初来乍到,他首先师从医学与儒学家堀景山。当时在日本学医,必须先学习儒学与汉学,本居宣长也不例外。他在堀景山的私塾学习儒学经典书籍的时间大约两年零七个月。这一点说明,本居宣长的学术之旅是从中国儒学开始的。

一 "物哀"论的儒学元素

他阅读过哪些儒家经典书籍呢?从《本居宣长全集》第九卷解题中可以看到,他在京都求学时,研读过不少汉文著作。据其日记所载,阅读过的汉文典籍有《易经》《诗经》《史记》《晋书》《礼记》《左传》《世说新语》《蒙求》《杨子方言》《易学启蒙》《历史纲鑑》《前汉书》《庄子》《南史》《荀子》《列子》《文选》等。[1] 这些书籍不仅开拓了他的学术视野,还激发了他的学习热情。他在阅读过的中国书籍中,儒家经典占主要部分,还摘抄了这些经典中的精华部分。所摘抄内容在《本居宣长随笔》里随处可见。这些随笔后来都收录在他的全集第十三卷、十四卷。由此可知,可以毫不夸张地说,这样的学术积累,是他提出"物哀"诗学的前期基础。笔者称述中国儒、道家经典书籍是本居宣长"物哀"诗学的理论来源之一,是有案可稽的。

---

[1] [日]大野晋:《本居宣长全集》第9卷,筑摩书房1968年版,第10页。

本居宣长的儒学老师堀景山出身名门，性格宽厚，包容力强。他是日本研究中国"朱子学"的名家。他与研究古文辞学的荻生徂徕（1666—1728）相交甚好，因此，堀景山对新思潮的古文辞学也理解颇深。在日本，文辞的研究作为方法是学习儒学必备的基础。另外，通过阅读堀景山的《不尽言》，我们可以看出堀景山与"徂徕学"的学术思想是极为相近的。他们二人对于中国儒家学说、礼乐制度，也就是"圣人之道"以及对"道"的理解的方法是相通的。① 他们对于儒学的学术观点，启发并影响了本居宣长对于中国儒学思想的理解与研究。

堀景山认为："创作和歌要了解世间的百态，要体察人情。"堀景山的儒学研究是从"人情说"的角度出发，他反对朱子学说的"劝善惩恶"的文学观。② 这一点对本居宣长"物哀"论影响甚深。本居宣长强调"文学要通人情，不是论道德、辩善恶"，与其老师的观点是一致的。他认为："《源氏物语》是感人心，知物哀，而不是劝诫色欲的书。"③ 抨击"中国书籍喜欢严格论定善恶、是非，喜欢讲大道理。日本物语自然而然、随心所欲、无所拘束是有所不同"④。这些观点与崛景山的思想如出一辙。由此可知，本居宣长在堀景山私塾里度过了一段言论宽松、思想自由的岁月。此时的本居宣长，对宋明理学僵化缺点的批判是有道理的。

除此之外，本居宣长与同门的年轻人交往亲密，他们不仅一起刻苦学习儒学经典以及汉方医学，而且一起交游、看剧、作诗，甚至还会时常去京都有名的"祇园"猎奇。在京都的五年是他快乐的青春时光。这样的学习氛围与环境对本居宣长洒脱思想作风的形成相当重要。此可谓这位青年学子日后自成一家的学术铺垫。

除去时代和老师的影响外，应予关注的还有个人兴趣。本居宣长

---

① ［日］大野晋：《本居宣长全集》第2卷，筑摩书房1968年版，第6页。
② ［日］大野晋：《本居宣长全集》第2卷，筑摩书房1968年版，第7页。
③ ［日］大野晋：《本居宣长全集》第4卷，筑摩书房1968年版，第27页。
④ ［日］大野晋：《本居宣长全集》第4卷，筑摩书房1968年版，第29页。

第五章　"物哀""古意"与"古义"

做学问是根据自己的兴趣展开的。在崛景山那里，他学医习儒。从兴趣而言，他所关注的不是堀景山关于儒学的道德、伦理的理解，也不是经世致用的方法，而是古文辞领域的知识。也就是说，他对儒学关于道德善恶、修身养性之类的信条关注度不高，而更热衷于和歌的创作。这也是事实。在他看来，"和歌是人存在的根源，是自己做学问的方向。而且，他通过对和歌本质的研究，探索日本人生存的根源是什么？"① 喜欢和歌胜于读经，但是至少在堀景山的私塾里，本居宣长第一次理解了汉学的意义。他从徂徕学派的古文辞研究方法中，找到了自己做学问的门道。另外，除了堀景山，本居宣长还受到了伊藤仁斋（1627—1705）"古义学派"的影响。伊藤仁斋的文学理论是"道人情说"。伊藤仁斋认为："文学首先要描述一般之人情；其次文学'非劝善惩恶之工具'，它表现共通人情，使人完善；第三古今通变，人情不变，和汉、雅俗文学无差别；第四是雅被传统束缚，俗传达眼前事与情，为人之真情，文学应该俗；第五是文学品论的关键是理解作品之精髓。"② 伊藤仁斋的"道人情"说，也是从中国明末清初出现的非庸儒思潮借鉴而来。本居宣长"物哀"论又从伊藤仁斋的"道人情说"得到启发，尤其是他的"文学非劝善惩恶之工具"这个观点。"物哀"诗学是本居宣长研究《源氏物语》提出的文学观点。他在研究《源氏物语》时阅读过《河海抄》《花鸟余情》《细流》《弄花抄》《岷江入梦》《湖月抄》《紫家七论》等日本学者的研究成果。但是他不赞成之前日本学者对《源氏物语》的诸多"劝善惩恶""好色"文学、佛教文学等评述。他提出了"物哀"理论，剑锋正是指向这一点。为什么本居宣长会反对中国儒学的道德伦理特别是"文以载道"的文学观？这个问题从上述资料的梳理，基本见出端倪。质言之，他的学术思想与中国儒学传入日本的过程，以及日本学者们对于中国儒学的受容状况息息相关。

---

①　［日］大野晋：《本居宣长全集》第2卷，筑摩书房1968年版，第7页。
②　靳明全：《日本文论史要》，中国社会科学出版社2010年版，第41页。

二 中学东渐的变数

本居宣长"物哀"论的出现，是日本文学发展到一定阶段的必然产物。"物哀"论具体的生发期可推溯到 18 世纪 50 年代。其标志为本居宣长《紫文要领》《石上私淑言》的发表。为什么"物哀"论会在这个时间点产生？这与日本和中国文化的复杂联系密切相关。日本与中国思想文化的分阶段、多层次交流已有一千多年的历史。中国文化对日本影响广泛而深刻。17 世纪，中国清代的封建制度逐渐衰落。在这种历史环境的影响下，清代儒学呈现由性理之学转向考据之学的特点。此时的日本，资本主义得到了一定的发展，中下级武士阶层经济状况日渐衰落，而新兴的町人（工商）阶层因为经济状况的优越地位日益上升，日本社会出现了阶层的分化。表现在文学理论方面，就是日本学者中出现了以伊藤仁斋为代表的反对中国朱子学的日本学者，以及以荻生徂徕为代表的拥护中国儒学的日本儒学家，以及游离于两大阵营之间的学者群。至此，日本学者对于中国儒学的学习不再是全盘接受，有了一些质疑的声音。那么，中国儒学传入日本，发生了怎样的演变？

邱紫华在《东方美学史》一书中指出："中国儒学传入日本后大致经历了早期儒学阶段（飞鸟、奈良、平安时代）、儒学成为禅宗附庸阶段（镰仓、室町时代）、儒学的全盛阶段（江户时代）和近代儒学衰弱的阶段。"[①] 此说是有道理的。中国儒学传入日本，与日本文化的结合经历了一千余年的发展演变，并且在不同阶段，日本人对中国儒学进行了选择性的移入和汲取。众所周知，日本与中国儒学的关系也有一个起落，大致经历了全面接受和本土化过程的两个阶段。分别是大化改新标志儒学在日本全面认同，而朱子学在日本的出现标志日本儒学本土化。我们可以看出日本儒学是从模仿走向独立的，中国儒学在日本异地开花，结出了不同于中国儒学的日本儒学。王晓在《儒

---

① 邱紫华：《东方美学史》，商务印书馆 2003 年版，第 997 页。

学东传及对古代日本的影响》一文中认为："中国的儒教思想传入日本，日本的知识分子以积极主动的态度选择性地吸收了中国儒家思想的部分内容，中国的儒家思想在日本国土上生根发芽，最终形成了独具特色的日本儒学。"王晓认为，中国儒学在古代日本的传播大致可分为初传时期（5—8世纪）、发展时期（794—1603）、兴盛时期（1603—1867）与衰落时期（江户时代后期）四个阶段。在儒学的兴盛时期，日本形成了儒家各学派并展开了学术争鸣。中国儒学传入日本以后，日本民族根据本国的实际情况对儒学采取了有选择性的取舍和改造。因此，中日儒学的迥异之处甚多。由此可知，日本儒学是不同于中国儒学的，中国儒学在日本的传播已经发生了巨大的变化。中国儒学与日本儒学二者有共性，亦有差异。

邱紫华与王晓的观点是有道理的。笔者认为日本儒学经历了从无到有，从模仿到独立的过程。日本儒学与中国儒学有许多相似的内容，也存在共用术语而内涵不同的情况，甚至存在意义完全不同的内容。日本儒学是根据日本本土的需要而化裁中国儒学的。那么，中国儒学传入日本经历了怎样的过程？

在公元5—6世纪，日本早期的儒学主要体现在日本皇室贵族阶级对儒学的学习。他们对中国的儒学采取了"全盘接受"的态度。中国儒学思想为日本文化提供了律令制度、政治、文化以及国家体制等上层建筑层面的借鉴。圣德太子制定的"十七条宪法"。就是一个典型的例证。"十七条宪法"其中第一条、第四条、第六条、第九条、第十二条、第十四条、第十六条皆出自中国儒家经典书籍《孝经》《论语》《左传》《礼记》《孟子》等。它是日本天皇制度确立的理论基础。13世纪，日本进入镰仓时代，日本人学习儒学的阶层从贵族扩展到宗教人士（禅僧），他们研习和讲解儒学。代表性的人物有"五山僧侣""博士公卿派"等。他们学习儒学是为了解释佛家思想，儒学的"仁、义、礼、智、信"与佛教的"五戒"即"不杀、不盗、不淫、不妄、不酒"的教义有许多相似的内容。日本的贵族和僧侣们就把儒学的思想作为佛教的理论依据来解读。日本的江户时代，中国的儒学（宋儒、朱子学）被德川幕府尊为"官学"。日本的儒学家藤原惺窝（1561—1619）、林罗山（1583—1657），他们企图使日本儒学摆脱禅宗的附属地位。

日本儒学在引进中国宋儒思想时，采取了选择性的汲取。比如说：他们对"存天理，灭人欲"观点的否定。熊泽蕃山（1619—1691）坚决反对宋儒把"天理"与"人欲"对立起来。熊泽蕃山认为："饮食男女是'生欲'不是'人欲'。"他赞美中国《诗经》中对于男女爱情的描写。他对日本《源氏物语》的评价："这是传礼乐之书，而不是淫乱不节之书。"和熊泽蕃山持相同观点的还有日本学者伊藤仁斋。他认为："苟有礼义裁之，情即是道，欲即是义，何恶之有？"

通过对日本儒学的梳理，笔者认为日本儒学对中国儒学的吸收是根据自身的需要，选择性地汲取；同时，本居宣长在研读中国儒家经典书籍时，也采取了选择性的学习与借鉴。从以上的分层解析中，我们不难看出本居宣长和熊泽蕃山、伊藤仁斋对待宋儒的观点是一致的。本居宣长提出"物哀"论，并且进一步解释："物语不是评判善恶；也不是佛教中的教义；物语不是为了教化人的'劝善惩恶'；也不是教人'修身齐家治国平天下'的道理。没有教诲、教训读者的目的，而只是'通人情'。读者要'知人情'。知人情就是'物哀'。物语是纯粹的文艺。"由此可知，本居宣长的"物哀"诗学，其学术思想是日本文学在接受中国儒学思想过程中的一个节点。这是诸多日本学者，诸如熊泽蕃山、伊藤仁斋等学者对中国儒学思想的集体反思。本居宣长只是这些学者中的代表而已，或者说是集大成者。"物哀"诗学的提出，标志着日本文学理论的自立。"不论道德、不辩善恶"的"物哀"论替代了中国的"劝善惩恶"文学观。文学的"寓教于乐"中的"教"自此被遮蔽了。通过以上分析，笔者可以得出这样的一个结论，那就是部分日本学者对中国儒学的选择性汲取，催生了本居宣长"排除汉意"的学术立场。"物哀"诗学剔除中国道德、伦理文学观的核心本质就是为了强化了日本文学、文化的独立性。

三 情之上流与下流

中国的文论以及广义的文化崇尚伦理道德，而为什么学习儒学、汉方学（中医）的本居宣长却会在"物哀"诗学里不论道德、不辨对错、不讲是非？这的确匪夷所思。要弄清这个问题，需要从两种国别文化中寻找答案。

中国崇尚道德的文化可以追溯到先秦儒家。孔子曰："君子学以致其道。"意思是一个人需要通过学习，对自我进行道德修养的训练。同时，孔子也重视"礼"的学习，留下了"不学礼，无以立"的名言。孔子一生"笃信好学，死守善道"。反省内求是先秦儒家所提倡的自我教育的重要方法。孔子提出"内省"和"求"的概念。他说："见贤思齐焉，见不贤而内自省也。"孔子的"内省"思想强调从自身反思自己的德行。运用"求"的方法，达到崇高的道德境界。他的"从心所欲不逾矩"表明了在孔子的内心是有"矩"的，只有守住了自己心里的"矩"才不会把自己放置到危险的境地。孟子继承了孔子的"反省内求"，并从"求其放心""反求诸己""反身而诚"以及"养浩然之气"四个方面实践了孔子的思想。荀子偏重于"积善成德"。中国文化的崇德心理经过孔子、孟子以及荀子思想的推演，逐步成了中国人的共识，这样的精神底蕴是几千年中国人挥之不去的集体无意识。中国的儒家思想在传入日本之后，开始被日本皇族、贵族所认可、接受，普通的日本民众并无机会学习儒家的思想。直到13世纪，儒学才推广至日本僧侣阶层。由以上分析，可以得出一个结论，从中国唐代到13世纪，700余年的传播，广大的日本民众还是无缘于儒家思想的学习。日本对于中国儒学的接受仅限于日本的皇族、贵族、僧侣等阶层，日本广大的普通民众是很难接收到儒学文化熏陶的。

17世纪日本文学里出现了"江户戏作文学"。所谓"江户戏作文学"就是日本假名草子（用假名书写的通俗读物）、浮世（现世）草子、"草双纸"、洒落本、滑稽本、人情本等日本的通俗小说。这些通俗文学作品的问世，大大地丰富了庶民的文化生活。假名草子是日本大众文学的开端，它注重教化，文学艺术特色相对比较弱。这与中国文学的影响不无关系。假名草子对浮世草子、"草双纸"、洒落本、滑稽本、人情本等日本的通俗文学的产生起到了促进作用。到了日本浮世草子，呈现的特点就是"好色"，代表性的作家是井原西鹤等人。"草双纸"是通俗读物插图本，它的特点是与庶民的生活和风俗密切联系，具有浓厚的娱乐性和一定的教化性。代表性的作家有观水堂丈阿。他的代表作是《丹波爷打栗》（1744）。黄表纸比假名草子、浮世草子、"草双纸"的题材扩大了，具有"讽刺""好色"的特点。代表性的作家是山东京传。山东京传不仅创作黄表纸，还从事洒落本以及读本的写作。洒落本以文为主，图为辅，文体则以游戏的对话体为主，以青楼为背景，内容多描写以江户吉原为中心的青楼男女，也涉及日本当时的社会世相。"读本"多为文章形式，以历史传说为主的传奇故事。读本以"劝惩观"和"因果报应观"为出发点。这与中国的"劝善惩恶"不无关系。而且，日本的读本是用各种方法改编中国白话小说。所不同的就是故事人物是日本的人物，其文学思想和审美观是日本的思想和审美理念。可以说，这个时代的读本是"和汉杂交"的通俗小说。滑稽本以对话体，描写了当时庶民以"澡堂、理发馆"为场所的文学作品。代表性的作家是式亭三马，其代表作是《浮世澡堂》（1809）。它描写的是市井的人情世态，追求人的情绪性表达，尤其是"哀"的情绪。突出强调"从诚意知'哀'中，真正了解到人情。"

上述分析揭示出了日本17、18世纪文学的特点。一系列的文学体裁变化，从不同的视角，描写了日本市井生活、风俗和世相。它们真实地再现了日本町人的享乐主义价值观。这些作品与日本当时的社会规范以及传统的家庭秩序相悖。其中一些作家，诸如井原西鹤、式亭三马、山东京传、为永春水等都受到了查禁等不同程度的刑罚。他们有的改写读本为"劝惩文学"以躲避德川幕府的检查制度，有的封笔。可以说，德川幕府的检查制度在一定程度上束缚了日本作家的文学创作，但是这些通俗小说，"戏作文学"之所以会出现，与当时日本社会工商资本主义的发展紧密相关。也就是说，日本的作家从中国文学作品的学习与借鉴中走出来，逐渐形成了日本文学作品的"好色"特点。

日本近世存在着两个持对立思想潮流的阶层，一个是以中国儒学文化为背景的武士阶级，他们讲求儒家道德伦理的理想主义，实行严格的禁欲，禁止男女接触异性；另一个是以平民为代表的町人阶级，他们以人为本，重视人的本能，追求自我满足和享乐思潮。到了江户时代，这两个阶层的思想潮流同时并存，它们对立、交错、反弹和调和。在文学理念上表现出针锋相对的两极态势。一些从儒家道德伦理出发的日本学者认为《源氏物语》是"淫书"，紫式部应该被"下地狱"。与之相对的是坚持好色文学的学者，如吉田兼好、本居宣长等。吉田兼好认为："不好色的人，犹如玉杯之无底，在人格上存在根本性的缺陷。"[①] 本居宣长认为："好色者如出淤泥而不染的荷花，好色是生命深切的哀，是物哀。"[②] 他们的观点都是主张好色的。"好色"形成一种可以被广泛接受的风潮。坚持"好色"文学理念者企图超越时代，超越一切道德，甚至将"好色"视为人文主义之道，这种观点占据主流的地位。

笔者认为，好色文学是本居宣长"物哀"论的前奏。以井原西鹤（1642—1693）、近松门左卫门（1653—1725）为代表的好色文学，是江户幕府时代文学的一个值得关注的文学思潮。幕府从儒家道德教化的立场出发，对性爱实行了严格的管理，重压之下，必有反弹。一方面是幕府的禁令，另一方面则是町人义化的崛起。井原西鹤的作品《好色一代男》（1682）是否定女色，但是对男色（即男子与青楼女子的爱欲）采取肯定的态度，加以赞美，并称之为"双方都是上好

---

① 叶渭渠：《日本文学思潮史》，北京大学出版社2009年版，第183页。
② 叶渭渠：《日本小说史》，北京大学出版社2009年版，第123页。

的，是人人都模仿的粹"①。井原西鹤的"好色"观，表现为追求爱与性的自由，他以赞美的笔触将隐秘人间的爱与性、风雅、悲哀和美展露无遗。井原西鹤在《小竹集》序中认为："净琉璃是人的娱乐之业，以愉悦人心。歌舞伎以'慰'为主眼。"②

因为江户幕府的禁令，日本有一些男女以殉情来反抗性爱的压抑，追求人性和自由。近松门左卫门根据这些真实发生的新闻，写出了《情死曾根崎》（1703）、《情死天网岛》（1720）等作品。他企图让"知恋爱"与"知义理"能够统一。然而义理（当时统治地位的意识形态，儒学的生活指导原理和道德规范）与人情（町人的性爱生活）是对立的，封建社会的义理与男女的爱情是难以统一的。近松门左卫门在《难波土产》中认为："所谓艺，乃在实与虚的微差间之物也。作虚不在虚，作实不在实，其间就有'慰'之物也。"③ 井原西鹤和近松门左卫门的创作都突出了文学的'慰'功能，淡化了文学的"劝善惩恶"功能。日本文学观出现了新的动向。情欲，上流社会如果以礼节欲，则可扬清去浊；下流社会放纵宣泄，则惨不忍睹，甚至一发不可收。人性的沉渣就会因此而泛起，风俗的腐败势必每况愈下。好色的文学思潮和社会风俗，是本居宣长"物哀"论的前奏。

从存在决定意识的角度讲，本居宣长的"物哀"诗学是日本文学理论发展的必然结果，它是日本民族文学自觉的一个标志。"物哀"诗学的内容是对中国儒家道德、伦理思想以及"劝善惩恶"文学观的反思。日本的"江户戏作文学""好色"文学思潮是本居宣长"物哀"诗学的前奏。

第二节 "物哀"论的超伦理质疑

本居宣长在"物哀"论中强调写作要如实地描写自己的感受，不

---

① 叶渭渠：《日本小说史》，北京大学出版社2009年版，第118页。
② 叶渭渠：《日本文学思潮史》，北京大学出版社2009年版，第187页。
③ 叶渭渠：《日本文学思潮史》，北京大学出版社2009年版，第187页。

评价善恶。此处的"不论善恶"是不以儒家思想以及佛教教义的"善恶"为标准，而以是否"通人情"与"知物哀"为标准做判断。即："'通人情'等于'知物哀'，等于'善'；'不通人情'等于'不知物哀'，等于'恶'。"具体有两个层面：一是从作者的角度出发，作者写作就是为了呈现人情，这样做就是"知物哀"，就是善；否则，就是"不知物哀"，就是恶；二是从对读者的期待考量，读者在阅读时看到悲哀之处而悲哀，就是"通人情"，就是善；如果读者无动于衷、麻木不仁就是"不通人情"，就是恶。由此可知，本居宣长在"物哀"论中用是否"通人情""知物哀"置换了"善恶"的道德判断，其实质就是要否定儒家与佛教的"克己"与"节制"，以达到摆脱中国文化对日本影响的目的。

本居宣长在《紫文要领》中阐述了"物哀"论。他用"通人情"一词代替"善恶"。这个观点貌似清新脱俗，其实质是"新壶装旧酒"。文学是否可以摆脱善恶？是否真如本居宣长所言，只要"通人情"，就泯除了善恶？这不仅是一个文学问题，而且是一个是否恪守人伦底线的道德问题。

世界上绝无超脱伦理道德的事物。那种认为拉出一个诗学观点，就可以跳出三界外，而且不在五行中，这样的思想要么是糊涂观念，要么是自欺欺人。人不可以超道德，但是在认知的某些时刻和精神的某些高度，间或有能够感受和体验挣脱善恶二元夹击的精神自由。我国古人曾探讨过人所能体验的这样的自由节点或精神状态。如庄子在其《逍遥游》与《齐物论》中分别有过相关的论述。那个令人羡慕不已的藐姑射山神仙，据说就是"肌肤若冰雪，绰约若处子；不食五谷，吸风饮露；乘云气，御飞龙，而游乎四海之外。其神凝，使物不疵疠而年谷熟"[①]。庄子杜撰的这个故事，无非一个神话。如此不食人间烟火的神仙是子虚乌有的。王阳明（1472—1529）也探讨过这个问题。他曾提出过著名的"四句教"："无善无恶心之体，有善有恶意

[①] 郭庆藩：《庄子集释》，上卷，中华书局2014年版，第31页。

之动,知善知恶是良知,为善去恶是格物。"这里对人进行了分类,一类人是"良知现成",那么,无善无恶就是至善。另一类人,或者说是一般的人,就需要从"为善去恶"的具体功夫入手。慢慢达到无善无恶的良知本体。[1] 无论是庄子,还是王阳明,他们都涉及了"无善无恶"的可能性问题。因此,本居宣长"物哀"论中的"不论善恶"观,既非第一个,也非最后一个。从其早年就阅读过庄子来看,他的这个观点,大有可能是借用了中国文学史上的相关资料。

庄子与王阳明的"善恶"观,从根本上讲,是"无善无恶,但又知善知恶"。这个观点旨近佛学。佛教的《金刚经》中说:"一切贤圣,皆以无为法而有差别。"此处的"无为法"就是无善无恶。并且,进一步解释了"初学者众善奉行,入道后无善无恶"。由此可知,天下学问的互通性。本居宣长"物哀"论里的不论善恶,其初念之启动,也并非他的独创,而是化用了庄子与王阳明等人的观点。

一 作者写作的伦理意识

作者在写作时,内心有善恶吗?这是一个不必问的问题。即使是不写作,任何人都有自己的善恶、是非标准。怎么能没有善恶?作者写作的目的千差万别。有的人为了排遣寂寞,有的人为了成为"不朽",有的人为了"寓教于乐",甚至是有的人为了"营销"而写作,也就是"广告软文",这些人都有自己的写作目的、学术立场与意识形态。俗语说"言为心声"。作者在写作时,经常会借故事人物之口,表达自己的"善恶"观。

当然,自古至今也有一些作家在写作过程中,善恶意识或被人物和情节的个性化所牵引,即故事人物有其内在性格的展开,其过程往往会使作家情不自禁地被左右。当此之时,作家间歇性溢出善恶意识的现象也会发生,此即所谓形象思维中作品人物的性情规律使然。在现代主义和后现代主义作家那里,也有人刻意或有意无意地尝试非道

---

[1] 杨林:《王阳明心学实修》,暨南大学出版社2018年版,第135页。

德写作。但无论是哪一种情况，这类写作最终仍然没有脱却道德的范畴。既然是人，都在一定的时代和一定的社会中生活，要想逃避伦理道德，无异于提着自己的头发想离开地球一样。如果仔细阅读本居宣长的"物哀"论就会发现，其观点也不是"不论善恶"，而是用"通人情"与"知物哀"的标准来衡量、规范善恶，甚至可以说是重新给善恶"立规矩"。这种"立规矩"或"新规矩"，并没有跳出道德的范畴。本居宣长那一套超道德的说辞，恐怕连他自己也不会相信。

本居宣长很爱用他自己的"通情"论。他认为"物哀"论因其"通情"而不凡。道德由此被排除。这个观点也是有必要深思明辨的。关于"人情"，在中国文化中至少有八种解释。第一种，"人的感情"。比如，"人情之所感，远俗则怀"。此话出自《史记·太史公自序》。第二种，"人之常情"，指世间约定俗成的事理标准。在《庄子·逍遥游》中有"大有迳庭，不近人情焉"。第三种，"人心"，指众人的情绪、愿望。比如，"灾异犹见，人情未安者，殆贤遇进退，威刑所加，有非其理也"。出自《后汉书·皇甫规传》。第四种，"人与人的情分"。正如，韩愈的《县齐有怀》："人情忌殊异，世路多权诈"。第五种，民情；民间风俗。例如，"且赵君为人清廉强力，下知人情，上能适朕，君其勿疑"。出自《史记·李斯列传》。第六种，情面，交情。恰如，"若说是苏秦怕秦来败从，所以激张仪入秦，庶秦不来败从，那张仪与你有什么人情？"出自《朱子语类》卷一三四。第七种，应酬，交际往来。比如，"一日少说，大事也有一二十件，小事还有三五十件。外头从娘娘算起，以及王公侯伯家，多少人情各礼，家里又有这些亲友的调度"。出自《红楼梦》第六十八回。第八种，馈赠；礼物。例如，"你这厮许了我人情又不还，我怎的不打你？"出自《京本通俗小说·西山一窟鬼》，等等。

以上林林总总的"人情"，足以说明中国人的"人情"丰富多彩。

本居宣长在"物哀"论中选择"人情"一词来代替"善恶"的道德判断，其目的何在？本居宣长用偷换概念的手段，这样做无非为了把既反汉学也"滥情"的文学观展现出来。他利用"情"含义的复杂多样性以售其奸。他认为，文学目的是表现人的真情，倾诉内心所思所想的事。而非有助于"修身、齐家、治国、平天下"。他的文学观，简单地说，就是"倾述"。因此，在他那里，作为"讹滥欲念"的人情世故，竟然成为文学的主要内容。正如以上分析，"人情"的意思纷繁复杂，这就决定了其所指的不确定性，也正因如此，势必造成读者道德判断的艰难性。本居宣长在这个档口有机可乘。

对于好的文学作品来讲，作品的审美魅力与伦理道德内涵浑然一体，甚至浑然天成，二者是无法截然分开的。无论是唐诗的豪放，还是宋词的婉约，"立意命篇"都是中国文人的永恒关注点。散文、小说、戏剧亦然。单从字面上看，本居宣长的"物哀"论是不论善恶的，但是纸背后的含义是否定中国文化的核心概念"伦理道德"。这种跟伦理道德过不去的执拗，轻言之，是劣根性使然，重观之，则是恶性膨胀。中国文化的根基就是"儒释道"三教合一。作为中国主流文化的儒家思想具有"崇德"的特点。体现在孔子的《论语》中，那就是要人"克己复礼"，而《孟子》也是对人的心性修养的指引。孟子讲人的"四心"，"恻隐之心""羞恶之心""辞让之心"以及"是非之心"。由孟子的"四心"说，生发出"仁，义，礼，智，信"。中国道德的源头是从人的性情中的"恻隐之心"开始，逐渐产生了"礼乐"，最终形成了道德。《中庸》：天命之谓性，率性之谓道。修道之谓教。中国人的教，也是中国的文化。本居宣长的"物哀"汲取了孟子的"食色，性也"与"饮食男女，人之大欲存焉"。而抛弃了孟子讲人的"四心"，即作为人，该具备的"恻隐之心""羞恶之心""辞让之心"以及"是非之心"。

孟子所讲的"善"是对心性的内在思考，体现为高度的自我发动、自行自为。孟子从价值层面肯定"人"的善性，彰显了"人"的高贵。孟子从人心之善，扩而充之至社会建构，提出民本思想和仁政主张，其中以家庭伦理为基础。这样的伦理思想有错吗？没有。因为其中传播的是天地良心！而本居宣长的"物哀"论恰恰相反，他主张用"好色"来表现"知物哀",甚至无视"伦理道德"的存在,那是肆意与天地良心为敌。其行为是荒谬,就像一个铁了心与正义和良知对抗到底的疯癫之徒。

中国道家思想的代表人物老子,他主张超脱于"善恶"之上,来实现其"无为而治"的道家理念。庄子则强调"齐善恶","同是非"游走于人世间,最终达成精神世界的逍遥。在道家思想中,尤其是庄子那里,他们也经常批判儒家所提倡的伦理道德,善恶是非。从道家的立场出发,庄子批判儒家的道德,自然是为了确立道家的思想,但是宏观来看,整个道家学派与儒家学派以及其他学派共同组成了相生相克的思想场域,即人们常说的百花齐放、百家争鸣局面,这样的格局正好是相反相成,相辅相成。庄子对人的"德"性本身是肯定的。这一点迎合了日本江户时代的时代特点。因此,彼时在日本开始出现了大量的日本人注解的《老子》和《庄子》的书籍。可以说,日本学界对老庄的专门研究是在江户时代才真正开始并兴盛的。据有关学者统计,有案可查的江户时代从事老庄研究的各类学者和老庄注本,有169家,来自程朱学派、复古学派、古义学派、敬义学派、折中学派、古注学派、国学派以及僧侣、儒医等,其中不乏当时的文化名人,如江户时期日本朱子学派的林罗山,徂徕学派的荻生徂徕,古义学派的金兰斋,折中学派的龟田鹏斋,古注学派的片山兼山,国学的本居宣长、平田笃胤等,他们都曾经就老庄做过注释性的文章或著作。[①]

本居宣长汲取了庄子批判儒家的观点,借以对抗和根除汉学,其行径极端,正如处理洗澡水连同浴盆里的婴儿一起倒掉。庄子的善恶观主要集中在《齐物论》与《逍遥游》这两篇中。庄子在《齐物论》里泯除善恶二者的对立,使善恶合二为一。这样的善恶观,从根本上讲,是扬弃世俗道德性的善恶观。庄子在《逍遥游》里以精神自由为价值追求,这体现了道家思想的本质。庄子认为,"大善不善",真正

---

① 张谷:《论道家道教思想在日本近世的传播和影响》,《广西社会科学》2011年第5期。

的"大善""至善"蕴含在"道"本身,因此,他表面上不把"善"作为社会道德规范,其实是将更博大的本善洒遍人间,即自然无为,无善有善。庄子在扬弃世俗道德价值的层面提出"大仁不仁""至孝无亲",是对世俗意义上的"孝亲"思想的超越。庄子的理想人格是超越善恶道德价值的"天地境界"。

客观地讲,道家理论注重"自然",主张"无为"。无论是老子,还是庄子都不是直接谈论人性之善恶的。庄子反对儒家道德、善恶的外在形式,但是他们并不反对道德本身。这一点与本居宣长在"物哀"论中"不论善恶""不讲道德"是完全不同的。本居宣长在老子处假道,在庄子那里偷艺,明眼人一看便知,其超道德之表现不啻掩耳盗铃。

二 佛教推助的道德涵养

读者在阅读时,应该悲伤还是无动于衷?对于这个问题是不能一概而论的。正如,"一千个读者,就有一千个哈姆雷特"一样。读者的阅读体验是各不相同的。读者对文本的善恶判断,来源于自己的文化认知与道德选择。如果读者信仰佛教,他就会按照"善"的目标来做出自己的理解。如果读者信奉道教,他会以无善有善的宇宙观进行判断。

佛教所宣扬的伦理道德既是佛教教义的基石,也与中国传统伦理道德思想相近。在中国,佛教文化影响广大,被称为中国文化"儒释道"三驾马车之一。其扬善弃恶、慈悲利他、和平和谐的思想也是中国文学理论的重要内容。中国文论的主流思想是"劝善惩恶"。善即是佛教所追求的价值之一,善也是中国道德文化的核心价值观。

在佛教教义中,善已经不仅仅是一个道德层面的概念,而是有深刻的理论依据的。佛教教义中的善是在宇宙论的层面提挈人类的道德。人们行善的最终目的也不是生活快乐或良心安宁,而是死后能够出离三界的轮回,达到终极解脱。这种佛教观貌似不食人间烟火,但它是在反思现代生活文明的劣根性方面可以启发诸多终极性的思考。

第五章
"物哀""古意"与"古义"

佛教的善恶观有其独特之处，它与世俗社会的道德、法律维护善和正义的善恶观不尽相同。佛教以"善"为重要价值，可以使人离苦得乐乃至最终走向解脱。正如，我们耳熟能详的偈言"诸恶莫作，众善奉行，自净其意，是诸佛教"，就能充分地说明"善"在佛教中的地位。为了做到"善"，佛教教义中有"克己"的内容。主张人应该有克己的思想。"克己"对化解人与人之间的冲突与矛盾具有一定的积极意义。"克己"就是要克制自己的欲望和行为，控制自己对外在物、情的过度追求，从而摆脱六世轮回的痛苦与烦恼。这一点恰恰与本居宣长"物哀"中的"好色"格格不入。佛教中的"善"追求，对化解矛盾，促进人与人、人与自然的和谐具有积极意义，而本居宣长"物哀"论中的"好色"却是搅起"社会沉渣"的根源。本居宣长在"物哀"论中主张无善无恶，就是不辨是非与善恶。不对人的行为，进行善恶判断。其目的就是要摆脱伦理道德的束缚。因此，我们不难理解本居宣长对佛教的排斥。人要做到"善"，就要"克己"，要克制自己的欲望与行为，控制自己对外在物欲、情欲的追求。

佛教经典里对善恶的定义有很多描述，有因果轮回，以结果之苦乐对行为之善恶进行判断；有心识理论，从心理活动本身的倾向性、功能性出发对各项心理活动或状态进行善恶之判断；还有从客观真理、终极真实入手，企图将善恶与真理、真实对接而予以判断。佛教的善恶思想有丰富的层次和复杂的内容，既繁复错综，又一以贯之。对佛教的善恶思想的理解，需要我们深入体味以及清醒把握才能做到真正的掌握。

宗教理论之博大者，莫过于佛学。马克思、叔本华、鲁迅等思想家都很赏识佛学思想的深邃。佛学以其善根善缘适可作为研究"物哀"论的一面镜子。一个人并非一定要去做佛门弟子，但是培植善心，且用之思索人文价值，佛学禅意颇有灵性。在这种意义上，懂一点佛学不无益处。而这正是本居宣长所不屑的，也正是其理论思想所缺乏的。试想，本居宣长倘若对佛学哪怕有一丁点敬畏，大概不会狂不知止，妄而无悔。

三 "好色"不能作为道德判断的普遍原则

正如在现实生活中,道德判断无处不在。人们总是会不由自主地对身边遇到的人与发生的事进行判断,道德判断就贯穿我们所有人的行为之中,而一切规范伦理学总是会希望对人们的生活实践产生某种影响,会做一些"扶正祛邪"的工作。这种工作就是通过道德判断来进行的。道德判断,即"善恶正邪",也就是对人们行为、品性和事物实质的判断。这里的"善恶"是就德性与物性的好坏的价值而言;而"正邪"则针对的是行为的义务,行为的正当与不正当、应当与不应当。

在文学评论中,对于作品中的人物和情节,同样也会遇到这样的考量,即运用道德判断来分析主人公行为的正当性、品性以及事物的价值等问题。《源氏物语》中的主人公"源氏"一生的淫乱行为不可尽数。他与空蝉、胧月夜、薄云女院等女子之间的事情,真是让人摇头叹息。对于他的行为,从儒家、佛教的角度看是大逆不道、罪大恶极的乱伦。从伦理学的角度看,也是会得出"主人公源氏行为的不正当、不应当"的结论,而本居宣长却不这样看。他认为:"色欲与人情关涉最深,《源氏物语》对淫乱之事的描写,是为了表现'物哀',好色之事是描写的好素材。"[①]"物哀"论的演变,如同文学艺术领域的晴雨表,其显山露水,见得出日本文化中伦理道德含量的增减浮沉。一个疑惑需要弄明白,"物哀"论所反映"好色"的审美理念,是否等于"通人情"与"知物哀",是否等于"善"本身?如果"好色"有其不检点,甚至一定的误导,那么社会潮流会向何处去?即便把人类世界完全看作一个"好色"的淫窟,不"好色"者或反对"好色"者是否也应该有一席之地。

人不仅应该有不做禽兽的底线,而且作为主体的个人,必须对自

---

① [日]本居宣长:《日本物哀》,王向远译,吉林出版集团责任有限公司2010年版,第47页。

己的每一个行为负责。如果某个人，或某一群人，将自己的"好色"行为强加给不"好色"的其他人，强加给局部的或全局的社会，那岂不是对自由和人权的侵害？人与动物不同的是什么？不正是因为人有其羞恶之心，有其明白什么该做，什么不该做？本居宣长本人及其追随者，将"好色"与"物哀"画等号，同时把"好色"的"物哀"吹捧为人类的基本特征，并将之作为"普遍价值"，这无疑是一个荒唐的推理，是一个糊涂的思想文化观念。这种"普世价值"说是危险的是非颠倒。试想，如果任由本居宣长的淫心"物哀"泛滥，社会将是一幅什么样的情景。"好色"之淫心，如强奸、通奸、乱伦，一旦公行于世，人间世岂不成了比动物种群还要混乱和衰败的丛林。再退一步讲，将这样的"好色"之淫心"物哀"作为"普世价值"，那么人类社会形成的种族遗传隔离，如不可近亲通婚和血亲繁殖，是否会被打破，种群是否会倒退？"普遍原则"不应该建立于"好色"之淫心。"好色"之淫心也不可树立为"普遍原则"。这不是仅仅维护道德的教条，也不是要把"物哀"感情一扫而空的说教，而是说"好色"不可也不能作为一个据以进行道德判断的"普遍原则"。因此，我们对《源氏物语》中空蝉、胧月夜、薄云女院等女子的悲剧命运也就不难理解了。在这种意义上，他们之不幸也有源自"好色"之淫心的溺毙灾害的原因。至少这是原因之一。在这个节点上，以"好色"来强化"通人情"与"知物哀"，其社会公德和个体责任的缺失，不论于人还是于己，后果都是严重的。"情"是人的合理需要，但是逾越了合理的范围，变成"好色"之淫心，就突破了做人的底线。

中国的儒家学说是一种完善论。它的目的是致力于使自我或者说一个处在社会上层进行统治的知识群体成为"君子"，成为"圣贤"。由于这种君子主要是从道德上衡量，其德性与卓越主要是指道德上的优秀。这一点与西方伦理学中的"斯多葛派"类似。先使"好"与"善"（道德上的好）结合，再使"善"与"正当"结合起来，促使道德君子与有德性的生活成为人们追求的主要或唯一目的。在他们那里，这种有德性的目的论又表现出一种义务论的特点。在他们看来，

"善"还是比"正当"更根本。在两者关系中,由善来定义正当,而不是由正当来定义善。这些人类社会积累的共同的品德,实际上是守护人之为人的防火墙。突破和蔑视这些成果,是免不了害己亦害人的。根本的善,本居宣长在"物哀"里强调"一切善恶都是相对的"。这在一般意义上有其道理。但是这种论点的前提必须安置在天道之健行和地道之厚德以及人道之慈悲之上。舍此而讲"一切善恶都是相对的",那就会堕入泯灭是非的"两刃"论,会成为坏人恶行的托词。本居宣长在"物哀"里提倡的"好色"论,是由日本原始文化的特点所决定的。钱穆在《中国文化精神》一书中认为:"道德不是圣人定下标准,叫我们去照样做。道德是人类性情自爱如此。道德不是由人定出,乃是人类自己有之。"[①] 这就是中国儒家思想与佛教教义所推崇的道德的真正原因所在。

本居宣长自称"物哀"论是其所独创。但是,我们分析他所主张的"人情"时,却时刻感受到儒家、佛教以及道家思想的光芒。在某种意义上,可以说本居宣长根本无法从理论上和思想上战胜儒道佛等善根的力量,因为这些力量是正能量。往深处剖析还会发现,本居宣长的"物哀"论里的善恶观与庄子的"善恶"论、佛教教义的善恶观、王阳明的"良知"有着密切关联,只不过这些元素程度不等被他扭曲和掩蔽。他越是想打倒他们,越是自我穿帮。从他的著述中可知,他没有自省,也不觉自惭形秽。

第三节　中日"古意"与"物哀"

"古意"是本居宣长比较喜欢用的一个概念。也可以说,"古意"是其学术观点中的高频词。这是一个很值得审度的现象,有必要将之置于一个更为广阔的学术背景中考量。在人类文明发展史上,"古意"现象意味什么?中日两国思想文化中,"古意"有何功能?"古意"

---

① 钱穆:《中国文化精神》,九州出版社2017年版,第122页。

的尚古行为自身如何鉴识？如何理解本居宣长"古意"的内涵？如何看待他视"古意"为命脉的学术现象？这些问题是本节关注的焦点。

一 崇尚"古意"辨

崇尚"古意"是各种古文明传承的一个常数，是使一个国家、民族文明升华和扩展的重要途径之一。但是并非所有的"崇古"都是正道。"崇古"本身也是需要反思和自省的活动，因为这种行为不仅有所崇尚源头的清浊和性质的优劣，也有自我动机好坏和手段对错的检点，也就是说，有其内外兼顾的学术必修课，舍此就会欠下"负古与负今"，"负人与负己"的多重债，甚至铸成大错。

崇尚"古意"，首先得明了所崇尚的是什么"古意"。简言之，"古意"就是古代思想文化的意蕴。"古意"之荦荦大者，应是"为天地立心，为生民立命，为往圣继绝学，为万世开太平"；"古意"之节制体要者，大都是文史研究的重要节点，如重要的人文路标或重要的诗学命题；"古意"也有区区小者，古文献的名物之别，文辞之争，章句之考，所谓博学之人，程器逞才处的鹄的学问。对于天下苍生的学问而言，"古意"主要指前二者。有一些文明在特定时段或可传承数千年，但是终究难免死劫，或终结。有一些王朝，竭泽而渔，役民如狗，逆天忤地，招致断灭的结果也在情理之中，比如古巴比伦、古埃及文明。有一些族群，有善根，有文有教，也称"发达"，但是既没有深谋远虑的人文智库，也欠缺合理布局的载体实力，出现中断之鸿沟亦在预料之中，如古印度、古玛雅文明。有一些文明圈，经济贸易发达，思想文化井喷，军事力量雄壮，数百年传承火爆一番，最终政亡人散而王朝罔存，如古希腊和古罗马。有一些民族，坚守宗教，耀武扬威，强悍闻名天下，历经危难而不绝，且屡屡崛起，如俄罗斯和以色列，然而忘战必危，黩武则灾，好强者当三思。这些国家、民族都有"古意"，成败利钝，自可见出高下，历史的判决是一个时间问题。

中国的"古意"饶有特点，所崇尚的古代思想，均为肇自远古的思想文化种源。概括起来看，可提炼如下几点。一是群体和合以善为本。不论是原始文化抑或文明文化，众多部族簇拥，相融会以繁衍生息，虽有天南地北风土差异，然而舒展如天女散花，集合则家国一体，敬天礼地持中守正，善根深植，枝繁叶茂，华夏称谓并非自诩。二是勤谨勇敢不畏艰险。广袤大地民生奋发，渔樵百工劳作不惰，瓜瓞绵绵子息无数，参赞造化养生有方，要论生存经验，华夏先民在人类民族之林，可谓自成不竭，浩然浩荡。三是思想文化富若山海，智慧府库深不可测。独特的文字孳乳繁盛，伟大的典籍元亨利贞，连接宇宙时空有《连山》《归藏》《周易》，心体表里山河有《黄帝内经》《山经》《海经》《大荒经》，宅心仁厚有《尚书》《论语》《孟子》《诗经》《楚辞》等儒学经典，哲思广阔如《老子》《庄子》《孙子》《国语》《战国策》等益人神智的雄文伟略，最是史书如江河入海，纵横交织，连绵不断。不论是经史子集，抑或琴棋书画，思理绵密，博大精深。要说华夏"古意"，可以用数之不尽形容。这份遗产不仅是中国人自己的宝藏，也是炎黄族群给世界人民的贡献，其德泽是全人类的福祉。

中华"古意"内涵丰富，外延广阔，有横向的核心理念如"仁义礼智信"，也有纵向的核心理念如"天地君亲师"，由此构成了人间世的坐标。该坐标的宏大背景，则是华夏民族的宇宙论，乾坤阴阳所统摄的五行"金木水火土"。天理，人道，良心，智计，寿世，保元，农工，商贸，文学，艺术，风俗，世情……大"古意"，小"古意"相互融汇，形成了生生不已的和谐大场合。这里面蕴含着中华民族亘古的基础，凝聚着炎黄子孙数千年文明昌盛、危而复安的精气神。中华"古意"大气磅礴，还可以从巨型的古代工程立意见出端倪。长城，为防御，为和平。运河，为国计，为民生。海陆丝绸之路，为世界，为人类。这些大大小小的"古意"都有善根。祖宗功德远，子孙发达长。家国天下，老吾老及人之老，幼吾幼及人之幼。与人为善，与邻为伴，兼美人类，美美与共。这些"古意"如江河湖海，孕育着中华文明，也造福远邦与近邻。就各个支脉小而言之，在兵农医艺，各个方面均有体现。任何一个分支都堪称源远流长。何况小支脉哪个不是各有千秋。

"古意"之于一个国家民族，不论从哪个角度发苗，无不与该国家民族的"根器"关联。"根器"之于"古意"，一如钟吕之于声响。什么"根器"有什么音色，什么"古意"源自什么根器。一个国族的"古意"，应出于大善之根器，即为天下苍生的学问。任何一国家民族，如果其"古意"狭隘偏邪，即便发达一时，也会衰败，倘若其植本之于伤天害理的劣根，迟早会殃民祸国，甚至灰飞烟灭。"古义"古而义，念其有正邪之别，纯杂之分，也有雅俗之殊。

二　本居宣长的"古意"

本居宣长倡导日本"古意"。他所谓的"古意"，是通过对日本古典书籍《古事记》的再阐释，所编造出的关于日本原始文化的话语。其"古意"实际上是对日本古代精神的重构，是对当时日本学术以及文化的改写，发掘出来的是其梦寐以求的大和魂。

18世纪的日本，一面是无处不在的汉文化的影响，另一面是不得不转向"西学"的现实需求。正如，任何自相矛盾的思维都会导致自我瓦解。本居宣长为了确立日本古意（"原始文化"）的正宗地位，他选择了排除"汉意"。他自诩是从源头处做起，也就是从日本最早的古典书籍《古事记》中，寻找他的理论根据。本居宣长之所以会选《古事记》，理由是《古事记》是日本人自己写的书籍。在这个切入口，本居宣长尽力遮掩的是这样一个事实，即这部书也是深受汉文化的沾溉，不仅思想内容得益于汉籍，就连书写也是用的片假名。从这一点上讲，本居宣长的"古意"，在根源处就不是纯粹的日本原生文化。

断裂性的思维往往是违背情理的思想。本居宣长崇尚"古意"的选项是断裂的思想，当然不是一以贯之的思维，更谈不上是实事求是的态度。但是由于他实质上无法斩断与汉学以及广义中国文化的内在联系，其字字句句都被牵制。这就是为什么他一方面不时地贬斥和辱骂汉学，另一方面却又不得不掩饰自己所谓"古意"与汉学的关系。

客观而论，本居宣长犹抱琵琶半遮面的日本"古意"，充其量是汉和掺杂的混血文化产品。他极力从日本神话和神学以及方言土语等方面凸显日本元素。但是一旦其"古意"排除了"汉意"给予日本文化的真意、善意和美意之时，他的曲意、邪意和恶意也赤裸裸地显现出来。从折中的角度讲，至少其刻意编造的"古意"，披露出了他未经理性洗练的感性以及走火入魔的偏执。

在他的学术自主性意识后面，明显地存在"为了质疑而质疑，为了批判而批判"的瑕疵。具体地讲，就是为了确立所谓的"古意"，他排除一切"汉意"，彻底将中国文化贬斥为"低级"的学问。他的偏执表现出他的学术思想的荒谬与狭隘。历史已经证明，汉文化不仅哺育了日本文化，而且以其正能量影响了东亚的诸多国家与民族。承认汉文化对日本的影响，不仅不会削弱日本文化的发展，而且可以体现日本文化的包容与开放。正如中国接受和吸纳了释道佛学，并没有阻碍和破坏自身的文化传统，相反，还使本土文化获得了新的元素，得到了更好的发展。对于本居宣长来说，他可以狭隘地排汉，但是至少应该尊重历史事实，客观地评价中日文化交流。遗憾的是他选择了一条全盘否定汉文化的学术路径。

由于"古意"取向的走偏，导致了他在"物哀"论创建中的另一个极端态度，即彻底排除汉意，用"人情"代替"善恶"。这种畸形的文学观，将日本文学引入危险的道路，对日本社会以及后世演变都造成了负面的影响。从某种角度讲，每一种文学观都与特定的时代有一些关系，甚至可以说是时代特色的文学理论。这种时代性一方面限定了文学的历史性维度；另一方面，也有不可避免地使之承受一定的局限性。正是文学观的时代性特征，迫使文学不断进步，也为新的文学理论得以产生创造了可能性。某一种文学观之所以能够引领一个时代，说明了它的合理性，甚至是永久性，这个合理性就是其成为经典的理由。因此，时代性与永久性成了各种优秀文学及其理论的特征。

本居宣长意识到了这一点，他通过自己不断地"排斥汉意"，来突破自己的学术界限，并以此为契机，创建日本诗学理论。他的学术占据了日本文学理论与国学的一个节点。由于适应了日本民族意识高涨的时代潮流，他的思想颇受民族主义者中的一部分人的认可，认为他是日本国学的集大成者。从尊重历史的角度讲，其学说罔顾事实，明显具有历史虚无主义倾向。

"文学是多面神，但也是九头怪。"[①] 本居宣长的"物哀"论有其独特性，那就是其思想的极端性。在文学思想的多元性方面讲，"物哀"论是一种日本的文学理论的经典，它是一种怪诞的理论形态。"物哀"论证明日本文学理论的多元性，它在一定程度上改变了那个时代的学术价值取向，突破了以汉学引导日本文学理论的诗学传承，这也有其积极的方面。

三 "物哀"之"古意"与"古义"

本居宣长颇为自己揭示和阐发了"物哀"思想而自豪。自豪的首要原因就是"物哀"概念"古意"非凡。关于"物哀"词源和内涵以及该术语的审美意蕴，本书稿从不同角度多有阐释，本节不予赘述。此处只想说明，从"古意"捋出"物哀"或其他什么理论，其方法对于诗学思想渊深如中国文学者，实在是举不胜举的学术常识。尽管是常识，略加申述毕竟还是有其必要。

本居宣长定义汉学是中国"古意"，而且是害人的伦理教条。这是刻意的歪曲，至少是成心误解。在本节第一部分，笔者已经指出了中国"古意"的渊源深厚，其中不仅重伦理，而且敬天道，不但诸子百家腾跃，而且群科、众学、互补。相互"龌龊"，共成善举，这是中国"古意"的基本品格。就拿伦理来说，儒家的人性伦理与道家的自然伦理相辅相成，兵农医艺等门类道德与天文地理的格局气象互通互补。这与一家一派的"古意"独门生意大不相同。就说"古意"入诗吧，在中国古诗中，以此为题的诗作粗算也有百首，主题含"古意"者比比皆是，而且反对僵化道德和抵御政治压迫的作品多如牛

[①] 栾栋：《文学通化论》，商务印书馆2017年版，第96页。

毛。在历朝历代的作品中,本居宣长喜闻乐见的风花雪月诗歌至少占据一大部分。这些都是真实的文学传承,如果不是心目双盲,那怎么能视而不见呢?

　　本居宣长自己宣扬的"古意",一直上溯到了《古事记》中的天照大神。他引用天照大神从岩屋后出场时的呼号"あはれ"(安波礼),为自己的学说增加神秘色彩。其实"あはれ"只是感叹词,与汉语中的"呜呼""耶耳""哀哉""啊呀"等表达无异。他从《源氏物语》等典籍中引出的"物哀"说,就是在"安波礼"前面加上了限定词"物"。本居宣长爱用神来说事,无异于拉大旗作虎皮。按说抬出天照大神来,作为讲故事或文学表达也无不可。但是以此申述"和魂"的"古意",则不仅分量不足,而且根基欠实。中国古人早就告诫后人:"国将兴,听于民;将亡,听于神。"(《春秋左传·庄公三十二年》)这个警示,本居宣长和许多日本人大概不是不知。本居宣长是在神祇的"古意"基础上阐发其"物哀"的美意。他在其所著《源氏物语玉小栉》(《源氏物语玉の小栉》)中,对"物哀"有更为详尽的阐述。"物"(mono)就是认识感知的对象,"哀れ"(aware),是认识感知的主体,感情的主体。"物の哀れ"(monono-aware),此观念神奇吗?是本居宣长的独创吗?与其对这些问题做简单的是非判断,倒不如看看比本居宣长"物哀"说早一千多年的中国典籍是如何表达的。在《周易》之《咸》卦中,物感性的言说已经颇为到位。在《诗经》《楚辞》《乐府》等作品中更是有许多动人的表述。钟嵘在其《诗品·序》说:"气之动物,物之感人,故摇荡性情,形诸舞咏。"刘勰在其《文心雕龙》中说,"春秋代序,阴阳惨舒,物色之动,心亦摇焉""岁有其物,物有其容;情以物迁,辞以情发"。"是以诗人感物,联类不穷;流连万象之际,沉吟视听之区。写气图貌,既随物以婉转;属采附声,亦与心而徘徊。"[1] 毋庸讳言,中国的物感、物叹、物喜、物悲、物情、物理、物念、物象等诗学思想多到不计其数,物咏和咏物之作可谓浩瀚如江河,形成了真正的感

---

[1]　周振甫:《文心雕龙今译》,中华书局2007年版,第414—415页。

物理论。此类诗学在上述中国典籍中已发挥到了淋漓尽致的地步。本居宣长作为饱读汉籍的日本"国学大师"不会没有涉及过。

通过对中日两国伦理观、"古意"观和"古义"观的比较研究，人文蕴含的伦理跃然纸上。各国、各民族不同"古意"深处有不同的"根器"，不同的"古意"有对自身不同的对待。不同的"古意"实际上标志着各自国民的心性气质，披露出各自所膺有天地良知的多寡。在某种意义上，可以说"物哀"出自"天照大神"呜呼的"古意"，在《源氏物语》演变成了"色语情态"。然而，其"古意"并无多少"正能量"的深旨可言。"物哀"论的后世体现很值得玩味。近二百来年，日本关于"物哀"文学的纠结出现了两个大的变数。一是向更阴性的"物哀"深层延伸，如谷崎润一郎的"阴翳"文学显其阴暗，芥川龙之介的煞气文学怀其"阴鸷"，川端康成的凄美文学见其阴柔，私小说文学中渗透其阴盛；另一是向更亮堂的"物哀"边缘突围，如樋口一叶的苦难文学发其"人哀"，夏目漱石的"知汉"文学矫其哀偏，小林多喜二的抗争文学超其"物哀"，河上肇的"盗火文学"破其壁垒。在这两种大的趋向中，最值得赞赏的要数大江健三郎。他从"物哀"诗学裹挟的日本文学大气团向外突围，其眼光最为犀利，笔头最见功力，思理也最有深度。他在这个方面的成就，实际上已经突破了"物哀"文学所溺爱的"日本巨婴"襁褓。大江健三郎的"古义"已不再是本居宣长所谓的"古意"。"古义"将日本文学提高到不仅有情而且有义的层面，可以说把本居宣长的日本"皇国优越论"的理念置于"水死"的境地。于是文学不再唯色情，"古义"或可"杀工"。就这两点，足以说明大江健三郎在为日本文学发其"地火"。他在真正地、有意识地改造日本的国民劣根性。从他那里，读者或可看到日本文学的新希望，日本民族的新希望。

第六章 "物哀"论主的师承关系

国学是日本江户时代诞生的一种学术流派。在国学之前，就已经有了日本学术的自觉。后来，日本国学经历了四代人的推演逐步发展成了复古神道教。在近代日本的政治、经济与文化等各个领域掀起了引人深思的巨大浪潮。

第一节 日本国学概述

日本国学以荷田春满为开端，到本居宣长集大成，而后却因为平田笃胤的积极倡导，倒向了日本神道教一边。因此，研究日本国学成为了解日本文学文化的一个重要的内容。日本国学不是横空出世的奇葩，在其成为一门流派之前，就有许多日本学者从事日本思想、文学等各类学术的研究。其中对国学产生过重大影响的学者有契冲、中江藤树、熊沢蕃山、伊藤仁斋与荻生徂徕等。他们的学说以及观点大都成了日本国学的学术理论基础。因此，为了更客观地评论日本国学，本节首先要从国学之前的学术演变予以讨论。

一 "日本国学"之前的学术

17世纪的日本，处于闭关锁国的时期。日本学术界出现了契冲、中江藤树、熊沢蕃山、伊藤仁斋与荻生徂徕等学术先驱。他们的学术观点为日本国学的诞生作了理论上的铺垫。

契冲（1640—1701），摄津尼崎人，真言宗僧人，国学者，歌人。

11岁出家于高野山，后从事佛典与《万叶集》的研究，在德川光圀资助下完成《万叶代匠记》一书。契冲的"万叶"研究深刻地影响到了日本的学术研究。久松潜一郎在《契冲全集》中高度地评价了契冲的学术贡献。本居宣长也提出了，"契冲是大明眼"的说法。[1] 为什么本居宣长认为契冲是大明眼？因为契冲发现了和歌存在的许多问题。比如，契冲指出，和歌通过多重的解释复解释之后，古歌的含义被佛教、儒学的注释所掩盖，外在的东西附会到和歌上，其内在的价值就被遮蔽了。歌学，或者说歌道的历史被流传下来了。再来，契冲认为："歌学是形式，歌道是心。两者不可分。"[2] 契冲的这种精神就是其歌道的原动力。契冲"歌学"的基本思想，即"歌学是俗中的真，学问的真"[3]。另外，契冲关于学问的观点有"学问与人不离"。什么人会说什么样的语言。人格不是任意形成的，也不是脆弱的。人的"根"与时代的基磐密切相关。本居宣长理解并利用了契冲的学问观，而且，本居宣长从契冲那里学习了"事证"与"文证"的方式；或者遇到模糊不清的，就用归纳的方法，或者观察直接说出来。

除了契冲之外，中江藤树及熊沢蕃山也是日本学术界的精英人物。先了解一下中江藤树。他是日本德川时代初期的唯心主义哲学家，日本阳明学派的创始人。中江藤树被其门人称为藤树先生。他生活的时代是江户时代前期。他的著述很多，主要有《孝经启蒙》《古本大学全解》《大学解》《中庸解》《论语解》等，全部都收录在《藤树先生全集》中。中江藤树曾经出仕于伊豫之大洲藩加藤家，为中级武士。后来，因为母亲年老，他离开伊豫，返乡侍养母亲。

中江藤树主张将日本的武士精神与中国的朱子学结合。理由是中国的儒道就是士道。日本的武士要生存，就必须运用儒学的思想来思考问题。因为他德高望重，被世人称为"近江圣人"。中江藤树37岁时，读了《王阳明全书》，产生了"只有王阳明才继承了孔子的真

---

[1] ［日］小林秀雄：《本居宣长》，新潮社2014年版，第60页。
[2] ［日］小林秀雄：《本居宣长》，新潮社2014年版，第62页。
[3] ［日］小林秀雄：《本居宣长》，新潮社2014年版，第79页。

髓"。他推崇王阳明的学说,并被日本人认为是日本阳明学的首倡者。

日本学者从"朱子"学转向"阳明"学的人不在少数。其中一部分学者甚至抛弃了"朱子"学,而彻底反对中国儒学。本居宣长排除"汉意"的起点与日本学者的反对"朱子"学不无关系。中江藤树根据王阳明的"知行合一"理论,在日本开创"藤树"学。他注重将学问转化为实践,尤其是"孝道"思想。他亲身实践,还撰写了自己的体悟,具体有三个方面。一是伦理性。他主张人与人的交往,要先从孝顺父母开始,推及与其他人的交往。要心存爱人,敬人之心。二是宗教性。具体地讲,就是人要敬畏天,唤醒了人对"天地神明"的宗教自觉性。三是尊德性(修身性)。中江藤树强调人通过提高自身的修养来"明明德"和"致良知"。尽管中江藤树的"孝道"充满了中国儒家思想的痕迹,也不乏王阳明的学说。但是,他努力将其落地生根的精神是值得学习的。中江藤树的思想对日本影响巨大。

除此之外,中江藤树还提出:"学问是天下第一等的事,人的第一义。"[①] 他的观点对日本的后学产生了较大的影响。因此,他是日本近代文献学的先驱。其高徒有熊泽蕃山等人。熊泽蕃山,1642—1645年就学于中江藤树门下,研修王阳明学说。1645—1657年出仕冈山藩,参与藩政改革。熊泽蕃山反对佛教与基督教。他提倡儒学,主张实行"仁政"。日本各地学者慕名投其门下。1657年,熊泽蕃山辞官隐居,专心著书立说。

熊泽蕃山视教育为治国与平天下的根本手段,认为学校是传授圣人之道与培养人才的场所。因此,他积极主张设立学校,并亲自主讲。他还重视女子的教育,著有《女子训》与《女子训或问》等作品。熊泽蕃山对《源氏物语》的研究也比较出名,尤其是他的学术观点,"人情"观就直接影响了本居宣长的"物哀"论。因此,本居宣长的《紫文要领》是在借鉴了日本诸多研究《源氏物语》的学者的学术著作的基础上,完成的作品。他对《源氏物语》的评价也是特定

---

① [日]中江藤树:《冈山先生示教录》转引自小林秀雄的《本居宣长》,第86页。

时代的作品。

日本儒学大家伊藤仁斋与荻生徂徕也是我们在研究本居宣长"物哀"论所无法回避的学术关联人物。伊藤仁斋（1627—1705），生活的时代是日本德川时代前期。他创立了古义学派。伊藤仁斋的主要著作有《〈语〉〈孟〉字义》《童子问》《〈论语〉古义》《〈孟子〉古义》《〈中庸〉发挥》《〈大学〉定本》等。伊藤仁斋的学术经历了崇奉宋儒的理气学说，到摈弃朱子学，独尊孔、孟，主张恢复儒家经典的古义这样的变化。他的学术观点遭到了日本朱子学派的攻击，但是他仍然坚持己见。伊藤仁斋逝世后，他的弟子私谥他为"古学先生"。他的长子伊藤东涯继承并且发展了他的学说。在伦理思想方面，伊藤仁斋认为，孔门以仁为宗，仁的本质就是爱。他的道德观以仁为核心。他所讲的道是为人之道，认为"圣学"就是王道，王道就是仁义，这是儒家传统的学说。他也赞成孟子关于人性本善的说法，反对宋代儒学把"人性"分为本然之性与气质之性。他重视教育和实践，一生培养了众多的弟子门人。他不主张做烦琐的考证，而是用通俗说理的方法注释儒家的经典。

荻生徂徕（1666—1728），本姓物部，号徂徕。生于武藏国半岛郡江户城（今东京）。日本德川时代中期的哲学家和儒学家。他被认为是江户时代最有影响力的学者之一。他创立了古文辞学派。荻生徂徕学识渊博，著述很多。他的作品主要有《弁道》《弁名》《拟自律书》《太平策》《政谈》《学则》《论语征》等。他出生在一个贫穷的家庭，5岁时自学汉文，后来研究儒学、军事学等。初时信奉朱子学，50岁后受中国明朝文人李攀龙（1514—1570）和王世贞（1526—1590）的古文辞学影响，思想发生很大变化，开始批判宋学，并在日本开拓、推广古文辞学。

荻生徂徕的思想核心是关于"道"的见解。他认为，孔子讲的"道"就是"先王之道"，"先王之道"即"圣人之道"。也就是安天下的"道"。为了安天下，当权者的道德修养是根本，而这种道德修养必须出于安天下的心愿，这就是仁。学问之道，以信圣人为先。宋儒认为人的气质可以通过学习来改变，其实气质是先天的本性，绝非人力所能改变；一般人通过学习可以成为仁人，但是不可能成为圣人。

"徂徕学"深受日本的庶民阶级的欢迎与追捧，其《学则》《辩道》《辨明》《论语征》等著作推出之后，迅速在日本掀起一股"徂徕热"。人们纷纷购书研读儒学文化，或上"藩校"或上私塾，"藩校"和私塾的数量空前增加，书籍的印刷和出版也空前繁盛。荻生徂徕的"町人"观影响比较深刻。17世纪后半叶至18世纪前叶，日本经历了社会、经济的巨大变化。货币经济迅速的发展。日本近世对商人工业从业者的称谓是"町人"。"町人"崛起，社会治安混乱，幕府的统治受到严重的威胁。日本元禄时期以后，社会矛盾越发加剧，武士阶级的财政困难越发严重。荻生徂徕对此提出了一系列相关的学术观点，对日本的政治文化经济都产生过巨大的影响。因为与本文关系不紧密，笔者就不在此赘述。

荻生徂徕对中国的音乐、明律、度量衡与汉诗文等都有研究，并且取得了很杰出的成就。1809年，荻生徂徕的《论语征》《〈大学〉解》《〈中庸〉解》与蟹养斋的《非徂徕学》传入中国。1836年，钱泳又把荻生徂徕所著的《辨道》《辨名》编成文集，附以自序和"日本国荻生徂徕先生小传"，在中国出版。荻生徂徕的学术思想传入中国后，受到中国学者如刘宝楠、戴望、俞樾与李慈铭等人的推崇。

荻生徂徕主要研究的是如何运用儒家的教诲，以维持政府和社会良好的秩序。他认为，日本人的情感要让自己表达出来，才能培育出中国文学在日本的愿景。荻生徂徕吸引了大批追随者并吸收他的教诲，并且建立了徂徕学校，并在日后的日本开设儒家奖学金，影响力深远。他的学说当时具有一定的进步意义，曾经风靡日本，后来对日本的国学和"水户"学等产生了巨大的影响。

日本国学的先驱还有许多学者，鉴于篇幅的原因，本书仅仅举出其中的数位日本学者，难免挂一漏万。围绕本居宣长这一主要研究对象，列举契冲、中江藤树、熊沢蕃山、伊藤仁斋与荻生徂徕等学者的学术观点。可以说，他们的学说以及观点是日本国学的基础。

二 日本国学的发展

"荷田春满（1669—1736）、贺茂真渊（1697—1769）、本居宣长与平田笃胤（1776—1842）"被称为日本国学四大家。他们在国学的发展中起到了不容忽视的作用。尤其是本居宣长，在日本学术界，他被称为日本国学的集大成者。日本国学发展到鼎盛时期，经由平田笃胤将其引向了复古神道教的地步。本书在第三部分重点阐述平田笃胤的学术观点。

（一）荷田春满的"古语"观

说到日本国学，我们首先要介绍的就是荷田春满。他出身于神官世家，写了一些反对运用儒学与佛学解释日本的古典书籍的作品。具体地内容为："今天谈神道的人，大多数都是信奉阴阳五行之说的，世上讲咏歌的人，大部分都是圆钝的与信四教仪的。……我自少不寝不食，以排击异端为目的，不但学习而且思考，如果不能复兴古道，我就决不放弃。"① 由此可知，荷田春满排斥儒学与佛教的决心。荷田春满强调在儒学、佛教传入日本之前，日本就有了神道。现在，日本人应该运用日本的古文与古语来阐释日本的神道，而不是依赖儒学与佛教。他的目的就是树立起日本的神道教。荷田春满把中国儒家学说以及佛教教义都视为异端，并且要排除二者对日本学术的影响。客观地讲，他不仅仅是排斥儒家思想与佛教，而且还批判日本儒官林罗山关于神道的学说，也就是"垂加"神道的一些观点。

荷田春满认为，"垂加"神道观是运用儒学的"五行之说"来阐释日本神道。对此现状，荷田春满忧心忡忡，甚至到了废寝忘食的地步。他曾深入研究《古事记》《日本书纪》与《万叶集》等日本古典书籍，他的治学目的就是发扬"古代日本精神"②。荷田春满在日本

---

① ［日］荷田春满：《荷田全集》第1卷，吉川弘文馆1932年版，第5页。
② 蒋春红：《日本近世国学思想》，学苑出版社2008年版，第116页。

学术方面，提出了"复古国学"的说法。他的学说被日本学术界以"日本精神"为核心的国学所接受。荷田春满主张通过"古语"阐释固有的"日本精神"。"日本精神是什么"成了研究日本国学所要思考的问题之一。"荷田春满在《伊势物语童子问》等书中倡导'古学说'。"① 荷田春满所"提倡的古学，是以《万叶集》为重点；而歌咏是《古今集》。他指出，日本不讲国学，已经六百年了，对于言语的解释，仅仅只有数人；欲改变这样的局面，日本人首先要学习古语"②。

日本学术界的"国学"概念是荷田春满第一次提出的。他认为："不通古语，则不明古义，不明古义，则不复古学。"而且，他进一步主张要"创建'国学校'"③。荷田春满主张通过古语，阐释古义，复古神道，以此来彰显日本文化的"固有精神"。作为荷田春满的学生，贺茂真渊继承了荷田春满的学术思想，并发展为"皇国精神"。

(二) 贺茂真渊的"皇国精神"

贺茂真渊一生著述很多，比较著名的书籍有《歌意考》《国意考》《冠辞考》《万叶考》《祝词考》《文意考》《五意考》《神乐考》《源氏物语新释》等许多作品。他在《国意考》中比较全面地阐释了日本的"皇国精神"。朱谦之在《日本哲学史》一书中认为，贺茂真渊"从'歌学'的角度，反对中国儒家思想的'道'与'理'，他用'皇国之道'，来挑战儒家思想"④。1765 年，贺茂真渊在《国意考》中指出："有人说我做和歌、语言之类的研究是不足为道的小事情，而可治世的中国之道才称得上是道。我笑而不答。日后，再一次遇见此人，他又提出了'判断万事万物的理'，我不得不回答。你所说的与中国儒家学者的观点是一样的。他们认为，将天地之意说成是人力所为。中国的道，将圣人比作尧、舜、禹、夏、殷、周等。但是在此

---

① 朱谦之：《日本哲学史》，人民出版社 2002 年版，第 277 页。
② 朱谦之：《日本哲学史》，人民出版社 2002 年版，第 95—96 页。
③ [日] 今井淳、小泽富夫：《日本思想论争史》，王新生译，北京大学出版社 2014 年版，第 207—208 页。
④ 朱谦之：《日本哲学史》，人民出版社 2002 年版，第 99—100 页。

之后，中国还有圣人吗？中国的道（治理世界的方法），都只是一些过时的理论。"①

为了说明自己的观点是正确的，贺茂真渊在《国意考》中陈述了中国儒家思想的传入及其影响。他认为："日本本来没有什么思想、道、德之类的东西，全都是靠天地之心。但是，中国的儒家思想传来了，日本的古人信以为真。后来，越来越多的日本人都接受了中国的儒家思想，尤其是在日本的武士阶层。甚至还出现了在日本社会普及的趋势。日本奈良的宫廷里，衣服、帽子以及各种用品也都模仿唐朝的。表面上看，这些东西都是风光、体面与优雅的，但是也因此产生了许多邪恶的东西。"②

通过以上材料的阅读，我们会发现贺茂真渊罔顾历史事实，有贬低与污蔑中国儒家思想的学说。他对中国文化给予日本的养分不心存感激，至少也应该尊重史实，他的这种颠倒黑白、是非与真相的态度，是一种丧失了学者良知的做法。"国意"的"意"，即"皇国精神的意思"。贺茂真渊写作《国意考》就是为了确立日本的皇国地位。他从《万叶集》研究中，寻找所谓的古道观。"当时日本社会中的一些学者也对贺茂真渊发出了质疑的声音，代表性的学者有太宰春台与荻生徂徕。"③也就是说，日本的学术界既有排斥儒家学术的贺茂真渊等国学派，也有崇拜中国儒家学术的学者及其学派。

贺茂真渊在《国意考》中反复强调，"神道"是从日本古代流传下来的日本的原始文化。在后来的演变过程中，汲取了儒家的思想以及佛教的教义。现在，日本学者就应该把日本神道教中的非日本的元素剔除出去。怎么处理？他指出可以通过研究古典的方式。当时在日本盛行的儒家学说是朱子学，因此，贺茂真渊就主张反对朱子学的观

---

① ［日］今井淳、小泽富夫：《日本思想论争史》，王新生译，北京大学出版社 2014 年版，第 216 页。

② ［日］今井淳、小泽富夫：《日本思想论争史》，王新生译，北京大学出版社 2014 年版，第 217 页。

③ 朱谦之：《日本哲学史》，人民出版社 2002 年版，第 98 页。

点，以达到复兴日本纯粹的古道，以及复兴日本人本来的生活和精神的目的。

贺茂真渊具体的做法就是主张通过和歌来接近日本的所谓古道。他认为："日本（大和）与中国，只要论述古代，一切都是好的，唯古为尊……知古的直接途径就是古歌……和歌的语言变化比较少，若要作和歌，就要思考过去的说法，咏歌时，要以古言为标准。因此，通过古歌可以很好地了解古言。"① 贺茂真渊的这种通过古歌知道古代的心，以及古代的词，进而根据它来推测古代人的生活状态，由此打开通往'神代之事'的道路。②

研读贺茂真渊的《国意考》，我们对他的皇国精神有了一定的了解。也明白了日本学者的国学思想的根基是为了确立日本的民族学术，可以认为，这种思想反映了一部分日本学者的学术自觉。

（三）本居宣长的道

本居宣长在《直毗灵》一书中极力排斥"汉意"。这是一件匪夷所思的事情。一个学习儒家经典书籍，以中医维持家计的日本学者要排斥儒学？对于这个问题的回答也是本书研究本居宣长"物哀"论的目的所在。

在本居宣长研究古学之时，日本已经出现过众多学术观点及其学派。所以，本居宣长为了脱颖而出，首先需要做的事就是与日本的其他派别划清界限。在京都，儒学方面有著名的"古义"学派，伊藤仁斋和伊藤东涯父子掌管的"古义堂"赫赫有名。在江户，有大名鼎鼎的荻生徂徕，他创立了"古文辞"学派，以及大大小小、不知名的其他学术流派。他们或以孔孟为中心，或以"六经"为根基，虽然侧重点不同，但是，他们的聚焦点是一致的，那就是批判来自中国的儒家思想及其朱子学。他们的目的也是一致的，都企图复兴日本古学。日

---

① ［日］今井淳、小泽富夫：《日本思想论争史》，王新生译，北京大学出版社2014年版，第207—208页。

② ［日］今井淳、小泽富夫：《日本思想论争史》，王新生译，北京大学出版社2014年版，第222页。

本的学术界，"一边在排斥儒学，一边在崇拜中国圣人（孔子与孟子）"[①]。无论是"古义"学派，还是"古文辞"学派，或者其他学派，客观地讲，都或多或少地与儒家思想有着千丝万缕的联系。

本居宣长认为："他所讲的古学，最早的先驱是契冲，而且契冲比伊藤仁斋的学术要早。荻生徂徕是伊藤仁斋的学生，其学术就更晚。所以日本国学，没有学习他们的观点。"他的这个观点是站不住脚的。任何一种学说的诞生，都是在学习借鉴前辈的先行研究，而有所创新的。他彻底否认前辈的学术贡献，也正是他学术观点狭隘与偏激的根源所在。

本居宣长在其著作中认为，在中国所谓的道的实质，不过是欲夺人之国与防备不为人所夺两种而已。这个观点是偏激的歪曲。《直毗灵》是本居宣长神道学说及国学观的综合性总论。而直毗（なおび）的日语原意为"斋后恢复到平时的生活中"。又有"当日"之意。它出现在《古事记传》第一卷。

本居宣长在《古事记传·直毗灵》中认为："日本比其他国家优秀的最大原因，日本是令人敬畏的皇祖神天照大神显圣之国。天照大神手持日嗣之玺代代相传。并且天照大神有诏令：'未来千年万世，这里都将是我的子孙统治的国度'。因此，皇位与天地共存，不可动摇。天下没有敢反抗的神祇，也没有敢不臣服的人民。历代天皇都是天照大神的后裔。因此也被称为天神之子或太阳之子。以天神的旨意为我的意志。如果一切都是如此，世界上就不需要什么'道'。因此借助神直毗之神、大直毗之神的力量，希望能除此祸端。"[②]

通过上述文献资料的阅读，可以得出一个结论，那就是本居宣长以"直毗灵"为中心思想来阐释日本的神道教。"本居宣长撰写关于道的书籍。比如《论道》就是以《古事记》为依据，以天照大神和天皇为根基，以神灵和人、神代和现代连接。他将这些统称为'神之

[①] ［日］今井淳、小泽富夫：《日本思想论争史》，王新生译，北京大学出版社2014年版，第207页。

[②] ［日］本居宣长：《古事记传》卷1，岩波书店2010年版，第166页。

道'。再具体的论述就是,'神之道'是以太阳神即天照大神的永远不变的绝对存在为起点。……天照大神虽然是'神之道'的起点,却不是其起源。……而且,由日本天皇系谱和三种神器保证了'神之道'的连续性,成了'天津日嗣',从而保持了现实性和永远性。"[1]本居宣长在《论道》一书中,企图树立日本优越于万国的理念。他认为日本是天照大神的母国,是万国之源;并且认为天皇是天照大神的子孙,他强化日本至上的地位,强化了天皇的至尊地位。这些没有任何理论支撑的虚构,被日本的军国主义所利用。

"本居宣长对古学的研究,以道的研究为焦点。"[2] 本居宣长详细地阐释了"道"是什么?《直毗灵》认为《古事记》中所讲的道是指道路,除此之外,上代并没有解释其他的含义。因为道不是道理、道德之类,所以皇祖神之间相传的古道才是真实之道。"真实之道普遍于天地间,无论何国都是一条路,但这个道只是我皇国得其正传,外国皆从古即已失传;因此,在外国便另说种种的道,将各种的道认为正道,不知外国之道皆务末的枝叶之道,非古来真实之道。"本居宣长认为,只有日本的神道才是真实之道,高出万国所有道之上,并且阐释了皇国的"神之道"。他认为,"神之道"就是皇祖神所创始,并维持至今的"道"。

日本国学发展到平田笃胤时代,最大的特点就是具有了复古神道教的内涵。最初,平田笃胤阅读了本居宣长的《直毗灵》,他敏锐地汲取了本居宣长的学术观,并开始倡导复古神道教。

三 复古神道教

用一句话概括平田笃胤与日本国学的关系,那就是:"平田笃胤继承了国学的学统,并把其推演到复古神道教的地步。"平田笃胤在

---

[1] [日] 今井淳、小泽富夫:《日本思想论争史》,王新生译,北京大学出版社 2014 年版,第 224—225 页。

[2] [日] 竹冈胜也:《近世史的发展与国学者的运动》,至文堂出版部 1927 年版,第 254 页。

学术上，也排斥儒学与佛学，具体地讲就是，"平田笃胤虽然继承了本居宣长的学术观点。但是，实际上，他们的学术也不完全相同。比如，本居宣长排斥儒学多一些，佛教教义相对会少一些；而平田笃胤则是排斥佛教的观点多，而儒家思想的内容少"①。为什么会出现这样的分歧，笔者认为，这是与二人的学术重心不同有关。本居宣长的学术关注点在于确立日本学术的原创性，因此，他的批判矛头是儒学；而平田笃胤学术重心在神道教，他的学术目的是建立复古神道教，因此，他的批判对象是佛教，而儒学则不是重点。

虽然平田笃胤与本居宣长在排斥儒学与佛学方面，存在多少轻重之分，但是日本的四位国学大家，都具有排斥儒学与佛学的倾向。这里重点看一下平田笃胤的相关观点。平田笃胤认为，日本儒学者的观点已经背离了孔子的真实意义，而对佛教，他的态度更激烈，他认为佛教是日本古道最大的敌人，即日本佛教的一部分人模仿中国的佛教，却流于俗的神道。他对儒家思想、佛教、日本神道严厉攻击，"其宗旨就是为了宣扬反动的皇道，即古道"②。平田笃胤在发表排斥儒家思想与佛教的观点时，受到了一些日本学者的指责。他们认为，"近来日本出现了主张国学的一派，他们著书立说，诽谤儒与道，以及神道教，强立自己的思想观点，这是欺世诳人的做法"③。客观地讲，平田笃胤排斥儒学、佛学的观点是偏激与强烈的，狭学不足取，是显而易见的。

平田笃胤自称是本居宣长的继承者，并且将本居宣长的学术观点推向极端。他的学术观点被日本的当政者所利用，在日本出现了国学运动和勤王运动相结合的现象。他的观点，如"日本的皇国之古道具有永恒性"，以及"日本至上主义"都成了日本军国主义的理论支撑。平田笃胤荒谬地认为："日本是万国的本国与祖国。"所以，"皇国即天地的根源，所有事物都比其他万国优秀"；甚至，因为日本是

---

① 朱谦之：《日本哲学史》，人民出版社2002年版，第109页。
② 朱谦之：《日本哲学史》，人民出版社2002年版，第112页。
③ [日] 藤井贞文：《江户国学史的研究》，吉川弘文馆1987年版，第24页。

万国的祖国,所以关于世界开辟的三神,同时也是世界万国的神。"本居宣长的国家主义信仰与日本至上主义信仰,发展到了平田笃胤的时代,就更荒唐,更不可理喻了。"①

综上所述,可以得出一个结论,平田笃胤进一步把"日本精神"扩张为"日本至上主义"。而平田笃胤的许多弟子,后来成为"尊王攘夷"的鼓吹者,其中一部分弟子成为明治维新的先驱。

山田孝雄说:"平田笃胤完成了复古神道的'道'的思想体系。"② 具体而言,平田笃胤以想象的手段,写作了《灵之真柱》。他自说自话构造了一个神道宇宙观。相比之下,本居宣长在写作《古事记传》时,尽管漏洞百出,他还是在文献阅读的基础上的猜测。而平田笃胤对《古事记》的研究,则只剩下自己的主观想象了。平田笃胤在作品《仙境异闻》《胜五郎再生纪闻》中频频出现灵异体验就是其学术不严谨的一种体现。平田笃胤及其门人、弟子所倡导的复古神道,彻底地剔除儒学与佛学的观点,以达到所谓的纯粹古神道的目的。

日本的神道教从各种流派轮流登场,经历了从本居宣长至平田笃胤,最终复古神道学说形成,复古神道理论体系也逐渐完备。荷田春满、贺茂真渊、本居宣长与平田笃胤在日本建立的国学流派,也曾经受到日本社会、日本人的高度赞扬。甚至有人认为,国学理论为明治维新运动提供了精神动力。比如山田孝雄指出:"贺茂真渊的学术研究以古语为主,本居宣长研究古典作品为核心,平田笃胤以研究古道为枢纽。这里的'国学'是荷田春满提倡而产生的日本学问。在明治维新的种种动力中,无数证据证明了'国学'是明治维新最有力的动力。"③ 甚至,山田孝雄补充说明:"荷田春满、贺茂真渊、本居宣长、平田笃胤等人日益展开的国学,成了明治维新的指导原理。"④

---

① 朱谦之:《日本哲学史》,人民出版社2002年版,第112—113页。
② [日] 山田孝雄:《国学的本义》,国学研究会出版部1939年版,第75页。
③ [日] 山田孝雄:《国学的本义》,国学研究会出版部1939年版,第16页。
④ [日] 山田孝雄:《国学的本义》,国学研究会出版部1939年版,第75页。

日本学者对日本近代"国学"的高度美誉本是一个可圈可点的文化现象。平实而论，日本民族的学问自觉，本身是无可厚非的一种学术行为。问题在于言说不能违背事实，尤其不能为了抬高自己的观点，而大肆污蔑儒学与佛学。他们的观点让读者觉得不可思议。这些"国学"者的偏激行为，也引起了一些正义的日本学者的担忧。他们明确地表达了自己的观点，无论"国学四大人"怎样费尽心思地排斥儒学与佛学，也很难割裂其对日本神道的影响。正如有日本学者所说："无论从契冲和荷田春满身上探求国学的诞生，还是从贺茂真渊、本居宣长主张国学的确立，这一思想变迁过程中，我们都无法忽视其与儒学的关联，特别是和以荻生徂徕为顶峰的古文辞学派之间的关系。"①

正所谓清者自清，浊者自浊。本书研究日本国学的目的，就是梳理清楚中国儒学与日本国学经历了怎样的爱恨纠结，也厘清应该怎样做学问。毋庸讳言，这就是笔者做本课题的研究初衷。

第二节　古语传承：贺茂真渊与本居宣长

本居宣长的求学，经历了几番辗转，而真正意义上的学术导师应该是贺茂真渊。为了纪念恩师的教导，本居宣长在《玉胜间》一书中，记录了自己的求学经历以及与老师贺茂真渊的交往。他在这些文章里集中阐发了如下的三点。一，他与贺茂真渊结缘于《冠词考》。贺茂真渊对日本古籍的研究以及探讨"日本古代精神"，成为本居宣长与其缔结师生缘分的开端。二，"古意"是本居宣长国学之旅的起点。贺茂真渊的《万叶集》研究，对当时日本学者的"古语"意识起到了重要的作用。三，"排除汉意"是贺茂真渊与本居宣长共同的学术主张。在这一点上，本居宣长比贺茂真渊更彻底，更偏激，也更

---

① ［日］今井淳、小泽富夫：《日本思想论争史》，王新生译，北京大学出版社2014年版，第207页。

荒诞。

本居宣长能够成为18世纪日本最杰出的国学家,与贺茂真渊的指点不无关系。二者的结缘,在日本有一个家喻户晓的典故,即"松阪的会面"(1763)。这个故事也曾经被编入日本教科书中,其影响之大,范围之广,无须赘言。需要思考的是贺茂真渊的学术思想、研究方法是如何影响本居宣长的,二者在日本国学方面是怎样完成代际传承的。

一 《冠词考》:贺茂与本居结缘

本居宣长之所以会主动拜会贺茂真渊,这与贺茂真渊的作品《冠词考》息息相关。本居宣长阅读过《冠词考》之后,对贺茂真渊关于日本古词、古意的观点颇感新奇,反复阅读与思考之后,引发了对贺茂真渊的强烈敬仰之情。1763年,在得知贺茂真渊巡游考察,路过松阪之际,本居宣长特意拜会了大名鼎鼎的贺茂真渊。之后,贺茂真渊把本居宣长列入了弟子的名簿,开启了贺茂真渊与本居宣长的师生缘。

研究本居宣长的学术思想史,可以明了他在学术的前期,热衷于日本和歌的创作。在日本和歌以及物语的理论研究方面,本居宣长主张"物哀"论。甚至在拜会贺茂真渊时,大谈特谈的也是他的和歌思想。但是,他的学术研究受到了贺茂真渊的冷遇,并且劝诫他要致力于日本古典书籍的研究。同样持此观点的有日本学者子安宣邦。子安宣邦在《宣长讲义》一书中认为:"本居宣长从歌学转向道学的契机是阅读了贺茂真渊的《冠词考》,起到决定性作用的是松阪新上屋的会面,也就是日本著名的松阪的一夜。"[①]

松阪会面之后,本居宣长接受了贺茂真渊的建议。他确立了要注释《古事记》的决心,并以书信的形式告诉了贺茂真渊。得知这个消息,贺茂真渊分别把《古事记》上、中、下三卷做了训释(汉字的

---

① [日]子安宣邦:《宣长讲义》,岩波书店2006年版,第79页。

日语读音）之后，借给本居宣长。本居宣长在《古事记》注释以及研究的过程中遇到疑难，就写信向贺茂真渊请教。贺茂真渊也以书信的形式，及时地给予指点。本居宣长在《玉胜间》一书中，曾详细追忆了他与贺茂真渊的书信往来。并且，在自己后续的学术研究中充分地思考贺茂真渊老师的批注，将贺茂真渊在《古事记》的假名读法以及批注命名为"师之说"①。贺茂真渊与本居宣长，他们这样一问一答的学术往来，也成了本居宣长记忆里的珍宝。本居宣长对于贺茂真渊的每次来信都小心地加以保存。可见其对恩师的敬重。后来，不断有人请求借阅，面对学生、晚辈的请求，本居宣长就一封、两封地送人。留在手头的已经为数不多了。②

本居宣长在《玉胜间·贺茂真渊是日本古学之祖》一文中指出："彻底摆脱'汉意'，对日本的'古意'、'古语'进行专门的研究，这门学问是从我的老师贺茂真渊先生开始的。"③ 由此可知，本居宣长研究日本"古意"与"古语"的引导者是贺茂真渊。那么，贺茂真渊为什么要研究日本"古意"与"古语"？他是怎样指导本居宣长研究日本"古意"与"古语"的？为了回答这个问题，我们不得不追溯17—18世纪的日本学术状况。当时的日本，深受"汉籍思想"熏陶，或者说是深受"中国的儒家思想"的影响。这个影响一千余年来，深入日本思想、文化、政治与学术等各个领域。贺茂真渊等日本学者对日本的学术现状很担忧，他们通过研究《万叶集》等日本古籍，试图寻找日本文化的"古语"与"古意"。这样的学术思潮，追根究底，就是企图通过对日本古代典籍"古语"与"古意"的挖掘，寻找日本自己的、传统的学术根脉，从日本的古代精神中寻找日本的传统文化基因，借此重新建构日本近代的思想史与文化史。

子安宣邦认为："贺茂真渊对本居宣长的教导，概括地讲，就是

---

① ［日］本居宣长：《本居宣长全集》第1卷，《玉胜间》，筑摩书房1968年版，第87页。
② ［日］本居宣长：《本居宣长全集》第1卷，《玉胜间》，筑摩书房1968年版，第87页。
③ ［日］本居宣长：《本居宣长全集》第1卷，《玉胜间》，筑摩书房1968年版，第37—38页。

'批判汉意'。"① 为什么贺茂真渊要"批判汉意"？客观地讲，为了先破后立。贺茂真渊认为，"日本的学者之所以做学问半生不熟，就是连最简单、最基本的东西都不懂，自然无法触及学问的高端与难点。"日本人做学问要理解日本古人之心。因此，就必须懂古语，必须理解古代典籍的语言。许多日本人对日本学术的解释都拘泥于汉意，提出的那些观点都是错误的。所以，做学问要把握日本古代的精神，就必须深入研究日本的神典，必须彻底地从"汉意"的束缚中解脱出来，对日本古人的"诚"之心加以探究。他告诫本居宣长做学问先从基础的、容易的地方开始，慢慢才能达到高难的顶点。② 从贺茂真渊对本居宣长的教导中，我们不难看出，17—18世纪，日本的学者对自己民族学术的觉醒。他们对外来文化的排斥，尤其是对引入中国文化的反思，恰如当下的中国。明白了这个道理，就知道研究本居宣长的学术观点与思想，已经不仅仅是研究日本文学的问题，而更重要的是为了解决我国学界自己的问题，即如何处理西方学术霸主思维的问题。

在《冠词考》里，贺茂真渊关于日本"古意"与"古词"的探讨，启发了本居宣长的学术研究。"松阪的会面"开启了本居宣长与贺茂真渊的师生缘，也成就了本居宣长的国学之路。

二 古意：本居宣长的国学之旅的起点

本居宣长认为："贺茂真渊对《万叶集》的研究，改变了部分日本学者判断文学作品优劣的标准。"③ 也可以说，这是审美价值的重塑。日本人之所以能够有意识地使用《万叶集》中的古语，吟咏《万叶集》风格的和歌，写古风风格的文章，都与贺茂真渊的《万叶

---

① ［日］子安宣邦：《宣长讲义》，岩波书店2006年版，第83页。
② ［日］本居宣长：《本居宣长全集》第1卷，《玉胜间》，筑摩书房1968年版，第86—87页。
③ ［日］本居宣长：《本居宣长全集》第1卷，《玉胜间》，筑摩书房1968年版，第37—38页。

集》研究的成果分不开。如果说日本学者研究古籍是寻根之旅。那么研究古道就是拾级而上地对日本古代精神的探寻，对日本近代学术思想的建构，起到了决定性的作用。

本居宣长认为："无论对于咏歌还是探究古道，《万叶集》都是首先必读的古籍。"① 这一点，也是值得思考的问题。《万叶集》是日本古代的和歌集，不仅贺茂真渊在生前致力于研究《万叶集》，契冲也主攻《万叶集》，而且对古代精神加以研究。② 贺茂真渊倾注了20余年的心血，致力于研究《万叶集》，生前虽然没有完成《万叶集考》一书。但是，他对日本学者研究日本"古语"与"古意"的引领作用不容忽视。可以说，研究《万叶集》是《古事记》研究的前提。具体而言，贺茂真渊研究《万叶集》，对于这个歌集里的日本假名、当用汉字的文字表记形式的研究是日本固有语言的再发现。这个研究对本居宣长《古事记》的"训读法"思想，以及摆脱"汉意"的意义体系，具有非常重要的前提性与指导性作用。首先，研究万叶古歌的语言形式，明确了日本《古事记》中汉字字音的表记方法。其次，确定了万叶古代语言的助词，以及活用变形的假名表达形式。这是日本文字（汉字与假名）的研究，属于语言学方面的研究。正如子安宣邦在《宣长学讲义》里认为的"《古事记》里汉字的读解方式是《古事记》研究的前提"③。

本居宣长在《向贺茂真渊先生请教的情况》一文中认为："贺茂真渊一生倾尽心力在《万叶集》方面，因而对《古事记》与《日本书纪》的研究不够深入细致。贺茂真渊的论述只是片段性的、随机性的。而且对神典的探究尚未完全彻底地排除汉意的干扰，其解释还有拘泥于汉意的地方。"④ 也就是说，本居宣长认为自己对《古事记》的诠释已经完全摆脱了汉意。他是如何做到的？研究本居宣长的学术

---

① ［日］本居宣长：《本居宣长全集》第1卷，《玉胜间》，筑摩书房1968年版，第84页。
② ［日］本居宣长：《本居宣长全集》第1卷，《玉胜间》，筑摩书房1968年版，第84页。
③ ［日］子安宣邦：《宣长讲义》，岩波书店2006年版，第90页。
④ ［日］本居宣长：《本居宣长全集》第1卷，《玉胜间》，筑摩书房1968年版，第87页。

观点，我们可以知道，他把《古事记》里的汉字，按照训读的方式改写。从"汉意"的语言体系中脱离出来，赋予《古事记》里的汉字一个不同于"汉意"语言体系的意义。这个被赋予的新意义是本居宣长所杜撰出来的，日本"神"学谱系的重建。

那么，贺茂真渊与本居宣长所指的"汉意"究竟是什么？本居宣长在《玉胜间》卷一的第 25 篇文章，专门阐述了他关于"汉意"的观点。他认为："汉意是指世人万事都以善恶论，都要讲一通大道理，都受汉籍思想的影响。这种倾向，不仅仅是读汉籍的人，即使是没有读过汉籍的人也同样具有。"[①] 也就是说，中国儒家文化思想的基因在传入日本之后，与日本的本土文化经历了一千余年的相磨相荡，早已深入日本社会的各个层面与领域，日本人万事都以中国的为优，"汉意"弥漫于世，即使是没读过书的日本人，也具有"汉意"的价值判断，这样的现实状况让从事学术研究的日本国学家胆战心惊、痛心疾首。强烈的民族学术意识的觉醒，令贺茂真渊、本居宣长们迫不及待地开始了"排除汉意"的国学运动。

三 "排除汉意"：贺茂与本居共同的学术主张

本居宣长在京都求学期间，就对契冲探讨"日本古代精神"加以思考过。他认为："当时日本的神学观点都是谬误的。"[②] 本居宣长之所以说他们的观点不对，是因为许多日本学者对《古事记》与《日本书纪》等神典的解释都是按照"汉意"来阐述的，没有理解日本真正的古代精神。[③] 那么，贺茂真渊与本居宣长是如何"排除汉意"的？

"贺茂真渊提醒本居宣长在做学问时，需要注意日本的古人之心

[①] ［日］本居宣长：《本居宣长全集》第 1 卷，《玉胜间》，筑摩书房 1968 年版，第 48—49 页。

[②] ［日］本居宣长：《本居宣长全集》第 1 卷，《玉胜间》，筑摩书房 1968 年版，第 84—86 页。

[③] ［日］本居宣长：《本居宣长全集》第 1 卷，《玉胜间》，筑摩书房 1968 年版，第 84—86 页。

与古人之词。"① 贺茂真渊所指的"古人之心与古人之词",也就是日本文化在汲取中国文化之前的文化。也许有学者会问:为什么日本人要舍弃日本文化,引进中国文化?客观地讲,是为了汲取先进文化。查阅日本引进中国文化的开端,始于中国的汉代。当时的日本是连文字都没有的,口头交流与传承。一千余年之后,贺茂真渊与本居宣长提出"排除汉意",寻找日本"古语"与"古意"的本质就是为了改写日本的文化史。在"排除汉意"的过程中,本居宣长比贺茂真渊更极端、更偏执。而这种极端与偏执在本居宣长眼中,被美化成了更彻底、更完全地"排除汉意"。

深入地思考贺茂真渊、本居宣长的"排除汉意",不禁令人联想到今时今日中国民族文化的发展。不同文化的交锋,文明文化传入亚文明文化的初期阶段,其强势地对亚文明文化进行扫荡,甚至会席卷弱势文化,并且在弱势文化国度里繁衍、强盛以及衰败。这有一个由强到弱的过程,最终必然会遭遇弱势文化在觉醒之日的反思与反扑。这样的文化现象会规律性地、周期性地显现。当然,这种规律多现于器量狭小的族群。与这种规律性和周期性不同,还有另一种融涵性和兼美性的和合规律,比如,中国历史上的几次东西南北中的民族大融合;再如,中国陆上和海上丝绸之路的交流;还如,19 世纪末 20 世纪初,西学东渐中的中西思想文化结合。这也是具有规律性的文化盛举。与前一种规律性相比,后一种规律更大气,更恢弘,也更祥和。

本居宣长研究《古事记》的方法是研究日本古学。如果说研究古学是一种方法论,那就是本居宣长消化吸收了贺茂真渊的教导。② 本居宣长为了达到正确解释《古事记》,就必须追寻古代的"诚"的心。首先,必须"排除汉意",这是古学的前提。贺茂真渊对本居宣长讲的方法,就是通过对《古事记》古言的解释,正确地理解古意。而要正确地理解古意,前提就是批判汉意。

---

① [日]本居宣长:《本居宣长全集》第 1 卷,《玉胜间》,筑摩书房 1968 年版,第 84—86 页。
② [日]子安宣邦:《宣长讲义》,岩波书店 2006 年版,第 84 页。

本居宣长在《玉胜间》的《对于师说不必拘泥》一文中说道："在对古代典籍加以研究的时候，我有很多地方与贺茂真渊先生的观点有所不同。很多情况下，我觉得先生的观点不对，就另立新说。"①人们该怎样处理学术观点的不同？因为时代不同，可资查阅的文献资料和著述的条件有所不同，在某个领域，前辈学者的某些学术观点，经过时间的检测，或许显得偏狭，甚至存在错误，这都是不足为奇的现象。作为晚辈，如何评判学界前辈的学术观点，是做学问过程中无法回避的问题。

亚里士多德说："吾爱吾师，吾更爱真理。"他是把爱真理作为价值选择。爱吾师，是人之常情。更爱真理，则是对情感加以节制，做出的理性选择。知识在不断变化，求真的道路不断延伸。在无限的学术之中，师生之间，学术观点的碰撞与矛盾，或许是推进学术的必由之路。在做学问方面，本居宣长认为："墨守不变是不可取的。在求知的过程中，倘若因为是先生的观点，明知是错误的，就文过饰非，这是不尊重'道'的表现。"② 由此可知，本居宣长也持类似亚里士多德的观点，"吾爱吾师，吾更爱真理"。本居宣长认为："所谓尊重先生，就不指出先生的错误的说法是不符合贺茂真渊的治学理念的。"因为，贺茂真渊常说："后生不必顾虑自己提出的观点与老师的观点不同。"③ 在做学问的时候，无论是亚里士多德、贺茂真渊还是本居宣长，他们都是坚持"真理"的学者。但是真理应该是不因时间、地域的改变而改变的，它具有一定的稳定性。也应该是放之四海而皆准的道理。如果老师和学生的观点都存在问题，那么反思和纠正舛错则必须从前提处考量。贺茂真渊以及本居宣长的古语观，在根基处就背离了学术的真知与良知。对于这一点，他们似乎没有真正地予以慎思明

---

① [日] 本居宣长：《本居宣长全集》第 1 卷，《玉胜间》，筑摩书房 1968 年版，第 87—88 页。

② [日] 本居宣长：《本居宣长全集》第 1 卷，《玉胜间》，筑摩书房 1968 年版，第 87—88 页。

③ [日] 本居宣长：《本居宣长全集》第 1 卷，《玉胜间》，筑摩书房 1968 年版，第 87—88 页。

辨。他们师徒二人为了抬高"国学"而刻意排斥"汉学",丢失了对"学术是公器"的敬畏,给该派系的治学留下了瑕疵。这一点是应该引人反思的。

贺茂真渊因为写作了《冠词考》,而吸引了本居宣长对日本古语的关注与研究,为了更彻底地"排除汉意",本居宣长不惜歪曲历史事实,他的学术观点从提倡"真心"走到了"虚无",是真正意义上的"作假"与"作伪"。贺茂真渊开启的"日本古代精神探寻"之旅,将本居宣长引上了"神道教"的歧途。也许,日本近代思想史、文化史的建构之路,便是日本学术倒退的开始。偏见与谬误离真知更远。后来学人不可不慎。

第三节　复古神道：本居宣长与平田笃胤

江户时代晚期,平田笃胤创立了日本的复古神道教。复古神道教与日本的国学渊源颇深。具体表现在以下三个方面:第一,平田笃胤与本居宣长的跨时空结缘;第二,复古神道教的教义主要以《日本书纪》《古事记》等古典文献为理论依据;第三,复古神道深刻地影响了日本的天皇制政治意识形态。

江户时代后期,平田笃胤倡导了日本的复古神道教。复古神道教在18世纪末19世纪初诞生绝不是横空出世,而是与日本国学关系密切。甚至可以说,本居宣长的作品《直毗灵》是平田笃胤的精神指导。平田笃胤阅读过《直毗灵》之后,深深地被其感染,成为本居宣长的"入门弟子"。而他的入门时间一直是学界颇有争议的问题。对这个问题的分析以及采信,在日本言人人殊,解读不尽相同。

一　本居宣长与平田笃胤的跨时空结缘

平田笃胤认本居宣长为师,但是他的入门时间一直是学界有争议的一个问题。对这个问题的分析,小林秀雄在《本居宣长》一书中也有解答。

平田笃胤是本居宣长的门人吗？小林秀雄在《本居宣长》一书中，采信了村冈典嗣的调查，结论是："平田笃胤是在本居宣长去世之后，才入门的弟子。"① 那么，这算是本居宣长的门人吗？笔者认为，首先，他向本居宣长的后人本居大平递交了入门状，并获得了认可。其次，他在学术上继承了本居宣长的学说与观点。可以认为是本居宣长的门人。

关于"日本国学四大家"的说法，研究日本国学的学者可能都不陌生，"荷田春满、贺茂真渊、本居宣长与平田笃胤是日本国学四大家"。小林秀雄在《本居宣长》一书的第 26 节中认为："荷田春满、贺茂真渊、本居宣长、平田笃胤是日本国学四大家的说法是从平田笃胤的门人开始流传的。"② 也就是说，平田笃胤发布了自己与日本国学派的师承关系。笔者认为，小林秀雄的这一研究，说明了日本复古神道教与日本国学的内在关系。日本学术界普遍认为复古神道教来源于日本国学，平田笃胤与本居宣长的师生关系就是其中的纽带之一。

日本国学是受儒学中的"古学派"的影响而发展起来的对日本古典的研究。它驳斥了中世以来的凭借儒家思想、佛教教义对古典所作的牵强附会的解释，试图发掘蕴藏于古典中的真实精神，这种学术态度，为复古神道教理论方面的发展准备了条件。

被称为日本国学第一位学者的是荷田春满。他的主要学术观点就是反对运用儒学、佛学解释日本的古典书籍。他不仅排斥儒学与佛学，同时还积极地推崇"日本精神"，并努力地发扬古代日本精神。③ 可以说，他的这个观点，确立了日本国学的目标，为日本国学提供了思想基础。具体的方法是，通过古语阐释固有的"日本精神"。因此，朱谦之认为：荷田春满第一次使用"国学"的概念，④ 贺茂真渊作为

---

① ［日］小林秀雄：《本居宣长》，新潮社 2014 年版，第 322—323 页。
② ［日］小林秀雄：《本居宣长》，新潮社 2014 年版，第 320 页。
③ 蒋春红：《日本近世国学思想》，学苑出版社 2008 年版，第 116 页。
④ 朱谦之：《日本哲学史》，人民出版社 2002 年版，第 97 页。

荷田春满的学生，他继承了荷田春满的学说。他的主要观点就是提倡"皇国精神"。他在《国意考》里，表达了自己研究《万叶集》的体悟。他的"皇国精神"比日本固有的"日本精神"，更具体，更明确。在这个时段，与之相对的是太宰春台、荻生徂徕的中华崇拜思想。①

本居宣长的学术观点来源于贺茂真渊。但是，他对儒学与佛学的排斥走向了偏激的地步。他认为日本是天照大神的母国，是万国之源；并且认为天皇是天照大神的子孙。通过对《古事记》的阐释，强化了日本至上的地位，也强化了天皇的至尊地位，这种观念被日本的军国主义所利用。本居宣长认为，只有日本的神道才是真实之道，高出万国所有的道，是万道之上的皇道。并且阐释了皇国的"神之道"，就是皇祖神所创始并维持至今的"道"。

平田笃胤把本居宣长观点推进到了极端。他甚至认为日本的皇国古道具有永恒性。客观地讲，是平田笃胤把"日本精神"扩张为"日本至上主义"。后来，平田笃胤的弟子成了尊王攘夷的先锋力量，他们成了日本明治维新的先驱。山田孝雄认为："到平田笃胤完成了所谓复古神道的'道'的思想体系。"②

二 日本神道教的发展演变过程

日本的神道教是日本的传统民族宗教。它最初以自然崇拜、祖先崇拜与天皇崇拜等为主要教义。

（一）神道教成为日本国教

神道教信仰多神，号称有800万神，于诸神中特别崇拜作为太阳神的"皇祖神"，即天照大神。神道教称日本民族是"天孙民族"，天皇是天照大神的后裔，并且是其在人间的代表，皇统就是神统。他们祭祀的地方称神社或神宫，神职人员称为祠官与祠掌等。

---

① 朱谦之：《日本哲学史》，人民出版社2002年版，第98页。
② ［日］山田孝雄：《国学的本义》，国学研究会出版部1939年版，第75页。

神道起初没有正式的名称，一直到公元 5 世纪至 8 世纪，汉传佛教经朝鲜半岛百济传入日本，渐渐在当时的日本扩张开来，为了与"佛法"分庭抗礼，日本人创造"神道"来区分日本固有的传统信仰与外国传入的佛教。神道教产生初期，是以伊势神宫信仰为中心。至日本的南北朝时期（1336—1392），由度会家行完成，并以《御镇座次第记》《御镇座传记》等五部书籍为基本教义。其后，历任天皇、幕府将军、功臣等被作为膜拜对象，成为人物神。"神道"这个称呼第一次出现是在《日本书纪·用明天皇纪》中的"天皇信佛法，尊神道"。有诸神或杂神，或怪力乱神，演变出一个大神，这是世界各种宗教起源的一般流程。神道教也不例外。

佛教传入日本初期，神道教信徒甚为反对。由大陆渡来的有力氏族，如苏我氏支持佛教。日本本土的氏族"物部氏"和"中臣氏"拥护神道教，反对佛教。二者之间的斗争，此起彼伏，绵延很长时间。佛教僧侣具有中国先进的文化知识，在天皇的支持下，佛教是日本的主要宗教，神道教长时期处于边缘化的地位，以佛教附庸的身份存在。到了 8 世纪末，佛教僧侣的权力很大，天皇欲抑制佛教的势力，有意支持神道教。因而佛教与神道教，这两种宗教逐渐混合。到明治时期，上至天皇，下至黎民百姓，普遍都信仰这两种宗教。于是，佛教寺院和神道教的神社，两者或杂处，或交叉，或浑然一体。例外的是伊势神宫，供奉天皇的祖先，属于古神社。德川幕府时期（1603—1867），一部分神道学者把崇拜天照大神的神道教义，与朱熹理学相结合，强调尊皇忠君，主张神道教独立，从而出现吉川惟足的吉川神道、山崎暗斋的垂加神道等学派。

（二）平田笃胤倡导复古神道教

德川后期，由荷田春满提倡的国学，中经贺茂真渊、本居宣长，到平田笃胤，由国学逐渐演变为复古神道教。

起初荷田春满提出复古的学术主张，由本居宣长依据《古事记》等日本古代典籍研究日本的古语，最后由平田笃胤发展为复古神道教。平田笃胤在复古神道中应用"大和魂""大和心"这样的语言。

他认为《直毗灵》是"灵魂的真柱"①。平田笃胤主张天皇崇拜的绝对化。在复古神道教之前，江户时代中期，日本神道界最有名的理论神道家山崎暗斋（1618—1682）创立了日本神道教的垂加派。山崎暗斋是京都妙心寺僧人，后来转为朱子学者。他接受吉川神道、度会神道等流派，成为神道家、在京都教授门徒。后来成立了垂加派。垂加，即神垂冥加。它的理论是以儒学为主，采纳了阴阳学说和理学等思想。

山崎暗斋的核心思想有，神为天地之心，因"理"之"气"而动。天地间的主宰神是天之御中主神。他是化育万物之神。生而知之，安于其行的圣人"天照大神"和学而知之的圣人猿田彦大神之道就是神道。天和人是唯一的。神人合一说成了垂加神道的特征。此外，还有"土金之传"。即天地，阴阳，人道都是来自土和金。土是土地，金是土地凝固而成，土金凝固，就有了"谨"字的读音，也就是"敬"。天皇绝对化，在这种信仰上来阐明大义、名分、封建道德。

在王城京都建立的垂加神道流派中，尊王人士辈出，讲述以天皇为中心的神道学说。其中比较有名的是若林强斋（1676—1732），涩川春海（1639—1715），河村秀根（1723—1792）等人。平田笃胤的国学之所以被日本的统治者所看重，就是其教义中有日本至高无上的信条。他称颂："日本是万国的祖国，皇国是天地的根源，所有事物都比其他国家优秀。"诸如此类的说教都非常激越，也非常果决，充分迎合了当时日本社会的意识形态。

（三）以明治维新为分水岭的神道教

明治维新（1868）以前，佛教盛行，神道教处于依附的地位。明治初年，日本社会兴起了"废佛毁释运动"。明治维新后，日本政府为了巩固王权，将神道教尊为国教，即国家神道。

神道教成为明治政府教导百姓忠贞爱国、誓死效忠天皇的工具。第二次世界大战中，日本神风特攻队的"英勇表现"就是证明。1945年日本投降后，在美国盟军的要求下，日本政府宣布政治与宗教分

---

① ［日］小林秀雄：《本居宣长》，新潮文库2011年版，第326页。

离，裕仁天皇发布诏书，宣布自己是人，不是神，废除国家神道，政府不得资助神社，但神社神道已经成为日本神道教信仰的主流。信仰神道教的人数约占总人数的80%。复古神道教积极参与国家各层面的活动，深刻地影响了日本的天皇制政治意识形态。

三　复古神道教与日本的天皇制政治

本居宣长在宗教思想方面的态度相当执着，他坚决地排斥人的智慧，大力提倡对神灵的绝对信仰。客观地讲，在神道教方面，他没有特别的言说。但是他坦率接受神灵之道，极力宣扬天皇之道秉承神灵之道，是神灵之道诉诸社会民众的特别之道，又称人之道。这里的人之道，就是天皇所体现的人之道。要说本居宣长对平田笃胤的影响，不得不提的是本居宣长的作品《直毗灵》。可以说，《直毗灵》深深地吸引了平田笃胤。本居宣长认为："日本神典最大的特色是神道、神典是以古文的形式出现的，他的观点深深地吸引了平田笃胤。"平田笃胤对本居宣长的《直毗灵》产生了"化学"反应，他以使命的决心，来继承本居宣长的古道说。《直毗灵》是古学的安心的书与"心柱"。平田笃胤继承了本居宣长的古道学，他进一步发挥了国学的宗教部分，并且制定了系统的复古神道教的教义。

平田笃胤认为："宇宙万物的创造神、主宰神是天之御中主神。世界由显和幽二界组成。幽冥界为大国主命掌管。幽冥界是灵魂世界，是神意自由主宰的理想乡。""平田笃胤的神学世界观，首先是把本居宣长归于产灵二神的造化的原理，归于天之御中主神，这神是'宇宙万物，悉其主宰'。在《古道大意》上卷《神代史上》，更将这唯一主宰神与产灵神联系起来。本居宣长依《古事记》认为世中一切事物皆由产灵而出现，平田笃胤则依《日本书纪》《古事记》《古语拾遗》等，在两产灵神之上，并且确认了天之御中主神为造化主。复古神道绝对肯定'神代'的神话传说，结论认为日本即神国，天皇即神，而因此人民只有绝对服从天皇，永远俯首帖耳地做他的奴隶了。"① 平田笃胤认为研读日本《古事记》《日本书纪》等其他书籍，才是"古道学"。日本人是神国之民，具有"大和魂"。平田笃胤在继承了本居宣长日本优越于万国的理论基础上，又进一步论证了日本民族优越于世界上任何民族的民族主义观点，也进一步为后来的日本军国主义提供了理论基础。

平田笃胤的神道教重视来世。他主张人死后，前往幽冥界，对生前行为接受审判，其灵魂是永生的。这种来世观，试图通过发挥个人内在自救的教义，用此教义来作为神道建立宗教的实体。它包括复古神道重视祭祀祖先，认为孝道也就是崇敬神话时代的众神，忠于天皇。平田笃胤制定了独自的神事葬祭仪式与祝福词。

复古神道教盲目的复古绝对化以及排他性的思想，成了倒幕政治斗争的指导性意识形态。为借助恢复天皇的古代宗教权威，以重新实现日本中央集权的王政复古的政治目的，提供了理论上的条件。复古神道教在平田笃胤的倡导下，不断丰富其教义。1843年，平田笃胤去世时，已是日本幕府末期，维新政治斗争激烈化，复古主义以及尊王主义的日本信徒，在各藩武士、神职人员、地主、商人等各个阶层之间，迅速增多，他的门人弟子达1330余人，甚至有的藩采用国学作为藩学。其影响之大，波及面之广，由此可见一斑。

---

① 朱谦之：《日本哲学史》，人民出版社2002年版，第110—111页。

第七章　本居学四家提要

日本研究本居宣长的学者众多，综述不易。笔者在这些学者中遴选了村冈典嗣、子安宣邦、小林秀雄与田中康二四位学者的学术作品，做一些重点的翻译、整理与研究。

第一节　村冈典嗣《本居宣长》之特点

村冈典嗣是日本研究本居宣长的著名学者。他先后出版了《本居宣长》（1928—1993）以及《增补本居宣长》（1989—2006）。而且这两部书一经发表，多次再版。村冈典嗣的《本居宣长》成了研究本居宣长的学者的必读书。村冈典嗣研究本居宣长的特点是数据取胜。尤其是在资料方面，给研究者提供了分类详尽的数据。

村冈典嗣对本居宣长的研究可谓是细致入微。他对本居宣长传的家谱，讲义，古典研究与训诂注释，著作，宣长学的意义以及内在的关系，本居大平的"恩赖"，垂加神道的根本意义与本居宣长的关系等都一一做了考证。另外，他还不断地补充新的资料与信息。自1934年出版了第一版之后，他对本居宣长的研究，就没有停止过，依然不断阅读文献，之后再版时，补充了最新的内容。笔者阅读的是他的《增补本居宣长》（2006）。

一　本居宣长的学术分期

村冈典嗣根据史料、文献划分了本居宣长的学术分期。本居宣长学，历史地划分了本居宣长一生的学术研究区段。第一阶段：1730—1751 年，松阪，一般普通教育时期。根据村冈典嗣的调查研究，本居宣长是出生在小津与本居两个家族结合的家庭，最初以小津为姓氏，之后，改为本居。然而，他是小津血统的传人，与本居血统没有直接的关系。①

第二阶段：1752—1763 年，京都游学（1751），结婚（1762），长子春庭出生（1763）。这是其歌学研究大成时期。本居宣长完成了《紫文要领》与《石上私淑言》二书，也就是完成了中古的和歌，以及物语研究。1763 年年末，他入门贺茂真渊，在学问方面，进入新阶段。在这 11 年里，本居宣长经历了成为一家之主、一位丈夫、一位父亲、一位学者等多重身份的转变。具体的大事件有成为家督、京都游学、结婚、主要的研究成果写就以及与贺茂真渊结缘。1751 年 2 月 28 日，长兄定治因病去世。22 岁的本居宣长来到江户，处理、整理兄长的遗物。7 月 10 日，返回，途中攀登了富士山，20 日返回家中，继承了家督的身份。小津家的资产已经日渐衰落。大传马町堀留町的第二分店已经倒闭了。他从兄长定治的遗产中，继承了 400 两黄金，存入隐居屋孙右卫门的家族名下，这笔钱的利息就是家里经济的唯一财源，维持着整个家族的生存。这笔钱也是隐居屋孙右卫门一家的未来希望所在。常言道，"知子莫若母"。本居宣长的母亲胜子考虑到本居宣长不具有经商的才能，她建议儿子去做一位医师。这正是本居宣长之后成为国学大家的开端。事后多年，本居宣长回忆往事，说道："这一切与母亲胜子的智慧决断有着紧密的关联。"②

第三阶段：1764—1788 年，是本居宣长"上古学"研究大成的时期。其中，1787 年，他完成了《古事记传》（上卷）。他的学问成为"一家之学"。另外，他的学问也得到了日本社会的认可。具体的表现可以从领主纪州侯就治世方面向他请教，而窥见一斑。这 14 年，

---

① ［日］村冈典嗣：《增补本居宣长》1，前田勉校注，平凡社 2006 年版，第 21 页。
② ［日］大野晋：《本居宣长全集》第 4 卷，筑摩书房 1968 年版，第 373 页。

也是本居宣长专心致志地从事学术研究的阶段。他与贺茂真渊的"师生缘"持续了6年（1763—1769），直到1769年，贺茂真渊去世为止。本居宣长感恩贺茂真渊的提携与指导。每逢忌日，都会在书斋对恩师进行祭祀。他还为贺茂真渊举办了十三次忌追悼歌会。值得一提的是1782年，本居宣长在二楼增建书斋一间并且按照茶室的风格装饰书屋，命名为"铃屋"。从第二年起，本居宣长在二楼"铃屋"开始举行"临时歌会"。1773年，他的私淑弟子总数有43人。随着本居宣长名望的提升，到了1788年，他的弟子总数达到了140余人。这些人不仅有伊势的，还有日本其他各地的。

第四阶段：1789—1801年，是本居宣长学问普及时期。从1789年起，本居宣长走出书斋，频繁地参加各种社会活动。他的学问也日渐成熟。这个阶段，本居宣长的主要精力致力于学问普及方面。1792年，加贺的藩主田治修建藩学明伦堂，邀请新井白峨做学长。也邀请本居宣长做国学的学长，酬金高达200—300石。到了1794年，本居宣长开始了他一生中的第六次旅行，并在名古屋、纪伊等地讲学，入门弟子倍增，多达400余人。

从1757年返乡，本居宣长先是开诊所，同时办私塾，"从医"兼"授课"，主业是"从医"。我们可以从他的《济世录》中了解到，1780年，他收到的"谢礼"为95两多，包括给患者看病与给门人弟子授课两项收入。来自门人弟子的谢礼只是副业收入。晚年，他的授课以及著述的收入逐渐增多。因为作了纪州侯的"顾问"，本居宣长的收入也丰厚起来，但绝不是富裕的程度。从他的记录中看到，他在困境中，甚至还时不时地向养子先小西家借钱。① 关于本居宣长的讲义，有一点需要注意。他为弟子讲授古书开始于1758年，这样的授课一直持续了40余年，而且是固定的。六日、十日之夜，讲《源氏物语》；四日之夜，讲《万叶集》。

笔者根据村冈典嗣提供的史料、文献整理出本居宣长所受教育的

---

① ［日］村冈典嗣：《增补本居宣长》1，前田勉校注，平凡社2006年版，第93页。

履历。1737年，8岁的本居宣长师从西村三郎兵卫，在松阪开始学习。1741年1月，他师从斋藤松菊，学习内容为习字。1741年7月，师从岸江之中，学习"四书"以及猿乐、谣曲。1746年，他师从浜田瑞雪，学习射箭。1748年，他师从山村吉右卫门，学习茶道。也正是在这一年，他立志和歌的写作，师从数人。1749年，本居宣长师从正住院的主持，以及山田的宗安寺（净土宗）的住法幢学习易经、诗经、书经、礼记。1752年3月19日—1754年10月10日，他师从堀景山，在京都学习汉籍，主要的书籍有《五经》《史记》《晋书》《世说新语》《蒙求》《左传》《历史纲鉴》《扬子方言》《前汉书》《庄子》《南史》《荀子》《列子》《武经七书》《文选》等。时间共计两年零七个月；方式是寄宿学习；学习内容是儒家经典书籍。其中《左传》《易学启蒙》等是讲读。1753年7月22日—1754年1月，他师从堀元厚，学习医学。《灵枢》《局方发挥》《素问》《运气论》等医学书籍。堀元厚去世后，1754年1月—1757年10月，师从武川幸顺，专攻小儿科，学习的主要内容是《本草纲目》《婴童百问》《千金方》等医学书籍。1752年7月12日，他成为藤原章尹的弟子。因此，他经常出席新玉津岛的歌会。1756年1月24日以后，有贺长川的每月一次的歌会，他都坚持参加，直到返回松阪。学习的主要内容是《古事记》《日本书纪》《旧事纪》《万叶集》《源氏物语》《古今和歌集》等名典；《愚问贤注》《奥义抄》《悦目抄》等中世歌学书目；《紫家七论》《古今余材抄》《百人一首改观抄》《伊势物语拾穗抄》《源氏物语湖月抄》等。他在京都参加歌会，创作的和歌数量达到一千多首。在和歌学方面，他购买和笔录的数目达到57种之多。大多数是近世诸学者的注释等（注：关于本居宣长的教育履历，笔者将其整理成表格形式，在附录部分）。

除了本居宣长的教育履历，村冈典嗣根据史料、文献还整理出了本居宣长所接受的宗教。本居宣长的家庭宗教是净土宗。1743年秋，写过元祖元光大师传记。1748年10月25日，本居宣长在菩提寺树敬寺，参加念佛等佛事活动；1748—1750年，本居宣长在做养子的两年时间里，因为住地离太神宫很近，经常出席佛事活动，大约有20次之多。本居宣长的近亲村田元次同全次父子是垂加派神道家。

日本人做学问注重"游学"。本居宣长也不例外。他一生的旅游记录如下。第一次旅行，1742年7月14日，目的地是吉野水分神社。顺路去了高野、长谷。旅程是9天，7月22日返回。第二次旅行，1745年2月21日—3月3日，目的是"春游"。去京师，待了8日，参拜了北野天满宫。第三次旅行，1745年4月，目的地是江户。17日出发，26日到达。1746年3月，返回，4月9日到家。在伯父小津源四郎的店里，待了近一年的时间，学习经商的本领。当时江户的学界，贺茂真渊的名声渐盛。第四次旅行的时间是1748年4月，5日出发，7日到达近江的多贺神社参拜。他游历了上京、大阪、伏见、宇治等地，巧遇朝鲜人入京。整个旅程近一个月。5月6日到家。此次游学，他遍览了京都大阪的名胜古迹，神社佛阁。在京都、大阪等地的游学，拓展了本居宣长的眼界，为他之后的学习以及研究提供了丰富的经验与有益之处。

1752年3月，本居宣长按照母亲的意志，来到京都游学，学医学（中医学）。要学医，首先必须先学习儒学。他来到堀景山的门下，寄宿。地址在绫小路室町的西町南方。堀景山的名是正超，字君燕，祯助。他是朱子学派的学者，藤原惺窝的弟子高弟杏庵的第四代后裔，可谓是出身名门。他的性格温和，是研究颇有所得，并且备受尊重的学者。他与当时的名家荻生徂徕，经常通过书信交流古文辞学。他不仅在儒学领域里是一代名家，而且在国文与和歌领域里造诣深厚。

本居宣长在堀景山处寄宿，从1752年3月19日，到1754年10月10日，共计两年零七个月。本居宣长在京都游学时的汉学水平属于一般的普通教育的程度，主要是培养了他的读书能力，奠定了坚实的学术基础。他在日记中记载了阅读汉籍的书目，包括五经、史记、晋书、世说新语、蒙求、左传、历史纲鉴、扬子方言、前汉书、庄子、南史、荀子、列子、武经七书、文选等。他还听了《左传》《易学启蒙》等课程的讲读。这些都是在堀景山的私塾里学习的内容。

第七章
本居学四家提要

从1753年7月22日，到1754年1月，师从堀元厚学习医学，开始研读医学书籍。后因堀元厚去世，他开始师从武川幸顺。武川幸顺的名是建德，号南山，京都人，小儿科领域里的名医。在堀元厚那里，本居宣长学习了灵枢、局方发挥、素问、运气论等医学知识。在武川幸顺的门下，他学习了本草纲目、婴童百问、千金方等医学书籍。

除此之外，本居宣长还阅读了许多汉学家的著作。他对汉诗特别热爱。和歌与国文也是他经常阅读的书籍。1752年7月12日，他成为藤原章尹（冷泉为村的门人）的弟子。因此，他经常出席新玉津岛的歌会。1756年1月24日以后，有贺长川的每月一次的歌会，他都坚持参加，直到返回松阪。他在京都参加歌会，创作和歌的数量达到一千多首。在和歌学方面，他购买和笔录的数目达到57种之多。有《古事记》《日本书纪》《旧事纪》《万叶集》《源氏物语》《古今和歌集》等名典，《愚问贤注》《奥义抄》《悦目抄》等中世歌学书目，以及《紫家七论》《古今余材抄》《百人一首改观抄》《伊势物语拾穗抄》《源氏物语湖月抄》等近世诸学者的注释等。

在京都期间，本居宣长开始接触契冲的著作。他还编写了《排芦小船》。本居宣长去京都游学的初衷是学习医学，从研究者的角度看，他学习了中医学，掌握了与医学相关的各类知识，为他一生的学问追求奠定了基础，做好了准备。而且从广义的角度看，这也是他各种教养经验的储备。还有一事值得一提，本居宣长在1752年，把自己的姓从"小津"改为"本居"。1755年，又把自己的名改为舜庵（春庵），字宣长。

二　本居宣长学的意义以及内在的关系

村冈典嗣认为："本居宣长学是古语、古文的研究，属于古文学史上的古典部分。或者说是古代的学问、皇国与古学。"持此观点的还有芳贺矢一（1867—1927），其在《国学》[1] 一文中认为："荷田春

---

[1] ［日］芳贺矢一：《国学》，《国学院杂志》1904年第1期、第2期。

满、贺茂真渊与本居宣长是德川时代的国学者,明治新的国学者。"他的这个观点是日本比较早的关于本居宣长的评价。

村冈典嗣认为:"本居宣长学问的形式,概括地讲,就是'训诂注释'。把它们进行分类,可以分为文学说、语学说、古道说等这些学问。把这些研究,从知识的统一性的角度讲,就是本居宣长学的全貌。"① 研究本居宣长,我们不得不思考一系列问题,如本居宣长学的意义,从本质的、客观的角度讲是什么?其内在的、形成的关系如何?本居宣长学发展的意义在哪里?

村冈典嗣对以上的三个问题做了回答。他认为:"对于本居宣长的研究,应该从'时代'的角度讲,具有深层次的意味。而且,本居宣长打开了'历史性的道'。"② 为了说明问题,他进一步指出,如果仅仅从"古道"的角度把握本居宣长学,是不够的。本居宣长摆脱了儒佛的道德观、哲学观,并且提出了与之不同的理由。从本居宣长的成就看,不用说其是从事古语、古文的研究,也就是"国文学史"上的"古典"。"国文学"的概念是本居宣长凝练出来的。国文学,严格意义上讲,还不是学问,也未定型,属于暂时的,包括了今日的国文学史家、国语学者的研究。本居宣长学与国文学相比,研究范围从时代的角度讲是窄的。也就是说,本居宣长学的研究对象,不仅是语言学、文学,还包括了国史、法律、伦理、宗教、风俗、制度以及人生社会的各个方面。这个研究不仅仅是古代(中古以前)的一个时期。③

村冈典嗣认为,对于如此复杂多样的内容,更贴切的表达应该是"古代学",本居宣长自己的定位是"皇国学"("古学");从这个角度讲,这与近代欧洲的文献学相关联。这是理解本居宣长学最恰当的方法了。④

---

① [日]村冈典嗣:《增补本居宣长》2,前田勉校注,平凡社2006年版,第10页。
② [日]村冈典嗣:《增补本居宣长》2,前田勉校注,平凡社2006年版,第11页。
③ [日]村冈典嗣:《增补本居宣长》2,前田勉校注,平凡社2006年版,第13页。
④ [日]村冈典嗣:《增补本居宣长》2,前田勉校注,平凡社2006年版,第13页。

第七章
本居学四家提要

为了解释本居宣长的学术价值与意义，村冈典嗣在他的作品中讲述了奥古斯特·波克（1785—1867）的文献学相关内容。奥古斯特·波克是德国古典学者、古物学家，并且在德国的文献学领域取得了巨大的成就。正如，波克所言"Das Erkennen des Erkannten"，翻译成中文，就是"认识的人"。同样日本也有一句名言，"知られたることを知ること"，即"知道是什么"。文献学就是"再现古人的意识"，也就是"把古人的意识书写出来的意思"。文献学，就是"知道的力量，感知的能力"。这种力量即是文献学的任务，也是文献学的目的。文献学的目的是认识问题，但不仅仅是认识问题，它是知识的前提。它具有客观性与历史性。奥古斯特·波克的文献学的研究方法是归纳法，详细地把古代生活的全貌展现出来，这些尚未成为学问。它们并不是每一个都是基于事实的，有些甚至是演绎的，是推理、思考古代人的生活，作为学问的文献学的任务是研究与古代相关的各种事实，古代生活统一的意义。奥古斯特·波克的关于文献学的贡献，就是对学问所进行的组织与统一。如果我们从这个角度考虑，那么文献学或者说语学、古物学领域相互混合的古代的相关知识，就应该被同等看待。哲学、科学与历史混合了诸多的谬见与批评。"知道的人"所持有的立场，以及他们有意识地对其进行统一，就是文献学的研究。

奥古斯特·波克的学说，他所进行的批评与修正，以及他所谓的"统一"的根本观念，规定了文献学本质的意义。他的文献学是在"学问研究"发达的基础上所产生的，这是一种特殊的科学。他使这种科学成为可能，这　点与哲学具有相同的文化现象。我们要历史地埋解问题，以及以前的文献学研究，面对各种学问以及学问的意义，均由奥古斯特·波克来"发挥"，因此，就存在谁都不认可的地方或情况。

欧洲早期文献学的主流是希腊罗马学。奥古斯特·波克认为，学问的成立是长时期历史积淀的结果。在雅典时代，各种文献学得以推行与积累，到亚历山大大帝时代（前356年7月22日—前323年6月10日），文献学成为独立的学问。之后，文献学在罗马时代得到了继续发展与传承，中世纪开始衰落。

尼科洛·马基雅维里（1469—1527）是古代各种稿本研究的集大成者，也是历史考证的代表学者。他也是意大利文艺复兴时期伟大的政治家、思想家，近代政治学理论的奠基者。16—17世纪，文献学的主流是荷兰西学派，17—18世纪，则是英国与荷兰并驾齐驱的时代。文献学涉及古典知识的诸多方面，比如百科书的研究与考证，其中一部分内容是依靠整合而形成的。文献学是模糊的概念，到了各种学问的发达阶段，逐步走向分化。文献学的内容包括各种专门的研究。它是各种各样的专门的学问。它们独立存在的同时，文献学本身的概念，从学问存在的角度讲，其根据便弱化了。而且，研究古代语言、古代事物的学问，它是依靠文献学内部的、外部的，以及研究者自己的经验等各方面内容整合而成的新学问。

村冈典嗣通过对欧洲文献学的论述，达到了为本居宣长学术排除质疑的目的，使得现当代的学者在批判本居宣长学术观点的荒谬之时，多了一个思考的纬度（文献学的学科特点），多了一份"理解的包容"。这也充分地看出村冈典嗣对本居宣长的由衷地敬仰之情。

三　本居宣长学的影响力

本部分主要以本居宣长的学徒及交友方面展开讲述。他的入门弟子需要宣誓，遵守四条规约，分别是：1. 敬神与守法；2. 不做异样的行为，不说奇怪的言辞；3. 杜绝秘传口授；4. 同门相和，勿起争端。去世前门人490人。① 最早入门的是本居宣长的同乡小津正启。本居宣长去世后入门两个弟子，包括春庭，弟子共计493人。

本居宣长的弟子第一人，就是他的儿子春庭。1763年出生，从小身体不好，1783年春庭患病，1791年又患眼疾，1794年彻底失明。虽然自幼身体虚弱，但是春庭立志于学问，家学渊博，特别是精通语学。1806年，春庭完成《词的》，可以说，他继承了本居宣长纯学问

---

① ［日］村冈典嗣：《增补本居宣长》1，前田勉校注，平凡社2006年版，第125页。

第七章
本居学四家提要

的精神。①

本居宣长去世后，养子大平继承家业。他移居和歌山，组织"后铃屋"，给门弟们授课以及做研究。直到1828年去世，他一日也不曾终止。大平专心于研究，写出了《神乐歌新释》（1818），《古学要》（1831），《玉锋百首解》（1796），《山常百首》（1815）等著作。大平性格温厚平实。他不仅传承本居宣长的学问，还处本居身后近千余名弟子的交际往来。春庭与大平，二者并立，继承家学，彼此照应，并无嫌隙，他们均致力于本居宣长学问的普及。② 除春庭、大平外，本居的弟子中比较有名的歌人还有加纳诸平、伊达千广、西田直养、近藤芳树、长泽伴雄等。春庭门下的弟子有弘训、广荫。③ 在这些弟子中，大多数人都是喜欢咏歌以及对古文感兴趣的。他们多有家业傍身，以学问为业，著书立说的人很少，尤其是在学术上做出贡献的人不足十分之一。④ 除了春庭、大平以外，在学界值得关注的人还有约十五人。⑤

1780年入门的田中道磨，他拥有独特的人生经历，撰写了《万叶微》《万叶名所歌抄》《万叶东语刊》，被认为是专攻万叶的学者。本居宣长与田中道磨，采取"田中问本居宣长回答"的方式，共同完成了《万叶问闻抄》。而且，他在名古屋一带普及本居宣长的学问，起到了功不可没的作用。1784年，田中道磨去世，本居宣长非常难过，而且将他的哀惜之情记入日记之中。

1780年入门的小筱敏，他来自石见国，受藩侯之命，来松阪求学。作为儒官，他推崇"皇朝古学"。他的著作集中在《续日本纪考证》《日本书纪考证》《令义解私考》《公事根源私考》等。

1785年入门的服部中庸，他著有三大考，专攻"纪记的宇宙创

---

① ［日］村冈典嗣：《增补本居宣长》1，前田勉校注，平凡社2006年版，第133页。
② ［日］村冈典嗣：《增补本居宣长》1，前田勉校注，平凡社2006年版，第137页。
③ ［日］村冈典嗣：《增补本居宣长》1，前田勉校注，平凡社2006年版，第136页。
④ ［日］村冈典嗣：《增补本居宣长》1，前田勉校注，平凡社2006年版，第131页。
⑤ ［日］村冈典嗣：《增补本居宣长》1，前田勉校注，平凡社2006年版，第138页。

造说"。在本居宣长门下，以古道学家自居。本居宣长在遗嘱中也以此点评他。他移居京都后，改名为箕田水月。他与平田笃胤相互推重。

栗田土满，最早师从贺茂真渊，撰写了《神代卷苇芽抄》等。横井千秋，他专注于诗歌论，完成了《勾玉考》等著作。他在普及本居宣长学说方面以及作为后援者，颇有贡献。他对本居宣长的学问非常尊崇，《古事记传》出版发行的事，他积极出资相助。本居宣长的治道说，以及藩政改革等想法，都是他向白河乐翁举荐的。本居宣长也深感其"厚意"。在诸弟子中，最推崇他，并称横井千秋是真心的人。

1786年入门的弟子帆足长秋是非常笃学的人。他仰慕本居宣长的学问。尽管家境穷困，他仍然多次去松阪学习。1801年，他的女儿京子陪伴父亲留在松板，为父亲抄录书籍。年仅十五岁的少女，颇有文采，写了《纪行刀环集》。帆足长秋是神官，他返乡后，在家乡积极弘扬本居宣长的学问。他还撰写了《万叶新说》一书。1787年入门的渡边重名是丰前中津八幡的社司，也是藩国学校的教授。他撰写了《神罚即报论》等作品。他是本居宣长门下的古道家。

1789年入门的植松有信，他撰写了《山室山日记》《冠注土佐日记》等。他擅长于歌文，还是版木师。他专注于《古事记传》的出版发行。他做事稳重，深得本居宣长的信任。同年入门的小国重年，最初跟随内山真龙，他用心于《词珠衣》，研究古长歌形式。还有石塚龙磨，他与小国重年是一个地方的人。石塚龙磨精通声音学。撰写了《古言清浊考》与《奥的细道》。

1792年入门的石原正明，他撰写了《新古今集》《制度通考》《名目类笺》《辛酉随笔》《壬戌随笔》等作品。铃木朗，专攻语学，他撰写了《雅语译解》《雅语音声考》《言语四种论》《源氏玉小栉补选》等作品。他擅长儒学，他视本居宣长为孔子，极其尊重。同年入门的千家清主（俊信）是国造俊秀的弟弟。1796年的冬天，在松阪逗留了数月。回乡后，在家乡讲授课程。

1793年入门的藤井高尚撰写了《伊势物语新释》《松落叶》等作

品。他精通歌文与古文。1795年入门的竹村茂雄，他是当地的名流，家里藏书丰富，与学界交友广泛，他致力于普及本居宣长学。1796年入门的长濑真幸，他先是追随帆足长秋，后来入本居宣长的门下，他撰写了《万叶佳调选》。1797年入门的殿村常久，他撰写了《宇津保物语年立》以及《夜舟物语》。

1798年入门的桥本稻彦，他是从垂加学转向的，他撰写了《神代卷正训》《订正姓氏录》《紫文海士》与《紫文制锦》等书。另一弟子野公台曾撰写《读国意考》，攻击贺茂真渊的《国意考》。他与赖山阳亲近交好。另外还有夏目麻吕，他是万叶风的著名歌人加纳诸平的父亲。1800年入门的中市冈闹猛彦，他擅长语学，并且撰写了《土佐日记追考》《雅言假字字格》。同年的有丘崎俊平发表了《新撰字镜》与《新撰字镜考异》。

1801年入门的田中大秀，他与本居宣长交往时间最短，却是"铃屋"中最优秀的。他撰写了《竹取物语解》《土佐日记解》与《落洼物语解》。我们一一细数本居宣长的交友、门人弟子的入门时间以及学术贡献，目的就是尽可能全面地展示出本居宣长学术的影响力。

村冈典嗣作为本居宣长的崇拜者，他对其研究的热心程度，通过其数十年的坚守，可见一斑。与子安宣邦、田中康二、小林秀雄比较，我们认为，村冈典嗣的本居宣长研究是以数据取胜，以研究的持续关注为特点。也再一次证明了村冈典嗣的本居宣长研究是我们研究本居宣长的必读书。

第二节 子安宣邦与田中康二的比较研究

日本学者对本居宣长的"物哀"论的研究从20世纪初至今，连绵不断。子安宣邦在《本居宣长讲义》中讲述了本居宣长"物哀"论，田中康二在《本居宣长——文学与思想的巨人》里，也研究了本居宣长"物哀"论，但是二者的观点却相去甚远。因此，笔者对其产生了比较的兴趣。子安宣邦的研究焦点汇集在日本物语的"虚构与准据"与"寓言与讽喻"方面，他破解了本居宣长"物哀"论的理论根基；而田中康二的观点则集中在"认识论与共感"角度，体现出细读文本的扎实功底。二者的论点各有特色，相得益彰。

　　本居宣长的"物哀"论，作为日本的物语观，它集中体现在《紫文要领》一书中。这是一部关于《源氏物语》的文学评论。在日本研究《源氏物语》的注释书籍以及文学评论就如同中国研究《红楼梦》一样经久不衰，历久弥新。关于本居宣长的"物哀"论，在日本学界一直呈现褒贬不一的各种言说。有高度盛赞的学者，如和迁哲郎（1889—1960）在《日本精神史研究》中认为："'物哀论'是本居宣长在文学领域的功绩之一。这是他研究平安朝的文学，特别是对《源氏物语》的解读，领悟到的思想。文学的目的不是道德的教诫，不是功利的手段。这是文学独立的审美价值观。这个学说在儒学全盛的时期提出来，它的提出对于'文学是道德、政治的手段的文学价值观'的时代里，可以说这个强大的学说是日本思想史里具有划时代意义的重大思想。"[①] 与之相对的，也有学者铃木日出男认为："《源氏物语》是一部虚构的小说。'人内心的非合理性的力'也就是'物哀'的概念，作者通过描写这些与世间的道理所不符的故事，作为'人的内心的情动'的极致体现者'光源氏'这个小说人物，他因为'不合理的力'做出'不义'的行为，是为了描写虚构的特权的物语文学。物语是通过对虚构的人物形象，好色的极致描写来阐明人的普遍的本性。"[②] 诸如此类的评论不胜枚举。我们应该如何相对客观、准确地理解本居宣长的"物哀"论是本书希望解决的问题。

一　日本物语的"真"与"虚"

　　本书研究日本物语的"真"与"虚"，聚焦到一个点上，那就是

---

　　① [日] 田中康二：《本居宣长——文学与思想的巨人》，中公新书2014年版，第85—86页。
　　② [日] 子安宣邦：《本居宣长讲义》，岩波书店2006年版，第51页。

《源氏物语》是真实的，还是虚构的？本居宣长"物哀"论的核心就是物语的"真实"与"虚构"问题。

首先要讨论的就是本居宣长"物哀"论是什么？这并不是一个结构清晰、内容完整统一的理论。它的主要内容散见于《紫文要领》一书中，为了便于论述，通过研读，笔者将其归纳出来三个层次："一，日本物语的写作宗旨就是'物哀'，'物哀'具体地讲，就是'通人情'。物语没有教诲、训诫读者的目的；二，作者的写作就是将自己的观察、感受、感动如实地表现出来。从人的自然属性出发，不受道德、伦理的束缚。人对万事万物都应该包容、理解与同情。三，读者阅读物语就是为了'知物哀'。"在这三个层次里，关键词就是"真实"。

子安宣邦在《本居宣长讲义》（2006）一书的第三讲中，也首先关注的是日本物语的"真"与"虚"的问题。他认为："物语是虚构的故事。"[1] 为了证明"物语是虚构的故事"，子安宣邦引用《源氏物语》中，光源氏与玉鬘的对话来阐述"物语的虚构性"。本居宣长"物哀"论的立论根基是写作的"真实性"。如果《源氏物语》是虚构的，那么本居宣长"物哀"论就成了无源之水、无根之木，就是不攻自破的伪命题。所以，日本物语是虚构还是真实的也是本书的重点。

关于物语的真实与虚构问题，《日本的古典文学大辞典》是这样解释的：「平安時代から鎌倉時代にかけて、作られた虚構による假名散文の文学作品」（《日本的古典文学大辞典·物語》）[2]。翻译成中文即：《日本的古典文学大辞典》关于"物语"的定义是："从平安时代到镰仓时代，创作的、虚构的、假名散文作品就是物语。"笔者从这个定义可以看出，物语是虚构的文学作品。这是日本文学界公认的规定。那么，本居宣长在"物哀"论中为什么一定要强调"物语

---

[1] ［日］子安宣邦：《本居宣长讲义》，岩波书店2006年版，第39页。
[2] ［日］子安宣邦：《本居宣长讲义》，岩波书店2006年版，第40页。

写作的如实与求真"?因为,本居宣长提倡"物哀"论的目的就是排斥中国"汉意"。

铃木日出男在《源氏物语虚构论》一书中认为:"虚构的话语,即物语的内容不是人类社会到处可见的、日常的事实,而是稀有的、非日常化的故事。"① 由此可知,铃木日出男认为《源氏物语》是虚构的、非日常的故事。而本居宣长认为:"物语就是将世间发生的各种各样的事情都写下来,使读者产生种种感受,将从前的事与眼前的事相对照,在从前的事情中感知'物哀',又在自己与物语中的人物、事件进行对照,感知当下的'哀愁',从而获得慰藉与排遣。"② 一言以蔽之,本居宣长强调的是《源氏物语》的真实性,即实有其事。另外,他进一步认为,读者通过阅读,与作品产生"共感"。对于"共感"这个问题,田中康二认为,除"樱花之美"这一例子之外,本居宣长还提出了一个具体的事例,即:人遇到有趣的、高兴的事,就表现出开心,听到伤心的、悲伤的事,就如同自己经历了这样的不幸,表现出难过的神情。这就是知道"事之心",是"知物哀",是"通人情"。如果有人听到或者看到别人费尽艰辛,想要见到某人而不得的悲哀时,推己及人,就应该如同别人一样悲伤、难过。这就是"知物哀"。反之,就是不知物哀,不通人情。听闻他人经历了非常痛苦的遭遇,沉浸在悲伤之中,听到的人也应该与他一样悲伤。即使是压抑自己的感受,仍然会有种无法承受的痛感,这就是"通人情",尽管不是自己的事情,也能感同身受,也就是人的同理心。"物哀"就是对他人的同情、与他人情感的共鸣。③

子安宣邦认为:"读者明明知道物语是虚构的故事。但是,读者却能沉浸在故事所讲述的世间百态之中,享受物语世界的喜怒哀乐,并与之达到共感,那个世界是五彩缤纷、也就是世间的人与事。这就

---

① [日]子安宣邦:《本居宣长讲义》,岩波书店2006年版,第41页。
② [日]大野晋:《本居宣长全集》第4卷,《紫文要领》,筑摩书房1968年版,第18页。
③ [日]田中康二:《本居宣长——文学与思想的巨人》,中公新书2014年版,第93页。

是本居宣长的'共感'，或者说是'共情'。"①

人本主义创始人罗杰斯阐述过"共情"（empathy）这个概念。他认为"共情"也称为同理心，又译作同感、同理心等。现代精神分析学者的著作中频频出现这个词汇。"共情"日渐成为现代精神分析与人本主义的融合的一个焦点。

本居宣长在提出"物哀"论之前，日本关于《源氏物语》的注释书籍就非常多。其中，比较广为人知的是四迁善成在《河海抄》（1362—1368）的"准据说"。四迁善成认为："《源氏物语》的故事的时代、人物都是日本历史上的真人真事。具体而言，时代背景为醍醐、朱雀与村上三代，桐壶帝就是延喜时代的御门醍醐帝，而光源氏就是西宫左大臣，源高明。"② 四迁善成的这个观点为《源氏物语》的真实性提供了一个依据。

本居宣长在《紫文要领》的结语中表达了如下的内容："《紫文要领》上下两卷是自己几年来精心撰写的心得。其潜心研究，反复阅读《源氏物语》。这不是得到老师相传，也不是抄袭其他注释类的书籍。本居宣长称，自己的研究与他们的说法宛如云泥之别。希望阅读该书的读者，用心体会物语的本意，并与该书相互参考，在此基础上，做出是非对错的判断。希望读者不因作者的知名与否，对文中的观点做出草率的决定。"③ 本书通过对日本学者关于物语的真实与虚构的引证，试图说明一个问题，那就是日本物语的真与假和实与虚的言说是不断发展、变化的。本居宣长"物哀"论中强调"作者写作的如实与真实"，是日本《源氏物语》研究领域里的一种观点，并非唯一的观点。

二 《源氏物语》是"物哀"、寓言还是讽喻

本居宣长认为日本物语的宗旨是物哀。除此之外，别无其他。本

---

① ［日］子安宣邦：《本居宣长讲义》，岩波书店2006年版，第42页。
② ［日］子安宣邦：《本居宣长讲义》，岩波书店2006年版，第46页。
③ ［日］大野晋：《本居宣长全集》第4卷，《紫文要领》，筑摩书房1968年版，第113页。

居宣长通过研究《源氏物语》，提出"物哀"论，并且决绝地说明物语写作与儒家思想、佛教教义是完全不同的。他反对物语是"劝善惩恶"，写作与道德、伦理无关。作者没有教训、教诲读者的功利性目的。他的这些观点，用现代文学理论术语的角度概括，那就是"文学的独立性"，文学与社会、政治、伦理截然分开。如果说物语写作是"真实"的，那么，作者如实地把自己的感受、感动呈现出来，不要儒家与佛教的教诲、训诫。紫式部笔下的"光源氏"，极尽好色。作为《源氏物语》的理想人物形象，活在虚构的物语世界里，享受着至高无上的荣华富贵。

子安宣邦认为，本居宣长的"物哀"就是发现了"人灵魂深处的冲动"，这种冲动被理性的伦理所压制，因为儒家思想以及佛教教义的捆绑。国学的思想就是要剔除外来的儒家思想以及佛教教义，回归日本本来的、古代的、人的本性。但是伦理的律令的存在，人的内在的神秘的不合理的灵魂被钳制住了。源氏与藤壶的故事就是如此，他们二人明知道自己罪孽深重，却无法压制自己的"冲动"①。人的这种不合理的"力"，用现代文学理论术语解释就是弗洛伊德"本我""自我""超我"理论中的"自我"。"自我"代表理性和机智，具有防卫和中介职能，它按照现实原则来行事。"本我"中的一切都是无意识的，它按照快乐原则行事。"超我"代表良心、社会准则和自我理想，是人格的高层领导，它按照至善原则行事，指导自我，限制本我。弗洛伊德认为，只有三个"我"和睦相处，保持平衡，人才会健康发展。而三者吵架的时候，人有时会怀疑"这一个我是不是我"；或者内心有不同的声音在对话："做得？做不得"；或者内心因为欲望和道德的冲突而痛苦不堪；或者为自己某个突如其来的丑恶念头而惶恐。这种状况如果持续得久了，或者冲突得比较严重，就会导致神经症的产生。

田中康二认为：本居宣长"物哀"论与恋爱具有不可分的关系。

---

① [日]子安宣邦：《本居宣长讲义》，岩波书店 2006 年版，第 50—51 页。

为什么本居宣长要如此拘泥于恋爱？根据日本学者大野晋的研究，这一阶段本居宣长与前妻离婚，迎娶了朋友的妹妹作为第二任妻子。这样的真实体验与"知物哀"理论有着深刻的内在的关联。的确，本居宣长热衷于"恋爱的物语"与自身的体验有着切身的体悟。这个假设不能作为实证的说法，作为理论的"物哀"与本居宣长的真实的人生实践应该慎重在进行研究之后，才能得出的结论。另外这个观点的确不失为一个具有趣味的说法。①

本居宣长认为："种樱花是为了赏花，而不是为了薪。"他的这个比喻说明物语不是"教诲"与"教诫"，而是为了"知物哀"。他的这个文学观，在田中康二看来，是划时代的文学审美观。本居宣长一生沉溺于阅读《源氏物语》，提出"物哀"的理论来批判儒家、佛教的"教诫"说。他的文学观与同时代的批判儒家、佛教的思想形态是同步的，或者说是一致的。

本居宣长反复言说的"物哀"究竟是什么？本居宣长认为："《源氏物语》的所有内容，全部54章就讲一个核心词'物哀'。"这里的"物哀"就是人如实地把自己眼睛所看到的、耳朵所听到的、身体所感受的、心里所思考的内容详细地整理出来、用心地理解，这就是"物哀"。

世上所有的事物都是通过人的五种感官获取的信息，并且在心中留下印记。所有事物的本质就是"得体地"对自己所听到的、看到的事做出反应，这就是"知物哀"。人如果对所发生的事，表现出自己的感动、理解与同情，就是"知物哀的人"，反之，就是"不知物哀的人"。这样的处事原则与做事方法，图示化的表示就是从眼睛到大脑，最后到达内心。"物哀"论不仅是情绪化的感情，而且从认识论角度讲，是知性论所提到的、重要的、指责的内容。②

不同的人解读《源氏物语》，就会得出不同的阐释。子安宣邦引

---

① ［日］田中康二：《本居宣长——文学与思想的巨人》，中公新书2014年版，第89页。
② ［日］田中康二：《本居宣长——文学与思想的巨人》，中公新书2014年版，第90—92页。

用北村季吟的《湖月抄》的观点:"《源氏物语》的本意是作者通过好色妖艳的故事情节的描写表达了对'仁义五常'的'道'的阐发,最终领悟人性的实相,以'出世'的善根思想来解决'源氏'的出路。也就是说,《河海》也是以君臣之交、仁义之道、好色为媒、菩提之缘为核心。"①

而《明星抄》的作者三条西实枝认为:"《源氏物语》的大意,或者说紫式部的本意是佛学与儒学思想的体现。《源氏物语》就是为了引导人遵守'道',以物语的形式教给人。这种方式是虚构的,实质是真实的说教,这样的物语是寓言论。类似于庄子的寓言故事。"②物语的趣意是"劝善惩恶",物语是"寓言",作者通过他人之口,传达了自己想说的话,作者塑造的人物形象以及物语故事向读者讲述了自己的真实想法,即劝善惩恶。除了寓言论之外,还有讽喻论的说法。安藤为章(1659—1716)出版的《紫家七论》(1705)里认为:"作者紫式部所想表达的就是劝善惩恶的讽喻论。"③ 熊沢蕃山(1619—1691)在《源语外传》中批评了劝善惩恶的观点,并且指出,作者紫式部所想表达的就是人情。④ 因此,本居宣长"物哀"的人情说,并非他的独创,而是对熊沢蕃山的观点的借用。

本居宣长"物哀"论的三个层次,首先,如实描写自己的感受,或者说写作的真实性是偏执的;其次,不要道德伦理的束缚,是他个人的文学诉求,并非所有日本学者都持此观点;最后,"物哀"就是"人情"的说法,也是借用熊沢蕃山的观点,而并非他的独创。

第三节　论小林秀雄《本居宣长》的研究方法

本居宣长是 18 世纪日本著名的国学家,在日本研究其学术思想

---

① [日] 子安宣邦:《本居宣长讲义》,岩波书店 2006 年版,第 52—53 页。
② [日] 子安宣邦:《本居宣长讲义》,岩波书店 2006 年版,第 53 页。
③ [日] 子安宣邦:《本居宣长讲义》,岩波书店 2006 年版,第 56 页。
④ [日] 子安宣邦:《本居宣长讲义》,岩波书店 2006 年版,第 56 页。

的学者层出不穷。小林秀雄（1902—1983）也是其中之一。小林秀雄是日本文艺评论界的灵魂人物，他的学术思想深刻地影响了20世纪日本的文艺评论家。因此，研读小林秀雄的《本居宣长》一书成了研究本居宣长的不二之选。该书的研究方法具有以下三个特点。第一，深读文本：小林秀雄在写作时，大量地阅读了本居宣长的作品以及相关学者的研究；第二，"原声"陈述：小林秀雄对本居宣长的研究是通过契冲、中江藤树、伊藤仁斋与荻生徂徕等数十位学者的"原声"来陈述的；第三，"理性"客观评价。小林秀雄对本居宣长的定位是有一些可取之处。

小林秀雄的《本居宣长》是其晚年的作品，被称为纪念碑式的评论。为什么小林秀雄要写《本居宣长》？他在该书的第一节，讲述自己与日本学者折口信夫（1887—1953）谈论自己阅读《古事记传》的读后感。小林秀雄认为："本居宣长的工作，不是批评、指责之类的东西。"而折口信夫认为："本居宣长是源氏。"① 正是这次谈话开启了小林秀雄研究本居宣长的学术之旅。

小林秀雄的《本居宣长》一书，上、下两册，共计50节。他不愧是日本文学评论界泰斗级的人物。为了翔实地评说本居宣长，他甚至亲自踏上松阪的土地，近距离地去感受二百余年前本居宣长所生活的实地境况。由此可见，小林秀雄文学评论的用心。不仅如此，他还查阅了尽可能多的相关文献资料。连他自己都说引用了大量的资料来完成研究工作。② 小林秀雄的《本居宣长》研究是从本居宣长的遗言书开始的。③ 最后，再次回到松阪，回到原点，完成了一次艰难的、漫长的学术之旅。

一 细读文本的方法

小林秀雄在写作《本居宣长》时，不仅阅读了本居宣长的作品，

---

① ［日］小林秀雄：《本居宣长》，新潮文库2014年版，第9—10页。
② ［日］小林秀雄：《本居宣长》，新潮文库2014年版，第27页。
③ ［日］小林秀雄：《本居宣长》，新潮文库2014年版，第26页。

还研究了相关学者的著作。他开始研究本居宣长时，起初并没有太在意，认为只不过是一次文学评论，最终竟然花费了他 11 年半的时间，不可谓不是一次深度"沦陷"的文本研究。小林秀雄在《本居宣长》一书中，引用了本居宣长的大部分作品。从本居宣长最初的《排芦小船》到《古事记传》均有涉及。小林秀雄在介绍本居宣长的生平时，引用了《玉胜间》卷二的相关信息。① 本居宣长关于"学问的方法"主要集中在他晚年的作品《初山踏》一书中。② 在京都游学期间，本居宣长研究《源氏物语》，创作了《紫文要领》《石上私淑言》。他提出了著名的"物哀"文学理论。"物哀"一词的首次出现是在《土佐日记》中。③

面对不同的学术观点，小林秀雄在《本居宣长》一书中，数次采信了村冈典嗣的调查研究。比如本居宣长的"两墓制"以及奇怪的葬仪。本居宣长的遗体，夜晚秘密送往山室。④ 而且小林秀雄在《本居宣长》中认为："村冈典嗣的《本居宣长》是研究本居宣长的众多作品中最优秀的。村冈典嗣不是以旁观者的眼光来考察本居宣长，而是贯穿着对他的敬爱之情，研究其思想构造的。"⑤ 有鉴于此，对于有争议的问题，小林秀雄大部分都采信了村冈典嗣的说法，例如本居宣长的姓氏以及平田笃胤的入门时间等问题。

关于本居宣长的姓氏问题。1752 年，本居宣长进入堀景山的私塾。同时，改了自己"小津"的姓，为"本居"。根据村冈典嗣的调查，从血统上讲，他没有"本居"的渊源。⑥ 而关于弟子平田笃胤的入门时间，一直是一本糊涂账。根据村冈典嗣的调查，平田笃胤是在本居宣长死后入门的弟子。为什么平田笃胤要隐瞒事实？他撒谎的原因是什么？小林秀雄在《本居宣长》一书中认为，所谓的国学四大

---

① ［日］小林秀雄：《本居宣长》，新潮文库 2014 年版，第 44 页。
② ［日］小林秀雄：《本居宣长》，新潮文库 2014 年版，第 67 页。
③ ［日］小林秀雄：《本居宣长》，新潮文库 2014 年版，第 338 页。
④ ［日］小林秀雄：《本居宣长》，新潮文库 2014 年版，第 17—18 页。
⑤ ［日］小林秀雄：《本居宣长》，新潮文库 2014 年版，第 26 页。
⑥ ［日］村冈典嗣：《增补本居宣长》1，前田勉校订，平凡社 2006 年版，第 37 页。

家，是从平田笃胤的门人开始说的。当然，这是平田笃胤出于发展自己学说的考量。①

小林秀雄在《本居宣长》的第三节对本居宣长的生平进行了介绍。他对本居宣长学术思想的分析，并不是局限在本居宣长这个研究对象上，而是做到了对其学术的追根溯源。小林秀雄认为："日本战国时代，应仁之乱以来，'以下克上'是日本战国时代一贯的风潮。丰臣秀吉的成功，'以下克上'成了文明的大经验。"他的这个观点，对学者全面地了解本居宣长具有深刻的启迪作用。② 小林秀雄在写作时，他运用学者自己的学术观点，即"原声"来完成对本居宣长学术观点的思考。或者说，他采用"述而不著"的策略。

二 原声陈述

在《本居宣长》一书中，小林秀雄邀请了契冲、中江藤树、伊藤仁斋、荻生徂徕等数十位学者现身说法，梳理出他们与本居宣长的学术在学渊上的关联，让各种学术观点一一呈现，梳理出了本居宣长《古事记传》的前生今世，林林总总、褒贬不一的各家之言悉数登台，就像"麻辣串烧"一般。而贯穿各种"食材"的主线始终是本居宣长的学术研究以及观点。

如果说，本居宣长是日本国学的集大成者。那么，在他之前的学者，诸如契冲、伊藤仁斋、荻生徂徕等学界著名的学者对本居宣长的学术起到过怎样的影响，这是一个从事本居宣长研究的学者无法回避的问题。小林秀雄也不例外，甚至他的研究史具有穿透力。他花费了大量的时间研究本居宣长之前，与之相关的日本前辈学者的诸多学术研究。佐佐木信纲发现的"恩赖图"中记载了本居宣长学问的谱系。与本居宣长的学术相关联的学者，其中不乏僧侣等各种学渊关联，有"西山公、屈景山、契冲、真渊、紫式部、定家、顿阿、孔子、ソラ

---

① ［日］小林秀雄：《本居宣长》，新潮文库2014年版，第320—324页。
② ［日］小林秀雄：《本居宣长》，新潮文库2014年版，第82—85页。

イ（荻生徂徕，引者注）、タサイ（太宰春台，引者注）、東カイ（伊藤东涯，引者注）、垂加（山崎暗斋，引者注）"①。由此可知，本居宣长在专注于《古事记传》之前，他已经接触、学习以及积累了多家学问之长。

小林秀雄认为："日本古典研究的学界豪杰及其代表作有伊藤仁斋的《语孟》、契冲的《万叶》、荻生徂徕的《六经》、贺茂真渊的《万叶》与本居宣长的《古事记传》。"② 本居宣长曾说过："《百人一首改观抄》是他初次接触到契冲的学说，之后还阅读了《余材抄》《势语臆断》等作品。"这个观点出自本居宣长的《玉胜间》卷二。③ 由此可知，本居宣长的和歌创作与契冲和歌论的关联。本居宣长认为："契冲是'大明眼'。"④ 并且，他认同契冲关于和歌的基本思想，即："歌学就是俗中的真。学问的真，从俗中的俗里获得。"⑤

本居宣长在堀景山的私塾学习医学时，修学了儒学的各种主要的经典书籍。他认为"圣人之教太苛酷"⑥。小林秀雄认为："本居宣长的儒学观是受到了荻生徂徕的影响。"⑦ 说到荻生徂徕，我们就不得不先讲讲荻生徂徕之前的两位日本学者。首先是中江藤树。中江藤树在《冈山先生示教录》中认为："学问是天下第一等，人的第一义。"这句话明确地表达了"儒家的理想主义与学问的纯粹性"，也成了日本学界的有名的话语。⑧ 这个观点长久且深远地影响着日本学者的求学之心。

其次是伊藤仁斋。伊藤仁斋关于学问的基本态度是："道德的价值世界与审美的价值世界是不同的，这也是模糊不清的哲学用语。二

---

① ［日］小林秀雄：《本居宣长》，新潮文库 2014 年版，第 41—42 页。
② ［日］小林秀雄：《本居宣长》，新潮文库 2014 年版，第 100 页。
③ ［日］小林秀雄：《本居宣长》，新潮文库 2014 年版，第 44 页。
④ ［日］小林秀雄：《本居宣长》，新潮文库 2014 年版，第 65 页。
⑤ ［日］小林秀雄：《本居宣长》，新潮文库 2014 年版，第 80 页。
⑥ ［日］小林秀雄：《本居宣长》，新潮文库 2014 年版，第 55 页。
⑦ ［日］小林秀雄：《本居宣长》，新潮文库 2014 年版，第 56 页。
⑧ ［日］小林秀雄：《本居宣长》，新潮文库 2014 年版，第 85 页。

者就像表兄弟。"① 伊藤仁斋16岁时读"四书",30岁时再读"四书",在研读这些中国古典书籍时,他努力让自己脱离开脚注的束缚,关于孔孟之学的注家,他反反复复地研读,完成《语孟字义》,这是当时关于学问的杰作,或曰"训诂之雄"。通过字义,追寻道的足迹。伊藤仁斋悟出一个道理,做学问不是注脚的取舍与选择,中国所谓的孔孟之学的核心就是学而知,行其"道",期待成功,并有所作为。

《语孟字义》研究的内核就是道德学说。学说是由文章构成的,文章是由字义合成的。综合字义就能得到学说,这是基础。学说的内在肌理是必需的。如果学说欠缺理论的补充,概念就会模糊不清,明白的事,需要"改造制作"。伊藤仁斋在《童子问》一书中认为:"《论语》是天下第一的书。"② 他倾其一生都致力于给《论语》作注释。《论语古义》出版于伊藤仁斋去世后十年。

伊藤仁斋学问的传人就是荻生徂徕。荻生徂徕感动于伊藤仁斋的《大学定本》与《语孟字义》二书。于是,他给伊藤仁斋写信,二人自此结缘。伊藤仁斋的学术是"古义学",而荻生徂徕的则是"古文辞学"。荻生徂徕继承了伊藤仁斋的从古文直接获得"古义",被称为古典研究上的历史意识的发展。历史意识是当代的学术术语,当时被称为豪杰,用中江藤树的语言讲,那就是他们的精神。他们的学问用当时的语言讲,那就是卓然独立的"道学"。古今贯通的道,里面是古今不同的历史。对荻生徂徕讲,与"道"相关的是"信",相反的是"不信"。造成不信的原因是人为的、空想的产物。也有人说"时代不同"了,还主张"确信"是没有意义的。实际上,道就是"追问的精神",不问道的人,不会问历史。③ 他们把历史当成避难所。通过利用与"代偿",用当代的语言讲,就是历史是相对的。荻生徂徕的回答非常简单,他们是不熟悉古书的人。

另外,荻生徂徕的《六经》也值得一提。荻生徂徕学问的支柱就

---

① [日]小林秀雄:《本居宣长》,新潮文库2014年版,第110页。
② [日]小林秀雄:《本居宣长》,新潮文库2014年版,第96页。
③ [日]小林秀雄:《本居宣长》,新潮文库2014年版,第113页。

是"经学"与"史学"。荻生徂徕认为:"历史不是事物的当行之道,也不是天地自然之道。"历史的真相与后世的好事之徒所设想的不同。历史的本质是拒绝定义对象化的事,这是他确信的基础。这与他的历史感情有关,珍惜过去、期待未来。这是现代人基本的历史感情,自明的事。因为自明,所以普通的人不知道反省,历史就是经验,自己的经验,自省是原封不动的纯化。①

要研究与本居宣长学术关联的人物,他的老师贺茂真渊是一个绕不过的学者。贺茂真渊与本居宣长的学术的关键词,概括地讲,就是"古语,大和魂、训读"。贺茂真渊撰写《冠词考》,经历了长年累月的苦读与思考,他的学说"组织严密"。正是这种求学精神打动了本居宣长。② 本居宣长得知贺茂真渊去松阪,借机拜访。1763年年底,本居宣长入门,成为贺茂真渊的弟子,开启了二人的学术渊源。大野晋在《古事记传解题》中认为:"贺茂真渊的《冠词考》是非常不合理的法则。本居宣长信任并学习这种方式。由此可知,这是本居宣长《古事记传》许多失考的理由与出处。"③

本居宣长与贺茂真渊的师生缘有一个插曲,就是贺茂真渊曾对本居宣长不满。盛怒之下,贺茂真渊甚至给本居宣长寄了"破门状",即"赶出师门"。那么,二者的学术观点的差异聚焦在什么地方?贺茂真渊从30岁到71岁,花费了四十年,辛苦耕耘于《万叶集大考》。但是,贺茂真渊的"枕词"是主观的、一己偏见的表达。④ 贺茂真渊在《万叶集》里提倡"万叶精神",类似于今天的文学批评。年迈的贺茂真渊通过经验,而非事实的论述,遭到了本居宣长的质疑。贺茂真渊的考证训诂是有限的,他的治学态度与慎重的意识相比,更多的是内在的自信。贺茂真渊做学问的激情是无法自抑的。面对本居宣长

---

① [日] 小林秀雄:《本居宣长》,新潮文库2014年版,第11页。
② [日] 小林秀雄:《本居宣长》,新潮文库2014年版,第232—233页。
③ [日] 小林秀雄:《本居宣长》,新潮文库2014年版,第233页。
④ [日] 小林秀雄:《本居宣长》,新潮文库2014年版,第236—239页。

的疑问，贺茂真渊首先批评了本居宣长的和歌。① 对于本居宣长热衷于和歌的态度，贺茂真渊是反对的，二人为此产生了矛盾，贺茂真渊大发雷霆。② 贺茂真渊主张"古伝的考伝"，而本居宣长钟情于和歌的后世风，二人在做学问上出现了明显的意见不统一。

另外，对于《万叶集》中的"难训难义"，贺茂真渊采取了自说自话的态度，而本居宣长对其产生怀疑，二人就这些不同意见，产生了分歧。贺茂真渊斥责了本居宣长的观点。③ 本居宣长收到来自贺茂真渊的破门状，心情复杂的本居宣长给贺茂真渊回信，表达了再入门的誓言。这封回信让意见相左的二人，化解了尴尬，矛盾得到了缓冲。对于学问的"道"的差异性，通过这次破门状，而得到"统一"。贺茂真渊与本居宣长在和歌领域的观点是不同的。④ 比较本居宣长与贺茂真渊的和歌观，本居宣长在《排芦小船》中认为："强调和歌的历史性，人情是古今不变的。"本居宣长看重《新古今集》，贺茂真渊则是"万叶主义"。本居宣长认为："和歌的本质是自然之理与道理。"本居宣长在《排芦小船》与《初山踏》中表达了和歌衰落的实际问题以及"咏歌"是学习"歌学"的手段的观点。⑤

本居宣长在学问的方法方面，他认为："歌的雅俗，审美的判断要遵从自己的喜好。"本居宣长考虑的重点是"真实的心与真实的歌"。他采用问答体的形式阐述和歌，语言与道。通过咏歌，本居宣长的思考力变得非常"强大"，也可以说，"语言第一"。因此，这也是他对文字以及语言问题重视的原因。语言最大的机能就是创造性的表现力。语言意识不彻底，反省也就不会彻底。本居宣长语言观的基础，就是把古典书籍翻译成现代语，他的动机是"纯粹的"。本居宣长对古典的、传统的东西抱有热爱与信赖的想法，读者可以通过他的

---

① ［日］小林秀雄：《本居宣长》，新潮文库 2014 年版，第 252 页。
② ［日］小林秀雄：《本居宣长》，新潮文库 2014 年版，第 253 页。
③ ［日］村冈典嗣：《增补本居宣长》，前田勉校订，平凡社 2006 年版，第 191—194 页。
④ ［日］小林秀雄：《本居宣长》，新潮文库 2014 年版，第 262 页。
⑤ ［日］小林秀雄：《本居宣长》，新潮文库 2014 年版，第 272 页。

著作，不难看出他的和歌的初衷。

可以说，本居宣长的"古语"与贺茂真渊的"古语"也不同。他们一个是"言灵"；一个是"万叶"。小林秀雄认为："本居宣长从语源学的角度对古语的解释是没有信用的，从学问的方法的角度衡量，也是不正确的。有害无益的断言。"本居宣长接受了契冲，贺茂真渊关于语言的解释。在这一点上，本居宣长迈出了一步，百尺竿头的第一步。①

平田笃胤继承了本居宣长的学术。平田笃胤认为："本居宣长一生创作的和歌超过了8000首。如此多篇的数量，说明他从少年时代起，至临终都热衷于和歌的创作。"② 另外，平田笃胤认为，文事的要谛是"古意"，那么，贺茂真渊的古意，也就是"古代的大义"，"古言"与"姿"。贺茂真渊的"复古主义""大和魂"传到本居宣长手中，就成了"国粹主义"。

根据村冈典嗣的调研，"所谓的国学四大家"的说法是从平田笃胤的门人开始的。平田笃胤以本居宣长的弟子自居，对此，村冈典嗣也做了调查，根据村冈典嗣的调研，"平田笃胤是本居宣长死后，入门的弟子"③。为什么平田笃胤在入门时间上，含糊其辞？我们看看平田笃胤的学说，就不难看出其中的问题所在。平田笃胤对本居宣长的著作产生了敏锐的反应，并以使命的心情来继承本居宣长的"古道"说。他主张复古神道教。他把本居宣长的《直毗灵》作为复古神道教的理论依据，他提出"古学是安心的书"与"心柱"等观点。④

从贺茂真渊的"调"，到本居宣长的"姿"，发展到平田笃胤，就是"雄武为宗旨的心"。平田笃胤成为自负的说教家。吉田松阴的《留魂录》以及新渡户稻造的《武士道》，都引用了本居宣长的"大

---

① ［日］小林秀雄：《本居宣长》，新潮文库2014年版，第297页。
② ［日］小林秀雄：《本居宣长》，新潮文库2014年版，第63页。
③ ［日］小林秀雄：《本居宣长》，新潮文库2014年版，第320—324页。
④ ［日］小林秀雄：《本居宣长》，新潮文库2014年版，第324—325页。

和心之歌""大和魂"与"丈夫的心"等术语。①

三　理性客观的评价

本居宣长是一位被日本学界褒贬不一的学者。小林秀雄对本居宣长的评价,概括为一句话,那就是"理解的同情"。他认为,本居宣长的学术研究是有意识的文化企图。② 本居宣长看到了问题的严重性。简单地言说是很艰难的,日本人从自身的知识与智慧出发,形成了人们所共有的国语,并成为传统,是强大的文化底流。

本居宣长把握住了时代的趋势,抓住了已经到来的"言灵"的时代。关于"言灵"的历史的生态,我们共有的"言灵"就会形成自己的"力"。新的意义,就像诞生的孩子一样。"言灵"是与和歌史贯通流传的。本居宣长在《词玉绪》中认为:"语言是本质的,生动的,具有一定的组织结构。"③ 这也是本居宣长之所以进行"训诂"的理由所在。

小林秀雄评价本居宣长对《古事记》的研究是划时代的工作,也是确定事实的研究。即使是今天,在学问进步的学术环境下,也是无法改变这个观点的。他对本居宣长确定事实的工作成绩表达了自己的喜悦与感叹,本居宣长所言说的学问的本意,不是静静的、以旁观者的角度保持一定距离的调查,而是与《古事记》完全地融为一体的研究。④

小林秀雄认为:"津田左右吉对本居宣长的评价采用先抑后扬的手段。"津田认为:"从本居宣长撰写《古事记传》开始,关于《古事记》的由来是一种僻见。"⑤ 这是"先抑"。《古事记》是阿礼的"诵习",也就是把用汉字书写的古书,改读为日本国语。这就是离开

---

① [日] 小林秀雄:《本居宣长》,新潮文库2014年版,第327页。
② [日] 小林秀雄:《本居宣长》,新潮文库2014年版,第332页。
③ [日] 小林秀雄:《本居宣长》,新潮文库2014年版,第332页。
④ [日] 小林秀雄:《本居宣长》,新潮文库2014年版,第347页。
⑤ [日] 小林秀雄:《本居宣长》,新潮文库2014年版,第363页。

书籍的"暗诵"。对于安万侣的《古事记》，本居宣长想通过这样的"暗诵"，来完成正确的诵读，在其序里没有写明，但是本居宣长信赖阿礼的口诵。在古代，除了书籍以外，传诵物语具有同样的功效。日本《古事记》使用汉字记录，向人们传播是非常艰难的，因为识字的人很少。因此，口耳相传在当时是必要的形式。由此可知，《古事记传》僻见说是对本居宣长的误解。最后，津田左右吉认为："《古事记传》所体现的国语是再怎么重视都不为过的。"① 这对本居宣长的贡献做了彻底的肯定。

我们不能无视本居宣长的学问的成绩，但是除了感叹之外，可以发扬的东西一点都没有。历史是"难的"，即：历史本质是难解的。从现代风格的历史学的方法讲，本居宣长的古学是偏见。本居宣长的《古事记》研究，单从史料的角度讲，是没有证据的文献。古书是汉文书写的，是汉文书籍，是日本古代人的经验。当时的日本人没有深度思考这个问题。只有本居宣长直面汉字。正是因为他思考汉字与日本假名的关系，他撰写了《古事记传》。我们可以了解到在日本的奈良时代，《万叶集》、歌集等古代书籍都是用汉字书写的。包括散文的"意"也一定要用"文"来装饰，这些都是汉文书写的。本居宣长非常明确地用假名古语的写法来书写。他认为只有这样，即使是不懂文字，也可以教育日本人。他所说的国语，声音所表达的"文"，不是用汉语书写的文字，这是日本的国语。所以，用汉字还是用假名书写，这是非常重要的问题。

本居宣长对汉字持批判的态度。他认为汉字的表意性从效率上讲，是很不实用的，它也不具备自然地呈现表意的文字功能。从自觉意识的角度看，汉字的表意性在和歌的领域已经显现不足，日本古代人使用中国汉字来表达情感，编写日本歌集的时代是我们日本现代人完全无法体会的。这正是本居宣长写《古事记传》的原因。古代人的语言经验，构成了古代文化的特点。我们阅读《古事记传》可以分析

---

① ［日］小林秀雄：《本居宣长》，新潮文库2014年版，第365页。

那种复杂的文体。"训法"的判定的工作是古代人推行"道"的工作，是我们参考古代文化的不二之选。

这种努力，使"训读"成为通过汉字来表现日本国语的基础。通过训读来终止汉字汉文，逐渐消化日本国语，这是敏锐的、执拗的智慧，不使用汉语，仅仅只是日本人在做的工作。① 比如，古代朝鲜人同样不知道自己国家的语言文字，接受汉语文化，即使是发明了"谚文"，也是很久之后的事。日本的"假名"，不是直接从汉字生成的，"和训"的发明，很早与日语连接起来。日本引入汉字，但是变化了原本的"特点"，仅仅是保存了汉字的形式，实质上，将汉字转化为日本文字。

例如关于"天"的"训读"，保留了汉字的表意性，而"天"的训读与之形成了一种对抗关系。这是古代人的语言习惯发生的变化，这是非常重要的事。小林秀雄认为："这是所谓向文明迈出了第一步。"为表音的假名，并不是自己生成的，而是从中国借用的汉字，图形与语言相结合，典型的象形文字。这对现代人来说是比较难理解的事。②

汉语的"言灵"，创造了一个个精致的字形，积累了丰富的文化，日本人放弃了自己的语言，随顺了汉字。而训读，也是独特的书写的读法。外语自然的传入方法，这不是外语的学习。这样变化规则的工作，是汉字独特性所决定的。日本人何必要做这样的工作？如果这样思考问题，那是对中日文明水平巨大的差异没有思考明白。面对优秀的文化事物的输入，实际的目的是顺从。首先汲取汉文的目的是不同的。因为汉文想传达什么？要理解内容，必须要用心思考汲取。正如本居宣长所言，"书籍是捷径"。

汉字总是摆着一副严肃的面孔，成为权威。无论什么时候，都必须服从。屈从于汉语这种权威的语言，任其发展下去，日本人面对各

---

① ［日］小林秀雄：《本居宣长》，新潮文库 2014 年版，第 370 页。
② ［日］小林秀雄：《本居宣长》，新潮文库 2014 年版，第 373 页。

种各样的汉字，就必须尽快地理解，整理，努力学习。可是有时候怎么努力都无法掌握。这是一种极端化的看法。日本古代人通过训读这种方法学习汉文。这是获取功名，成为有教养的人的唯一途径。另外，日本的文明是从模仿汉文明开始的。[①] 模仿汉字，才能拥有自信，要想彻底地这样做，日本人就得摆脱眼中看到的，头脑里想到的汉字。但是，模仿是很艰难的，要成为有知识的人，只有模仿汉字，汉语才能熟练。正式的文章是汉文的，所有日本人都这样思考问题。"怎么可以变成这样？"这是日本人中有知识的人的反省，最初自己国家的语言的姿态要明确地呈现出来。有知识的人从自己国家的口头语言提炼出日语，使用汉字只是一种实验，汉字不是日语。口头语言，生动鲜明的古语才是真正的日语。日本人最初的反省就是本居宣长撰写的《古事记传》。日本的历史是从模仿外国文明开始的。小林秀雄认为，本居宣长的这个观点是正确的。[②]

小林秀雄的《本居宣长》一书采取的研究方法是深读文本，他的观点之所以让人信服也正是他的言说是有的放矢。小林秀雄在文本中通过契冲、中江藤树、伊藤仁斋与荻生徂徕等数十位学者的"原声"陈述来梳理本居宣长的成败利钝，这样是相对客观的。他指出本居宣长的观点是没有理论根据的，但是不妨碍本居宣长写作《古事记传》本身的意义与价值。因此，我们认为，小林秀雄对本居宣长的评价是相对客观的评价，而且对其学术观点中的错误与荒谬采取了"理解的同情"。

---

① ［日］小林秀雄：《本居宣长》，新潮文库2014年版，第374页。
② ［日］小林秀雄：《本居宣长》，新潮文库2014年版，第376页。

第八章　日本现当代文学思潮中的"物哀"

本章遴选了日本现当代三位作家及其代表作中的"物哀"。他们是川端康成（1899—1972）、渡边淳一（1933—2014）和大江健三郎（1935—2023）。这三位作家对"物哀"最有体会。他们的创作集中代表了日本"物哀"在现当代的最高水平。本章选择了川端康成的《雪国》，渡边淳一的《失乐园》，大江健三郎的《个人的体验》。

第一节　川端康成《雪国》的"物哀"凄美

《雪国》是川端康成的代表作之一，它在日本文学史上享有很高的美誉度。《雪国》中的"物哀"也是众多学者研究的焦点。川端康成《雪国》中的"物哀"具有以下三个特点。其一，《雪国》景色与人物的心理描写情景交融，具有"物哀"的"以景传情"。其二，《雪国》的"悲"与"死"，表达了作者的"物哀"之情。其二，《雪国》中主人公"岛村""驹子"与"叶子"的"徒劳"。川端康成《雪国》中"无为""反者道之动"是川端康成对本居宣长"物哀"论的超越。

截至 2022 年 3 月，在中国知网上以川端康成、《雪国》、"物哀"为主题的文献资料有二百余篇，其中在学术期刊上发表的文章有一百余篇，学位论文有三十余篇。这个数字足以证明川端康成《雪国》是中日学者研究的热点作品之一。川端康成《雪国》中"物哀"是中国学者普遍认可的观点。在这些论文中,有学者将川端康成《雪国》中"物哀"理解为悲与美,有的学者认为川端康成《雪国》是情与景的交融。笔者认为,川端康成《雪国》中"物哀"有本居宣长"物哀"论中的"真实""不伦之恋",也有川端康成对"无为""反者道之动"等思想的阐述,这些都是其对本居宣长"物哀"论的扬弃。

一 《雪国》的"虚实相间"

日本作家热衷于通过四季景物的描写,烘托故事人物的心理以及故事情节的演变。川端康成也是擅长"以景寄情"的高手。他在《雪国》的开始,写下"夜空下一片白茫茫",将读者带进了一个白色的世界。"黄昏的景色在向后移动,在夜晚朦胧的月色中,山野的灯火映照在姑娘的脸上,是那么的美。"情与景水乳交融。这些真实的描写将我们的心与故事人物紧紧相连。

川端康成的《雪国》除了写景的真实还有塑造人物的虚幻。本居宣长在其"物哀"论中认为:"作者在写作时,应该将自己所见,所闻,所思真实地写出来。而不是因为道德,善恶而写作。"[①] 他的"物哀"论强调写作的真实性。这个观点对日本后世文学的影响巨大。日本的许多作家都追求"真"的创作理念。川端康成也不例外。他在《雪国》中通过对北国四季景物的描写以及主人公心理活动的叙述展现出了真实、动人的故事内容。但是,川端康成的小说不仅有真实,还有"虚幻"的存在。准确地讲,川端康成的《雪国》是"虚"与"实"的融合。比如,《雪国》中北国乡下温泉旅馆对"驹子"来讲是"实"的一面,对旅居于此的"岛村"则是"虚"的存在。他们关于东京的对话,对于"驹子"来说是回忆,是"虚幻"的描述;而对于"岛村",则是真实的生活。概而论之,川端康成的《雪国》是实中有虚,虚中有实,虚实融合的写作。

---

① [日] 大野晋:《本居宣长全集》第4卷,《紫文要领》,筑摩书房1968年版,第94页。

川端康成在《雪国》中对主人公的塑造同样采取了"实虚"的对比创作。女主人公"驹子"的形象塑造与"叶子"的描述是一真一虚。男主人公"岛村"与"行男"如出一辙。川端康成描写"驹子"是通过"岛村"的视角对其外貌进行了细致入微的描写。她"小巧而笔直的鼻梁下方有一张小巧的嘴唇、紧闭的嘴唇光滑而伸缩自如，即使不说话也有一种动的感觉。她有一个颧骨分明的圆脸，肤色恰似在白瓷上抹了一层淡淡的胭脂。她虽算不上是个美人，但比谁都要显得洁净"。这样的描述，读者可以感受到作者客观描写，主观感受以及联想的叙述。在"岛村"眼中，"驹子"最重要的一个特点就是洁净。正如，"女子给人的印象洁净得出奇，甚至令人想到她的脚趾弯里大概也是干净的"。"岛村"关注"驹子"的外在洁净，真实的目的是引发读者对其内在的联想。沦为艺伎的"驹子"之所以在"岛村"这里是洁净的，是因为她具有积极上进的坚强与情感的纯粹。

　　川端康成关于"驹子"的性格还有如下的描写。她表现得既坚强又柔弱，自尊又自卑，有时乐观有时悲观，妩媚又内敛，有果断勇敢，又有犹豫。她是一个饱满的充满张力的女性形象。为什么"驹子"有如此矛盾又统一的性格？这源于其人生的经历。她幼年因贫被卖到歌舞町，后被人搭救，又因恩人无疾而终，再次失去生活的依靠，后被琴师搭救，为了报恩，再次沦为艺妓。正是因为其悲惨的身世与不幸的命运，令其柔弱中有坚强，自卑中有自尊。"驹子"的人生经历了数次的上下起伏，在反反复复的得失之间，她沉沦又自爱，深陷泥潭又不失美好。经历了坎坷，依然对未来寄托希望，了解过她的经历，读者就不难理解她明知岛村有家庭，有妻子孩子，依然不改初衷。

　　如果说"驹子"是写实的一面，"叶子"则是虚幻的另一面。川端康成将"叶子"塑造成了美的天使。"叶子"推开列车的窗玻璃的瞬间，便引起了所有人的瞩目。连"岛村"也被其深深吸引。在"岛村"看来，"叶子"是美的化身，纯洁，神秘。她是谁？为什么要照顾"行男"？她与"行男"什么关系？这些问题一下子涌上"岛村"的心头。此时此刻的"叶子"成为"岛村"的牵挂。因为美,所以纯洁,因为神秘,所以牵动"岛村"的心,想知道,想靠近。爱美之心溢于言表。"岛村"为美而来,他的眼中只有美。"岛村"是川端康成的代言人。他所表达的审美观就是川端康成的溢于言表的审美追求。

《雪国》中的"叶子"是朦胧的、脱俗的与虚幻的。"叶子"的美是远离现实的。川端康成对"叶子"的描写则处处表现出了理想化和虚幻化的倾向。"叶子"的形象不是通过直接描写而展示,而是通过火车车窗这面镜子和"岛村"感觉间接地展现出来的。以暮色为背景,车窗是镜面,它使"叶子"美丽脸庞浮现在镜子上。"特别是当山野的灯火映照在姑娘的脸上时,那种无法形容的美,使岛村的心都几乎为之颤动。""她的眼睛同灯光重叠的那一瞬间,就像在夕阳的余晖里飞舞的萤火虫,妖艳而美丽。她清澈得近乎悲戚的优美的声音,像是从什么地方传来的一种回响。"

无论是近距离地端详"驹子",还是"遥遥相望"地预判"叶子",她们都是川端康成所喜爱的女性形象。川端康成"喜欢美,以美为要"[①]。他在《雪国》中塑造的"驹子"形象是日本女性传统美的再现,而"叶子"则是"纯粹"的天使。无论是"驹子"还是"叶子",她们那么美,那么纯洁,却都要经历悲惨不幸的一生。像无数日本女性一样,美丽而凄凉地度过自己的人生。无论是具有顽强生命力的"驹子",还是纯洁美丽的叶子都是川端康成心里的美的化身。追求美的川端康成赋予了日本女性不同的美的形象。

二 川端康成《雪国》的"悲"与"死"

川端康成眼中的"驹子"颧骨上的红潮与浓浓的白粉以及浓密的黑发都给"岛村"留下了深刻的印象。"驹子"身上的红色、白色与黑色的多元呈现表达了"岛村"对"驹子"评价的复杂与多维。她

---

① 叶渭渠:《不灭之美:川端康成研究》,北京文联出版社1999年版,第14页。

有一股子热情奔放,她对"岛村"是一厢情愿浓烈的爱慕。即使是历经生活的磨难,依然是保持纯真与本心,多情与艳丽的"驹子"却被"岛村"的"无情"所困。

本居宣长的"知物哀"认为,看到别人的不幸,因为别人的悲伤而痛苦。①川端康成却让"岛村"如此不知"物哀"。"驹子"明知"岛村"不能留下来,却依然不改初衷。这种爱而不得的悲哀是本居宣长的"物哀"论中的最令人感动的情景。"驹子"陷在爱中,苦苦挣扎,把自己置于痛苦之中,乞求一份不属于自己的"爱",让读者也不禁为其哀伤,为其落泪。也许这正是《雪国》所想表达的"物哀"之所在。"行男"的死,打碎了"叶子"的梦。她心心念念的"行男"只是"驹子"眼中的累赘。作为未婚妻的"驹子",在教她三弦琴的师傅死后,担负起赚钱为"行男"治病的重任。为了"行男",她不得不从事艺伎的工作。"行男"临终前,叶子叫"驹子"回来一趟,与"行男"告别,此时"岛村"即将返回东京,"驹子"正在为其送别。"岛村"劝"驹子"还是回去看看。"驹子"依然留下来。

"叶子"在"岛村"眼中是"纯洁"的天使。"叶子"在蚕房失火后,跌落身亡。"叶子"就像一片树叶从树梢悄然飘落,藏身火海。她也如同一片白色的雪花飘落在黑色的土地上,瞬间被融化了。空灵而优雅地从空而降。美到极致便是生命的幻灭和死亡,即使是死亡的气息也显得清冷而梦幻。在《雪国》中,"叶子"的死亡使故事发展到了高潮,死亡对"叶子"来说是结束了痛苦,是一种重生。"在这一瞬间,生和死仿佛都停歇了。"这个美的化身在一场大火中消失了。美的陨落是人们所不想看到的,川端康成在《雪国》中所展现出来的"叶子"的香消玉殒是其所想表达的另一处"物哀"。

"岛村"觉得"叶子"并没有死,而是生的另一种变形,她活在自己的心中,那是一种超脱生死的存在。这就是川端康成虚幻、美艳

---

① [日]大野晋:《本居宣长全集》第4卷,《紫文要领》,筑摩书房1968年版,第38页。

的审美趣味。为什么川端康成在《雪国》里叙述了如此的"生死"观？笔者认为，这与其童年时代的精神创伤不无关系。亲人相继离世的悲痛让其陷入对死亡的思考。死不是结束，生的陪伴与死后的思念同样如影随形。川端康成少年时代与爷爷相伴。后来爷爷的离世，让其悲痛不已。他对爷爷的追忆更加深髓。正是这样的亲身体验，让其悟得爷爷的死不是结束，而是另一场轮回。①

《雪国》以开往雪国的列车开始，到"叶子"的死进入尾声。作者以一张火光映照下的脸昭示了美与悲的结合，正是美的毁灭才会更加凸显美的意义与价值。美在眼前消逝了，它不在现实中存留，但是它却永存于人们的心中。当"驹子"抱起了"叶子"，悲痛到达了极点，所有的一切最终都成了"徒劳"和"虚无"。川端康成的笔下，"叶子"对"行男"的爱和"驹子"对"岛村"的爱都表现出一种只顾自己爱对方，不求对方爱自己的态度，这可以说是爱的最高境界，即"无偿的爱"。两位女性的生活是悲哀的，她们的爱情都是"徒劳"的，她们无偿的爱和卑微的付出，都体现了她们的"美"和小说的"悲"的情调。

本居宣长"物哀"论认为，最打动人心的是"不伦之恋"②。川端康成在《雪国》里通过对人物心理描写充分地表达了他的"物哀"之情。"驹子"不能自持地爱上"岛村"，"岛村"清楚地知道"驹子"迷恋上他。但他认为"驹子"的爱情是徒劳的，可悲的。他的内心为"苦"所浸泡。他倾心于"叶子"，但是"叶子"可望而不可即。或者说，"叶子"的眼里只有"行男"。"岛村"从东京来到雪国，看到"驹子"落寞的样子，在"岛村"的眼里，却成了难以想象的哀愁。如果一味沉溺在这种思绪里，连"岛村"自己恐怕也要陷入缥缈的感伤之中。③ 这种剪不断、理还乱的爱情纠葛与本居宣长的

---

① [日] 川端康成：《伊豆舞女》，叶渭渠译，广西师范大学出版社2001年版，第40页。
② [日] 大野晋：《本居宣长全集》第4卷，《紫文要领》，筑摩书房1968年版，第39页。
③ [日] 川端康成：《雪国》，叶渭渠、唐月梅译，中国社会科学出版社1996年版，第30页。

"物哀"是相通的。

川端康成号称"参加葬礼的名人",亲人的相继去世,使他陷入了深刻的无法克服的忧郁、悲哀,内心不断涌现对人生的虚幻感和对死亡的恐惧感。但是,他又是最熟悉死亡的作家。川端康成在小说的结尾以叶子从着火的蚕房坠下丧命结束,用这种无与伦比的悲伤来表达美的极致。死是美的一种表现,是最高的艺术。① 自杀是人生的最高点。在死灭中获得永恒的安宁与静寂。坦然地面对死亡,甚至欣赏死亡,是日本民族的一个特性。像樱花一样在灿烂后凋零(死去),一直是日本人的理想。这种对于死亡的观念有相当长远的延续性、传承性和相对稳定性,它已渗透日本民族的文化心理,形成了特殊的民族心理素质。②

正是日本这种传统的对死的向往的观念如同酵母、催化剂,催化了作家川端康成独特的生死观的形成。这种对死亡的欣赏、向往,常常渗透他的文学作品中,这在《雪国》中就有所体现。川端康成在《雪国》中对主人公"叶子"的死做了极美的描写。不仅在其文学作品中常常将死过度美化、超脱化,川端康成本人也实践了这种行为,选择自杀的方式结束了自己的生命。

三 反者道之动

川端康成写《雪国》始于1935年,完成于1947年。此阶段正值日本对华侵略战争时期。在此期间,日本社会军国主义盛行,正如川端康成采取了消极避世的策略一样,作品中的男主人公"岛村"不想与现实发生任何关联,认为什么都是徒劳。在这样的时代背景下,整部小说充满着一种淡淡的忧愁。"岛村"性格捉摸不定,且有些颓废。在战争年代日本中年男人对生活、前途丧失信心,冷漠的社会现实,在某种程度上映射了川端康成自身的精神苦闷。

---

① 叶渭渠:《不灭之美:川端康成研究》,北京文联出版社1999年版,第14页。
② 姜俊燕:《樱花的国度》,中国水利水电出版社2006年版,第194页。

如果读者了解了写作的背景，就不难理解"岛村"的冷漠与他口中的"徒劳"。《雪国》围绕"岛村""驹子""行男"与"叶子"四人之间错综复杂的爱情故事展开叙述。"驹子"爱慕"岛村"，视他为知己。而"岛村"在爱慕着"驹子"的同时又对"叶子"有好感，他对两位女性的感情又都是平淡的，没有轰轰烈烈的强烈表现；三弦师父的儿子"行男"执着地喜欢着"驹子"，"驹子"却对他毫无感觉，将心思都放在"岛村"身上。"叶子"却喜欢"行男"，爱到骨子里。"行男"生病时，"叶子"一心一意地照顾"行男"，"行男"死后每天都去"行男"的坟前祭拜，足见爱的深厚。另外，这种复杂性体现在文中并不明确的细节上。小说中没有清楚交代具体的情节。给读者留下了许多思考和想象的空间，这正是川端康成的暧昧之处。小说的几条爱情主线都充满着徒劳与不圆满，这样的爱而不得给读者一种感伤、悲哀之情。

在研究川端康成的《雪国》时，众多学者会认为，"驹子"对岛村的爱情是爱而不得的"徒劳"[1]。"叶子"像母亲一样无微不至地照顾"行男"，结局是"行男"的病危离世。无论是"驹子"，还是"叶子"，都是明知不可为而为之的"徒劳"。那么，为什么她们会选择"徒劳"？"岛村"认为，"驹子"对他的爱是"徒劳"。"驹子"本是贫苦人家的孩子，为了生存逐渐沦为艺伎。虽然沦落风尘，但"驹子"没有随波逐流，她刻苦自学，努力生活，有着自己的生活信念，执着地追求人生价值。"驹子"的内在精神是高尚的，是日本女性"独立"的体现。她善良纯真、知恩图报，精神上的孤寂，内心无法排遣的哀愁，使她渴望寻求两心相悦的爱情。所以，当"岛村"出现的时候，她执着地追求自己的爱情。面对"徒劳"的爱情的时候，"驹子"的爱是卑微的，不求回报的，甚至呈现"癫狂"的状态。"驹子"知道"岛村"只是小村庄的过客，但是她始终对"岛村"抱有幻想，期待"岛村"的到来。她不停地追问"岛村"，也只是想求

---

[1] 翟文颖：《论川端康成的"物哀"观》，《广州大学学报》2018年第1期。

得一个答案，既是在安慰自己，也是想获得心灵的慰藉。"岛村"爱"驹子"吗？我们在小说中无法给出准确的答案。但是我们可以确定"岛村"不会为了"驹子"而停留在温泉旅馆，因为"岛村"是一个在这里只想追求短暂的欢愉的游客。他无意改变现状，更不会沉溺于爱情。所以"驹子"对"岛村"的爱恋终将成为"徒劳"，"岛村"不能成为"驹子"真正的归宿。

"叶子"对"行男"的态度是真挚的。"行男"活着的时候，"叶子"悉心照料，时刻陪伴，像妻子一样守护着，像母亲一样照顾他；当"行男"去世以后，叶子沉湎于悼念之中，每天为行男上坟表达她对"行男"的思念，也在祭奠自己的悲哀无望的爱情。"叶子"不求回报的付出被烙上了"徒劳"和悲凉的印记，守护自己的爱人，默默地付出，她"无偿的爱"被视为美的极致和最高境界。这些描述从某种角度讲，也就是川端康成的认知与人生观的体现。

笔者认为，《道德经》第40章中"反者道之动"的逆向思维或许可以解答这个疑问。研究《道德经》，我们可以知道"道的运化是循环往复的，其作用是微妙、柔弱的，天下的万事万物都有两面性"。如果说"驹子"对岛村的爱是没有结果的"徒劳"；"叶子"照顾"行男"，而"行男"却因病而亡是"徒劳"。那么，她们应该怎么做，"驹子"得不到对等的爱，就放手，另觅新欢？"行男"死了，"叶子"当初就不应该照顾服侍"行男"？也许不同的读者有不同的答案。"反者道之动"阐述了事物都包含有向相反方向转化的规律。在一定条件下，好的东西可以引出不好的结果。同样，不好的东西也可以引出好的结果。正如老子的"福祸相倚"的智慧告诉我们的一样。生活中我们需要懂得用"反者道之动"的逆向思维去思考问题。如果我们运用"反者道之动"的智慧来解读《雪国》，就不难理解"驹子"与"叶子"的"徒劳"了。

人类文学无不写爱与死。在某种意义上说，日本物哀也深谙此道。川端康成对"物哀"爱之深，悟之透，哀之切，不仅写出了极致的"物哀"，也以极致的物哀的方式告别人世。他悲戚的自杀结局，可谓是日本现代"物哀"作家之"物哀式"谢幕。

第二节 渡边淳一《失乐园》的"物哀"绝唱

渡边淳一（1933—2014）的《失乐园》是一部"为情而死"的小说。这部作品既源于日本当今的现实生活，也具有东瀛传统的"物哀"情愫。男女主人公热衷于怦然心动的中年之爱，抛弃原有的家庭，陷入"不伦之恋"的纠结。为了把巅峰时刻的爱情定格，他们毅然决然选择了"殉情"。如此决绝的爱情包含了日本式的"死亡"观念和"物哀"的审美追求。"乐园"之得失映射于婚姻内外，渡边的思绪游移于"物哀"界边。这不仅是作家的笔触在摇曳，而且是日本精神文化在情与理之间躁动，同时也是本居宣长以来"物哀"诗学在这部小说中的深邃反思。从这种意义上讲，《失乐园》的积极意义毋庸置疑。

渡边淳一的《失乐园》描写的是一对中年人的情感问题。他们的"不伦之恋"凄美而悲壮。令人感慨的是这样一个悖论，主人公的爱分明是不为世人所接受，也得不到祝福的婚外情，然而就中款曲却让读者过目难忘，以至于无法轻易地说"不"。这个故事里既有真切的现实性，也有人到中年的爱情困惑，故而能够引发万千读者内心的共鸣。有的学者从日本的死亡哲学角度解读，也有学者从婚外情的角度分析，还有学者从现代性批判思想的角度，提出反自然倾向、工具理性倾向的批判。这些评论各有见地，相关的分析可圈可点。笔者尝试以"失"解"失"的方法，即透过弥漫全文的婚外情愫，品味其中"物哀"式的心性气质，从而把握作者赋予《失乐园》中的审美取向。

一 寻觅乐园：婚姻"围城"悖论的文学探求

面对婚姻、家庭、情欲等问题，不同的人有不同的态度与观点。《失乐园》就是渡边淳一的选择，它表达了一种人生的态度，引发了人们对婚姻与爱情的深度思考。该作品问世以来，相关评论纷至沓来。截至 2022 年 1 月，已有数十篇文章见载。主要分为四类。第一类是从日本的死亡哲学角度解读，以杨君的《渡边淳一的异文化——兼论日本文学中的死亡美学》为代表；第二类是从婚外情的角度分析，金蔚的《歧途与拯救——电影〈失乐园〉中婚外情引发的思索》，属于婚恋伦理的评说；第三类是从现代性批判思想的角度切入，侧重对于反自然倾向的关注和工具理性倾向的解析，王思齐的《渡边淳一〈失乐园〉的现代性批判思想》即这一方面的文章；第四类是关联西方罪感文化的思考，有裘梦楚的《从西方罪感文化的视角看〈失乐园〉中的罪与罚》等。《失乐园》是一部围绕中年人的婚姻、爱情与婚外情为主题的作品。故事将人的自然属性与人的社会属性的矛盾，真实地呈现出来。

中国先秦的礼仪选集《礼记》中记载："昏礼者，将合二姓之好，上以事宗庙，而下以继后世也。"东汉班固等编撰的《白虎通》说："婚者谓昏时行礼，故曰婚，姻者妇人因夫而成，故曰姻。"无论是在封建社会还是现当代，婚姻作为家庭和社会的重要元素，它涉及社会的经济、政治、文化与风俗等众多领域。绝大多数的成年人都需要面对婚姻问题。婚姻问题的复杂性与不可预知性，令深陷其中的人哭笑不得，进退两难。也正因为如此，才有了钱锺书的"围城"说。婚姻不仅仅是男女两个人的生理或生活上的结合，它涉及两个家族的联姻。尤其是中年人在婚后会遇到抚养子女成人的责任与赡养父母的义务，这些都是人到中年不得不面对的"终身大事"。人人都期望家庭和谐与事业顺利。然而，现实生活中更多的是一地鸡毛的琐碎与不堪。在婚姻关系存在的情况下，依然有着类型众多的、这样或那样的婚外情。

《失乐园》中男主人公"久木"是一家出版社的编辑，他拥有一份四平八稳的工作，以及一位温柔贤惠的妻子和在医学院工作的女儿。看似幸福的家庭里暗藏着男主人公对家庭和伴侣的倦怠或失望。女主人公"凛子"是一位气质优雅的书法教师，她的丈夫是一位医学教授，他们没有儿女。"久木"与"凛子"的婚外情，开始于一次偶然的邂逅，他们都是有婚姻的中年人，却如同干柴遇上烈火，彼此陷入婚外的感情，沦陷其中无法自拔。"久木"与"凛子"的"不伦之恋"在精神共鸣和肉体的欢愉中不断升温，但他们不得不面临彼此家庭的束缚和道德的拷问，或曰在情欲与道德的两难中痛苦挣扎。秘密幽会的次数增多，不稳定和不安全感让他们更加渴望光明正大的爱情。

渡边淳一在《失乐园》中展示的是传统道德伦理和人性中情欲之间的矛盾关系。作者的思想感情和写作态度也处于矛盾状况。他很明显地同情和理解后者。他认为，肉体交往在人与人之间的影响最大，人生无常，因而应该充分享受人生，为了至深的爱不惧违背道德，即便被千夫所指也在所不辞。这个观点与本居宣长的"物哀"论不谋而合。本居宣长在《紫文要领》中认为："在所有的人情中，最令人刻骨铭心的就是男女恋情。在恋情中，最能使人'物哀'和'知物哀'的就是悖德的'不伦之恋'，亦即'好色'。"他还说："最能体现人情的，莫过于'好色'。因而'好色'者最感人心，也最'物哀'。"[①] 显而易见，《失乐园》的婚外恋在本居宣长的"物哀"说中见得到理论支点，甚至可以说，"物哀"论本身就是渡边淳一的"乐园"的精神内核。

如果将渡边淳一的《失乐园》仅仅视作唯情论者，也失之简单。这一点我们在后面还会剖析。此处我们要说的是作家有其被人物、故事、情节所牵制的真实性涌动的方面，一如"渔猎"作业者的工作脱不开的天候海况所产生的洋流运动。欲望，感情的水深火热推动作家将主人公的喜怒哀乐诉诸笔墨。变是世界上唯一的不变。感情的变化才是它最真实的一面。人是会变的，爱情也是会变的。随着时间的推移，婚姻关系中的男女，他们之间的爱情与激情被生活琐碎消磨和日常琐事褪色，具体表现就是对于自己的伴侣由厌倦而失去爱意，守住

---

① ［日］本居宣长：《紫文要领》，子安宣邦校注，岩波文库2013年版，第109页。

底线者或许能维持"家人"之间的亲情。在婚姻外，遇到了与自己在精神和肉体上都能共鸣的人，"移情别恋"宛如易燃的电光石火一发而不可收。面对婚外情，人们不能简单地用好坏来判断。这就是渡边淳一想告诉读者的文学思想，或者说是他暗示的一种超越伦理的爱情观。一石激起千层浪。作者的"乐园"故事，传递给读者的得失观，自然毁誉参半。赞同者视之为"一种纯洁的爱情"。反对者则坚持"对爱专有的守护"。

这里有必要指出，渡边淳一在其《失乐园》中，固然继承了本居宣长倡导的"物哀"思想，但是他并非纯粹去宣扬情欲至上。他花费大量笔墨描写已婚男女的婚外情，客观上也唤起人们对现代都市男女，特别是中年男女的生活压力、婚姻状况的关注。他呼吁人们重新审视爱情和婚姻的本质，注重个体生命的精神诉求和人类的本能欲望。如果，我们把渡边淳一的爱情观上升到文学理论的角度考量，就会发现它确实对于本居宣长的"物哀"论有所契合。其突出的表现是对"性"情节的描写大胆直接，几无遮拦。这其实也是日本文学自古以来的真实状态。本居宣长的"物哀"论做了两件大事，一是把日本汉学从中国引进的"以理节情"观弃之如敝屣；二是把欲海浪情推向极端。西学东渐之际，日本文化传统中的大尺度的性爱，曾推动了"性解放"的运动，但是由于政治经济等复杂背景，本居宣长的"物哀"论不但一枝独秀，而且成了日本国学的基调，甚至成了日本彪炳于世界的文学名片。

渡边淳一的《失乐园》描写无疑被"物哀"染色。男女主人公在追求个性解放和性爱自由的过程中，让人看到了当事者受婚姻伦理束缚的悲哀，也披露出了他们内心的虚无和任由欲望横流的"物哀"。前者说明渡边淳一的同情感或曰思想倾向。后者则被包装成了现代的情爱术语。渡边淳一是这样表达的："在现实生活中，男女恋爱是一种自然而然的现象，而结婚后，共同生活则会使男女双方暴露了彼此的本性。原本相爱的两个人一旦结婚，成为受国家法律保护的合法夫妻。随着时间的流逝，两个人恋爱时的热情就会逐渐消失，人类原始的欲望会逐渐地荡然无存。社会道德规范的是整个婚姻模式，完全忽略了在这个模式下生活的个人感受，忽略了个体在其中能否得到满足与发展。"[1] 在这里，"物哀"美学的悖论，因婚姻枷锁的束缚而似乎有了新的支点，即婚外情的存在，确实是现实世界中无法忽视的社会问题。毫无疑问，执于情，困于情者面临着重大考验。选择什么，如何选择，堪称终身大事，一招不慎，甚至会成为生死抉择。正是在婚外情这个节点上，《失乐园》勾起了读者对性欲自由的向往或思考。作者渡边淳一也正是通过对主人公爱欲形象的塑造，和生死关头的去留取舍，再度为"物哀"论的"纵情任欲"观点安放了一子。

二 选择殉情：逃脱婚姻枷锁的极端了断

每一段凄美的爱情，大致都有如许经历：初始相识时爱欲萌动之甜蜜欣悦；达致高潮时如醉如痴之奋不顾身；结婚数年后爱情钝化之由痒而痛，于是怨偶夫妻要么劳燕分飞，要么形同兄妹，即走向了亲情。这是爱情婚姻关系中司空见惯的三个环节。那些悲怆的爱情和婚姻，其发起之时如樱花般绚丽，其枯萎之际则像残雪一样零落成泥。对哲理而言，思想的生活之树与日顽强，即便遭扭曲而依然常青。但是对于爱情和婚姻，世俗的生活之树则随时因剥蚀而叶落皮凋，凄然老去。爱情如火之时，往往在创造奇迹。激情燃尽后，终究是要归于平淡，甚至回落到艰苦的日常生活当中。悲怆的爱情与婚姻变数横生，正应了哲学家和宗教观念所说的"此爱无常"。也许只有死亡是个例外，它可以突破无常的铁律……可以让激情在到达顶峰时戛然而止，进入无常之有常，即获得永恒。

叔本华曾说："对死亡的思考是每一种哲学的源头。"[2] 从古代到现代，哲学家们都没有停止过对死亡的追问。在西方传统的死亡观

---

[1] ［日］渡边淳一：《魂归阿寒》，窦文、冯建华、知非等译，译林出版社2012年版，第3页。

[2] ［德］叔本华：《爱与生的苦恼——生命哲学的启蒙者》，陈晓南译，中国和平出版社1986年版，第118页。

中，人将生与死对立起来，把死看作对个体存在的一种否定。在海德格尔眼中，死亡是"一种此在刚一存在，就不得不承担起'去存在'的方式"①。正是由于有死，生命才有了意义。即死亡是一个不断显现自身存在的过程。此在的存在，这个"向终结存在"的过程，不断发现、实现自身存在的意义。

叔本华与海德格尔的这种向死而在的哲学观与渡边淳一对于死亡的态度殊途同归。渡边淳一曾说："一般情况下，人都会认为死是一种悲观的、令人伤感的、消极的事。但是我认为，死是一种强烈的自我表现，是一个人为了能够强烈留下一种印象的方法……"②《失乐园》的男女主人公"久木"和"凛子"，他们的爱情轰轰烈烈，因此也期望自己的死荡气回肠。所以，他们拒绝平庸痛苦的死，而选择了让青春和爱情可以达到永恒的死法。

渡边淳一的这一价值取向，立刻让读者想起本居宣长淡化死亡和凸显爱欲的审美思想。本居宣长的"物哀"论，将色欲和性欲视为无节制涌流的放任之情河。他没有把死亡与"物哀"的深层意蕴开掘出来，而是用泛化爱欲消弭了其中的道德精神，同时也过滤掉了死亡对于爱欲乃至淫欲的警示。通读本居宣长的全部著作就会明白，其"物欲""情欲"无度，本质上意味"物哀"无哀。他援引了汉语的"哀"（"安波礼"）字，实际上只给该字一个感叹词用场。在其散文式的行文当中，"物哀"二字组词合用，实际上强调的主要是人的动物性的一面。换个说法，本居宣长的"物哀"观充斥的是色情物欲，而汉语"哀"字的伦理内涵和情理价值则付之阙如。

平心而论，《失乐园》在这个方面并不完全是"唯欲"论。日本作家的写作，大部分喜欢将故事情节的推演与四季的更替结合起来。渡边淳一的《失乐园》也不例外。渡边淳一从自然之景切入，在爱与

---

① ［德］马丁·海德格尔：《存在与时间》，陈嘉映等译，生活·读书·新知三联书店1987年版，第331页。
② 杨本娟：《生命诚可贵，死亡亦美丽——论日本文化中的生死观》，《黑河学刊》2011年第11期。

婚姻关系的痛苦撕扯中，将人物命运一步步推向绝境。春夏秋冬不再是线性的逻辑，而是被打乱了节奏。故事从秋季开始，从秋到冬，本该是万物衰败的季节，但主人公的感情却是正在浓烈之时。春天是万物复苏的季节，作者却偏偏安排了男女主人公的爱情危机四伏，到了炎炎盛夏，他们的爱情如同汩汩热浪让人窒息。

小说《失乐园》各章节的题目以"落日""冬瀑""落花"等命名，起到了隐喻"久木"和"凛子"的婚外情是一场不被祝福，不被世俗所接受的爱情。尤其是"至福"一章，时值秋天，他们的爱情也如同四季的轮回一样回到了原点，在丰收、欢喜的季节里，两位主人公在轻井泽共赴黄泉。自古以来，爱情臻达婚姻，好的运程和归宿，应是有情人的"有始有终"，即相爱之人的白头到老，忠贞不渝。然而，现实生活里，当爱情如潮水一般退去之后，深陷在婚姻中的男女面临的却是严峻的考验。窘境和困境尤其是中年夫妻的婚姻状态。若干年的婚姻之痒，由痒而痛，消弭了爱的激情，积累了怨偶的戾气，即便在表面上相敬如宾，内心深处实际上发酵着烦恼和增加着疲惫，好的过渡也许会让双方转入亲情，即俗语所谓"多年的夫妻成兄妹"。司空见惯的常态则是夫妻相互厌倦，于情事麻木不仁。多数的中年夫妻会"认命"，接受了这样的现实，安分守己。《失乐园》中男女主人公却不甘心俗常生活的惯性，他们选择了再爱一次。这种"不伦之恋"让他们陷入疯狂，也陷入了严峻的生存危机。亲人的指责，朋友的疏远，同事的白眼，邻里的讥讽，当然还有社会法律的"围栏"和"堤坝"，简言之，男女主人公被周遭的环境所孤立。他们豁出去了，为了彼此间的"物哀"，放弃了自己的社会地位和经济来源，抛却了原本颇为稳定的家庭，飞蛾扑火般地投入了爱欲的烈焰，直至走向不归之路。

《失乐园》叙述的是一个人们耳熟能详的婚外情故事。一般而言，此类作品不会引起许多学者的长久的关注与深入的研究。然而，文化界的反应却颇为热烈。这个现象值得思索。《失乐园》引发读者思考的原因是什么？笔者认为有以下三个原因可资关注。其一是这部小说具有现实的关怀。它讨论的是人到中年，大都无法回避的问题之一。其二是它切中人性中"情与理"在婚姻临界状态的两难选择，这也是人类永远无法摆脱的纠葛。其三在于作品主人公的悲剧结局，即故事不是日本常见爱情文学的温暾泛情，更不是本居宣长"物哀"之"物"而不哀，而是有那么一种剀切的决绝之情爱，虽说不伦，但却有一点悲情，物且哀，哀而悲，悲而怆，对于世人而言，多少有一种警示作用。

《失乐园》中男女主人公的经历，可称引人深思的生死恋。渡边淳一是在传达一种人生思考题，或者说他通过这个故事告知世人，男女主人公以肉体的快乐来逃避现实，在感受到快感的巅峰和爱情的幸福时，也要付出道德在肉体中陷落的代价。让巅峰状态的爱情定格，等于打破了爱情向婚姻或者说向稳固家庭运行的定律，带领或推动读者重新审视婚姻人生。也许有人会说，他们没有像大多数中年人那样，经历了轰轰烈烈的婚外情之后，最终回归家庭，这是遗憾。一部分读者或者期望男女主人公在经历后，继续各自归位，重新担负起自己的伦理责任，照顾孩子与赡养父母，使踏入歧途的主人公有一个圆满的结局。从文学创作的角度看，渡边淳一对故事的处理颇有其不甘平庸的用意。悲剧比喜剧更有震撼力。矛盾交织，情节跌宕，这样的伦理性结果，要比本居宣长的任情纵欲观另有一种心灵反响，至少让人体会到作者写"物哀"之情，而又不局限于"物哀"之物与色的尝试。

《失乐园》之殉情情节，也牵涉日本文化中的死亡意识。日本文化深受其地理环境的影响，具有与生俱来的危机感和无常感。"花数樱花，人惟武士"，这则日本谚语集中体现了日本人的樱花情结与武士道精神。日本的樱花在花开时，绚丽多姿，但是花期很短暂。花开时节，日本人举家赏花成为一家人的盛事。同时，日本也有"武士道视死亡为等闲之道也"的名句。武士道精神也是日本人的精神底色之一。也就有了日本人"崇尚忠诚死亡"的独特生死观。在日本，剖腹、殉情的古典传统一直是民族精神里的重要内容。日本著名作家三岛由纪夫说:"像樱花一样,短暂的盛开又急遽的飘零,似乎象征着这种死亡(自杀)行动是美的、日本式的审美心理。"①

再往深远处追溯,日本人的死亡意识也与其民族的亡灵意识有关。根据日本《古事记》记载,人死后埋葬在地下,会通往一个叫"黄泉"的国度,这就是日本的地下世界"黄泉之国"。在日本人眼里,死亡有一种特别的美感。人对于死亡,与其说是害怕,倒不如说带有一种向往。如果做到了"生如夏花之灿烂,死如秋叶之静美",死就不可怕。用佛教六世轮回的教义解释,死是生的另一种形式。也可以说,死是生的延续,从生到死没有绝对的距离,死亡更像是一个温暖的归宿。所以日本文化传统对于死并不畏惧和回避,不仅不避讳,甚至将死看成神圣的事。日本文化的死亡哲学认为死是一种永恒的境界。

渡边淳一的文学创作深受日本文化中生死观的影响。另外,他多年行医的经历,对生老病死见多了,也会增加其对文学人物"死法"的思考。他在小说中流露出的"消极美学"和不甘无常的生死观,成为其作品的一个特色,甚至也可以说,死亡是他的创作母题之一。如《樱花树下》《魂断阿寒》《花逝》《爱的流放地》《泡沫》《无影灯》等。这些作品中,或多或少地都写了一个个凄美而壮烈的死,男女主人公选择了在他们最美好而幸福的巅峰时刻,主动地、有尊严地结束了自己的生命。

渡边淳一在文中写道:"一般情况下,人会把死亡看作是疯狂的,或者是悲惨的结局。这是因为人只看到了死的外在,其实,死去的人却是在无比幸福的彼岸世界。无论活着的人如何评判,死去的人皈依了爱的圣殿,在幸福的极致中,走向了永恒的安息。"② 渡边淳一的小说大部分都以死亡作为结局。死亡的原因大多是因为已经达到生命的极致,生命没有上升了,再往下走只有衰落。这种故事情节的设定是

---

① 杨君:《渡边淳一的异文化——兼论日本文学中的死亡美学》,《辽东大学学报》2018年第1期。
② 王锐欣:《渡边淳一小说的死亡美学》,硕士学位论文,山东大学,2014年。

渡边淳一死亡美学的特点。"为情而死",爱情得以升华和永恒;"顶点的死",是最幸福的境界。而这也是作者给此类情爱衰落病症和家庭临界危机所开出的极端处方。在这一点上,渡边淳一突破了本居宣长沉溺于色雨情海而不知有所敬畏的"知物哀"。

三 放纵与节制:《失乐园》的"性爱"启示

文学与社会生活的联系是分割不开的。渡边淳一在《失乐园》中刻画了日本现代社会中的生活百态。从这个角度讲,其作品有现实生活的折光。"凛子"的丈夫的性格,读者可以从凛子的口中得知,他不关心妻子的生活,也不主动与妻子交流,家中宠物猫的生死都激不起他的丝毫关注。这样一个冷漠而清高的人就像是现代社会的一架机器,可有可无。

作者在小说中还描写了一系列为了职位、金钱而压抑自我欲望的各色人等。现实生活中,有不少心灵空虚而苦闷的人,他们羡慕"久木"的婚外情,自己又缺乏抗争的勇气,只能每天浑浑噩噩地打发时光,如同行尸走肉,没有自己存在的价值和意义。现当代社会的婚姻制度是社会文明的产物。婚姻制度使法律既保护了人,也约束着人。在婚姻制度的约束之下,一切出轨的举止,都被视为有悖社会道德伦理的行为。而在现代生活当中,经济的飞速发展和社会的巨大变迁导致人际关系的不确定性,人的焦虑与不安全感是人们的婚姻危机的一个社会因素。渡边淳一的《失乐园》对由此引发的问题格外敏锐。

如果深入解析,则可以体会到《失乐园》正是通过小说人物的婚变,对现当代日本人的性生活有着细致的精神观照。作者更多的是在释放饱受社会现实压抑的性欲炭气和纾解"性变态"心理,或者还可以说,他是在性与死亡之间搭建一座"无常的奈何桥"。做过大夫的渡边淳一,在文学中也在诊断世情人性。他以"死"解"性",以"欲"叩"德",说到底也是对日本国学大师本居宣长纵欲论的继承和再放飞。

本居宣长在《紫文要领》中认为:"物语的写作就是知物哀,而不是劝善惩恶。"① 在这一点上,《失乐园》充分发挥了本居宣长的审美追求。作品中的人物失去了道德伦理的自制和监控,读者可从其中辨别出作者对"性"自由所采取的放纵的和美化的笔触,感受得到隐藏在字里行间的同情甚至赞赏婚外恋的态度。《失乐园》中女主人公"凛子"是一位气质优雅、性格倔强的书法教师。她的丈夫是医学教授,他们两个人身份地位对等,在外人眼中,应该是一对恩爱的夫妻。但是"鞋子合不合适,只有脚知道",其实他们的夫妻关系一直很冷漠,甚至可以说是无爱的婚姻。这样的婚姻关系是难以抵抗婚外情感诱惑的。从感情的角度讲,"久木"和"凛子"的婚外情是一种追求幸福的表现。但是,如果站在婚姻藩篱和社会伦理道德的角度来看,他们的行为背叛了彼此间原有的约定俗成,也背离了情理法规给定的既成约束,直接的损害则是抛弃了自己的家庭责任。

渡边淳一没有旗帜鲜明地反对婚外恋,也没有把更多一点的同情心倾注于婚外情的直接受害者方面。由此可以说他忽略了倡导节制放纵的文学伦理观,丢失了一个作家应该主动自觉地在情爱与理智、良知道德以及所谓"唯爱唯情"的"超道德"之间发出必不可少的警示信号。在这一点上,作者自觉不自觉地滑向了本居宣长"唯情"和"任意"的"物哀"论。如果说本居宣长的"物哀"论是抛弃了人类基本道德对情欲和性爱的节制,那么渡边淳一笔下的婚外恋形象则更多地让人感受到纵爱任欲的"唯情"论倾向。本居宣长在批判汉学道德僵化论的同时,把应该恪守的以理节情的汉学良知完全否弃,这就像清空洗澡水时把澡盆里的婴儿一起倒掉。渡边淳一的《失乐园》也有令人遗憾之处,其笔调向"任性自由"和"爱欲脱缰"的方面飘洒之际,良知婚恋伦理也被淡化,本应给予婚姻中弱者的同情之泪付之阙如。他通过一层层所谓"真爱"的铺排,在爱与死的顶峰处展示幻灭的高度统一之时,留给世人的无非是"超道德"的形象投影。

---

① [日] 本居宣长:《紫文要领》,子安宣邦校注,岩波文库2013年版,第45页。

当然,我们要把思想家、学问家与作家区别对待。本居宣长是前者,是日本非道德唯情说的理论先驱。而渡边淳一是作家,他写的是文学故事,塑造的是艺术形象。他的文学作品虽说让读者感受到其创作倾向流露出的偏颇,但是形象大于思想,鉴赏也不循单边运动。换言之,渡边纯一本人也很难给读者划定某种"纯一"。正如栾栋在《文学通化论》中所言,"文学是多面神,是九头怪,是互根草,是星云曲"①。作者笔下的文学形象,在读者那里往往会别有意象和另有意味。客观上讲,《失乐园》所述的婚外情,对于读者的启发也是多元的效应。就拿"乐园"意象而言,究竟是指恋爱,抑或婚姻,是婚外恋的赞歌,还是玩火者的自焚,结论恐怕仍然莫衷一是。至少不会是作品主线条画出的一个矢量。纵爱任欲的"唯情"论故事,由婚外恋到以死殉情,完全可能产生多种启发。这部作品也告诉人们,《失乐园》之所失,毕竟是弃置各方前情的无情,是撕碎两个家庭的无义,是扯裂长久稳定的变异。这一连串的悲怆事件,不仅仅只是作家头脑中的风暴,而且也是现实社会中会有的真实。就此而论,《失乐园》不也隐约传达着一个声音:为性爱所驱使,被恋情所困扰的人们啊,要慎重! 而这也是这部作品的积极意义之一。渡边淳一是写婚外恋、多边恋和生死恋的老手,他深谙本居宣长的"物哀"唯情唯欲理论。《失乐园》之失,在于作者把"物哀"论的任情观放任自流到极致,也在于作者把"物哀"论的弊端推到了山穷水尽之末路。在这个意义上,可以把《失乐园》称作渡边淳一婚恋小说之浓墨重彩,"物哀"情思之悬崖绝唱。

换个角度看,仅用道德去衡量婚外恋是容易流于简单化的判断的。一味援引法律维护婚姻的合理性也很难说就一定公正。《失乐园》也给予读者一个很平实的人生教益,那就是要珍惜构成家庭之初爱,呵护激情消退之婚姻。在婚姻生活里的夫妻感情是需要精心培养的,而不是等到出现婚外情,才做诸如放弃、逃避、漠视甚至出轨之类的

---

① 栾栋:《文学通化论》,商务印书馆2017年版,第112页。

举动。对于夫妻来说，学会经营婚姻是把婚外情降到最低可能的基本保证。两个人从相识、相恋，到走入婚姻的殿堂是千年的缘分。许多出了问题的婚姻，自然有社会的复杂原因，但是从当事人的角度看，大都有夫妻双方缺乏经营家庭关系意识的缺憾。结婚并不意味夫妻二人走进了家庭保险箱，爱情加亲情以至融为共同体的那种情分，才是真正的乐园，而且是不易消失的乐园。

人类需要自由，可也需要自律。男女都有爱欲，而社会少不了约束。文学如何表现这些问题，著名学者聂珍钊先生有一个切中肯綮的论断，即"文学在本质上是关于伦理的艺术"[①]。这个观点对于思索此类复杂问题具有深刻的指导意义。婚姻是社会历史赋予恋情世界的现实规范。在文明演进的正常情况下，婚姻制度是现实生活中最不坏的性爱伦理框架。婚姻是一个悖论，其存在有其合理性，也有其不合理性。伦理选择是调谐这个悖论的社会道德约定。有婚姻存在，就不可避免地有婚外情的出现。在婚姻生活里夫妻双方都需要用心地培养相互之间的那份家的感情。在婚姻外，有社会深水的警戒线和情感烈火的消防器，相关的约束也是不可或缺的情理调谐举措。任性与纵情以至任凭欲望横流，是个体悲剧和社会危机的病灶。婚外恋不但不是解决婚姻"围城"困境的出路，而且是产生悲剧以至一失足成千古恨的悬崖危象。《失乐园》没有做伦理结论，也没有道德判识，但是其中生动的情节和细腻的描写，客观上展示了一个令读者触目惊心的殉情场景。就这部作品而言，"乐园"之得失映射于婚姻内外，渡边的思绪游移于"物哀"界边。这不仅是作家的笔触在摇曳，而且是日本精神文化在情与理之间躁动，同时也是本居宣长以来"物哀"诗学在这部小说中的深度反响。如何经营婚姻家庭，《失乐园》"以死殉情"的故事发人深思。从这种意义上讲，这部作品的积极意义毋庸置疑。

---

① 聂珍钊：《文学伦理学批评导论》，北京大学出版社2014年版，第1页。

第三节　大江健三郎《个人的体验》的"物哀"苦情

大江健三郎（1935—2023）是日本当代著名小说家。《个人的体验》（1964）是其代表作之一。《个人的体验》中的"物哀"主要表现为三个方面。其一，《个人的体验》是作家"真实经历"基础上的创作。其二，作者塑造了"知物哀"的"火见子"与"不知物哀"的"菊古比"先后出场，影响主人公"鸟"对残疾新生儿的态度。其三，作者对人性的"善恶"考量，扬弃了本居宣长"物哀"论中的不论善恶。大江健三郎"善终将战胜恶"的价值观是其在《个人的体验》中所展现的生命哲学观。

《个人的体验》是否有"物哀"，不同的读者有不同观点。笔者之所以认为《个人的体验》有"物哀"，源于以下三个理由。首先，日本传统诗学"物哀"的潜移默化是日本作家的集体无意识。大江健三郎是立足日本的文学家，即使是享誉世界的知名作家也无法做到完全规避。其次，在《个人的体验》中，作者淋漓尽致地讲述了主人公"鸟"面对突发事件，所表现出来的焦灼与痛苦，正与日本"物哀"息息相关。最后，全球化时代背景下，作为国际性十足的日本，"物哀"只能是大江健三郎的底色，而不可能成为全部。

一　《个人的体验》中的虚实相间

本居宣长的"物哀"论强调，作者在写作时要真实地描写自己的想法。① 大江健三郎的《个人的体验》中的确具有真实的部分，也有想象力的描述。《个人的体验》描写了一个名叫"鸟"的小学教师，他接到医院的电话，妻子分娩出一个脑盖骨缺损，脑组织外溢出来的婴儿。小婴儿看上去好像有两个脑袋。医生的治疗意见是要保住婴儿

---

① ［日］大野晋：《本居宣长全集》第4卷，《紫文要领》，筑摩书房1968年版，第94页。

的生命就必须要尽快手术。即使是动手术，婴儿以后也可能是一个植物人。婴儿的脑后有一个紫红色的瘤子。婴儿生命体征很虚弱，随时都有可能死亡。当主人公"鸟"看到这个残缺的婴儿，他遭受到了前所未有的沉重打击。面对这样的婴儿，他不想拯救新生儿。他暗示医生希望拖延手术，让婴儿自然死去。医生理解"鸟"的打算，他表示"不可以直接动手弄死婴儿"。私下建议"鸟"可以调整一下给婴儿喂奶的量，或者干脆"用糖水代替牛奶"，这样可以让婴儿自然死去。脑外科专家、医院的副院长却建议马上为婴儿动手术，尽快抢救婴儿的生命。

大江健三郎翔实地描写了初为人父的"鸟"面对残疾新生儿的措手不及，这里的"真实"让读者透过纸背，都可以看到主人公"鸟"的不幸。本来是从天而降的喜悦，瞬间变成了"惊吓"。一想到可能要陪伴一个残疾儿一生，作为父亲的"鸟"更是不幸。"长痛不如短痛"的"杀婴"想法似乎也变得理所当然。从本居宣长"知物哀"的角度讲，读者应该理解"鸟"的"杀婴"想法甚至已经默许了主人公"鸟"的杀婴计划。

正如本居宣长的"知物哀"认为，读者应该同情主人公的不幸，理解主人公的所思所想所为是最重要的。[①] 具体到《个人的体验》一书，笔者认为，不同的读者有不同的领悟。糊涂的读者，可能会赞同"鸟"想要杀死残疾新生儿的想法。理性的读者则会建议"鸟"积极地配合医生给婴儿及时动手术。

二 "知物哀"与"不知物哀"的博弈

大江健三郎在《个人的体验》中塑造了一系列鲜活生动的人物形象。其中包括"知物哀"的"火见子"与"不知物哀"的"菊古比"。他们先后出场，在小说中起到了推动故事情节发展的重要作用。他们的观点直接影响主人公"鸟"对残疾新生儿处理的态度。

---

① ［日］大野晋：《本居宣长全集》第4卷，《紫文要领》，筑摩书房1968年版，第94页。

"鸟"没有同意即刻给婴儿动手术,而是把婴儿抱回了家。他的情人"火见子"在知道了事情的经过后,建议把残疾的婴儿抛弃掉,或者借黑市堕胎医生的手将婴儿埋掉。此时,主人公"鸟"陷入了把婴儿埋掉与马上动手术拯救婴儿的矛盾之中。经过了短暂的思考,"鸟"同意"火见子"的想法,并选择了"杀婴"的计划。他和"火见子"提着装婴儿的篮子辗转于闹市之中。此刻的"鸟"思绪混乱。读者也跟随"鸟"的脚步探寻故事的结局。害怕、担心、痛苦各种不安都会纷纷涌上心头。

"鸟"和"火见子"把婴儿送到黑市医生那里之后,在酒吧遇见了"不知物哀"的"菊比古","菊比古"与"鸟"一同追忆当年"鸟"的执着与勇猛,他对"鸟"称赞有加。与此同时,"菊比古"也指责"鸟"不应该因为现实的不幸就害怕得夹起自己的尾巴。在听到"菊比古"的劝慰与鼓励后,"鸟"终于决定要为自己的孩子做手术,他觉得内心深处突然出现了一种巨大而坚固的力量支撑着他。

笔者认为,"鸟"的内心一直在做斗争。一边是"杀婴",一边是"救婴"。即使在"鸟"做了"杀婴"的决定后,他听到"菊古比"的话之后,唤醒了他"救婴"的良知。这一切真实又虚幻。正如我们每一个人的心中都有善恶两面,也都有趋利避害的人之常情。所幸的是,"鸟"最终选择了"善",即"救婴"。无论有人说故事的结局突兀、牵强,还是有人说人性本善。我们在面对突发事件时的慌乱、纠结是一个普通人的正常反应,我们选择对自己有利的一面也是情有可原。如果"鸟"选择"杀婴",我们也不能因此而否定"鸟"。更何况,"鸟"在经历了各种尝试之后,回归了"善"的一面。

"鸟"遇见"火见子"是他的一种选择。"鸟"邂逅"菊比古",也可以理解为是作者在真实基础上的一种虚幻。准确地说,这是大江健三郎的文学伦理选择。发生变化的不仅是"鸟",阅读作品的读者也有了一次精神的升华。一部分读者会坚持"杀婴"的选择,另一部分读者会选择"救婴"。怎么选择,这不仅是作者的文学审美,同样也是读者的价值判断。之所以有人顺其自然地选择作者的安排,是因为他的内心也充满了"善"。当然不同的读者有不同的阅读选择。我们在一定程度上，可以理解有人坚持"杀婴"的观点。

客观地讲，只要我们认真地分析就不难发现，"鸟"的内心一直在纠结。无论是"杀婴"，还是"救婴"都不是一个可以轻松做的决定。"杀婴"好像可以避免一生的痛苦，但是真的实施了"杀婴"的计划，"鸟"将一直生活在自责的阴影中。"菊比古"的话，让"沼泽中"的"鸟"抓住了一根救命稻草，燃起了他对自己的信心。他不想再逃避。"鸟"最终认识到逃避责任是没有出路的，在"杀婴"与"救婴"的不断斗争中，"鸟"不再逃离，而是决定为婴儿做手术，最终"救婴"战胜了"杀婴"的想法。

三 择善从之的良知

大江健三郎在《个人的体验》中塑造的"火见子"这个人物形象。

她是"鸟"大学时代的好朋友，性格与"鸟"相似，也是具有逃避意识的人，同时她还是一位"性冒险家"。她的丈夫自杀身亡之后，她放任自己沉湎于性爱当中，借此摆脱丈夫离开后的孤独与寂寞。同时，"火见子"整日幻想于自己发明的"多元宇宙论"。也许是不幸的人生经历，也许是人的本性如此。她深陷其中不能自拔，只有通过"幻想"来逃避现实。

"火见子"在性方面满足了"鸟"，并给予了"鸟"巨大的鼓励。因此，"鸟"愿意听取"火见子"的建议，选择"杀婴"的计划。我们从人生百态的角度讲，可以理解"火见子"的决定。像"火见子"这样的有逃避意识的人在现实生活中并不少见。而主人公"鸟"之所以会改变"杀婴"的计划，从根本上讲，是他对"火见子"的所谓"多元宇宙论"的醒悟。"火见子"的这种自欺欺人的幻想，其实质是当代社会人的孤独、逃避、怯懦的表现。"鸟"从"火见子"身上看到了自己的逃避与懦弱。尤其是"菊古比"的话让"鸟"逐渐认清沉迷于自我欺瞒是不可行的。人必须要从"幻想"中走出来，回到现实生活中迎接生命的挑战。

最终,"鸟"回到了现实生活中,而"火见子"却仍旧一意孤行,她执意卖掉自己的房产去非洲流浪。可以说,正是"火见子"促使"鸟"对去非洲冒险的幻想彻底破灭了,她促使"鸟"重新面对生活的挑战,并最终完成了内心的转变,获得了新的人生。

在面对人生的突发事件时,"鸟""火见子""菊古比"代表了不同的选择。本居宣长认为,写作不论道德,不讲善恶。[①] 这是行不通的。至少,大江健三郎在《个人的体验》里表达了他对人性的"善恶"考量。主人公"鸟"经历了"杀婴"与"救婴"这样截然相反的转变,表达了大江健三郎"善终将战胜恶"的价值观。作者从"个人的体验",由己及人地"通化",抒发了自己的生命哲学观。

大江健三郎与残疾儿"光"长年累月地相处让作者亲身体验了"救婴"背后的艰辛。大江健三郎夫妇数十年的付出,不遗余力地养育残疾的儿子光。光在父母的呵护下不仅活了下来,还成为颇有成就的音乐人。《个人的体验》就是大江健三郎在其夫人生下残疾儿后真实生活经历基础上的文学创作。1963年,光出生后,大江健三郎去广岛调研,接触到了重藤文夫博士等人。通过对他们的采访,大江健三郎获得了勇气,能够正面接受残疾婴儿的现实,并积极地为孩子做了手术。[②]

1994年,大江健三郎作为日本第二位获得诺贝尔文学奖的作家,他在诺贝尔颁奖典礼上的演讲以"日本,暧昧,我"为关键词与川端康成进行了一场跨时空的对话。川端康成的诺贝尔演讲题目是"日本,美丽,我"。大江健三郎承认他在寻求"对人类的治愈和和解有所帮助的方法",并提出了对日本当时在世界上的角色的反思,日本的崛起是靠技术,而不是文学或哲学。这一次的演讲与其他三个不同地点和背景的演讲是一致的:"在斯堪的纳维亚听众面前谈论日本文

---

① [日]大野晋:《本居宣长全集》第4卷,《紫文要领》,筑摩书房1968年版,第94页。
② [日]大江健三郎:《定义集》,许金龙译,新星出版社2015年版,第22页。

化"（1992），"关于日本现当代文学"（旧金山，1990）和"日本的双重身份：一个作家的困境"（1986）。

大江健三郎一直致力于对"日本文化和身份"，"日本的过去和未来"以及文学在实现和平方面的创作。大江健三郎不是书斋中的作家，而是一位积极的社会活动家。他不知疲倦地阅读世界各国的文学作品，并从中汲取养分，试图为日本的各种错综复杂的政治问题、社会问题寻找到解决的出路。无论是战争问题，还是核问题都需要日本政府、社会与人民积极地直面问题，而不是逃避。2005年，大江健三郎因为写作《冲绳札记》被诉讼。他无过而受挫，这样的事件深深地打击了作家的心灵。他在长期的应诉过程中，积极地调研相关的资料。日本政府修改教科书的行为再一次损害了无辜百姓的切身利益。随着日本经济的高速发展，日本国家主义的不断抬头，日本政府修改宪法第九条，极大地影响了日本在世界各国人民眼中的形象。

本居宣长的"物哀"论认为，"写作不要善恶，也不论道德"。[①]他所说的道德是中国人的行为规范，即"克己复礼"。大江健三郎在《现在小说家的可为之事》一文中表达了自己的如下观点："任何一位小说家都是从小事开始写起，排除非根本性的一切，为了自己，继而为了他者们，理应阐明本质之所在的道德吧。"[②] 大江健三郎在此处所讲的道德指的是一个作家的文学创作所应该思考的问题，即：目前日本人应该尽力让下一代存活下去。具体地讲，就是暗示废止所有核电站的决心。

正是因为日本发生了2011年的"3·11"福岛核泄漏事件，日本的国土再一次遭受核辐射的毁灭性打击。身为作家的大江健三郎不得不思考如何让日本人面对危机，彻底解决因为核武器而引发的危险。回到小说《个人的体验》。

《个人的体验》立足残疾儿出生的真实事件，浓墨重彩地叙述了

[①] ［日］大野晋：《本居宣长全集》第4卷，《紫文要领》，筑摩书房1968年版，第94页。
[②] ［日］大江健三郎：《定义集》，许金龙译，新星出版社2015年版，第344页。

主人公"鸟"的纠结与痛苦。这部小说是具有实际原型的作品，其基调体现了本居宣长"物哀"论的"真实"原则的创作。"知物哀"的"火见子"与"不知物哀"的"菊古比"两个不同观点的人物形象的对比，让"鸟"完成了从"杀婴"到"救婴"的转变，这是大江健三郎对"不知物哀"审美的选择。最后，大江健三郎在《个人的体验》里安排了"善恶"的博弈，作者以"善的胜利"彰显了他的价值观，这是大江健三郎对本居宣长"物哀"论不论善恶的扬弃。

结　　语

本居宣长的"物哀"论，在日本文学理论中占有一个核心性的位置，在日本文教和社会各层面均有广泛的影响，具有重要的研究价值。本书正是对本居宣长"物哀"论的切题研究。其大旨是努力从综合性、深刻性、融贯性、启发性和解释力五个方面展开研究工作。前提性的工作是对本居宣长的生平、学术及其成果进行比较详尽的梳理，对《本居宣长全集》（23卷）的认真阅读，特别是对《紫文要领》《石上私淑言》《初山踏》《玉胜间》《排芦小船》《直毗灵》和对相关文献资料细致的释读，是本书的基础性工作。

从本居宣长思考的起点出发，对其"物哀"论的本质特征、演变过程和发展趋势以及多种影响，进行了还原性的理解和多角度的把握。从"知人论世"到"以意逆志"，从词源追溯到义理探讨，从作者自我意识到别人的有关评价，从中日文化交流的起伏变迁到世界潮流的东西激荡，从理论创造的相关特点到人文终极关怀的深浅厚薄，这些都是本书始终关注的问题，缘此构成本书的基本规模。

注重深度是本书的基本追求。这也是全书用力最大的工作向度。客观地讲，本居宣长"物哀"论是欠深度的，但是为什么这样一种诗学观对日本文学及其国族文化影响甚大。欠深度的学术观念背后，有其深沉的文史原因。笔者对其核心语词紧抓不放，力求深入地进行解析，不仅对本居宣长从《源氏物语》摘取该词的语境予以追踪，而且从本居宣长在《古事记》等原典中所引天神呼号的感叹语进行探索；不仅从本居宣长"物哀"论的基本理念加以开掘，如"物哀"和

"知物哀"的定义解读,而且从该术语带出的学术利弊和正反后果予以历史性的考量;不仅考察"物哀"论传导出的日本诗学自觉自强的意识,而且揭示其伦理悖谬和超越道德的荒诞可笑;不仅联系古代物语与和歌作品以及现当代小说以反观"物哀",而且结合日本民情风俗和政治气候反思本居现象。诸如此类的研讨层层推进,尽量把"物哀"论的民族文化、思想、艺理、政治、国际文化交流等大背景收入视野,换言之,让"物哀"论的一些大关节水落石出,从而使"缘起论""情色观""原教旨"等问题的根底显现出来。

加强融贯是本书的方法要点。此谓将融贯性当作一种事关思理的方法论支点。本居宣长自己对"物哀"论的诠释是一个核心点,本书以此为抓手,却不拘泥于这一点。通俗地讲,是在洞察式探究的同时,把文艺学、史学、哲学、伦理学、人类学等邻近学科的相关观察吸纳进来,交叉渗透,以求融会贯通。在透视"物哀"论的基础上,对本居宣长的相关思想次第剖判,"本意""原意""民意""汉意""国意"圈圈荡开,有如层层涟漪;考察儒学、道学和佛学与天照神学的相互交集,以及这些在本居宣长笔下跌宕起伏和抑扬取舍的碰撞,由此揭开"物哀"论在精神世界三棱镜中的不同影像;从典籍到师承,到国际关系变数,到时代潮流,以至后代反响,则是又一种古今交汇,其中见出汉和比对、文理擘画和美丑变态等若干特点。从方法论的角度看,本书是将内容与形式统筹研究的尝试。在融贯性方面的发力,追求的是文史哲的融汇,是知情意的贯通,也是教科文的映衬。在学理与方法合一的意义上,可以说本书是在维护和发扬真善美尺度应有的本真。

考察启发性是本书的学术探索。在人文学术史上,每个学者的每一种研究和每一种创见,都可能蕴含这样或那样的启发基质。启发基质往往是读者被吸引和创造性被激发的重要条件。简言之,一个古代文献本身要具备一定的启发性。启发性有如一个学者及其创见性思想的内质,也是其根器善恶、格局大小和可否值得传颂以及怎样被传播的先决条件。在这个方面,本居宣长的"物哀"论便是一个很值得研究的学术对象。如果说启发性是人类善良根器的"待叩"与"被叩",那么,待叩之根器须善,至少要持中守正;来叩者也必须有其良好的心愿和能够感悟研究对象的善意与相应的灵性。比如汉学入日本是否被善待,是否被曲解,是否能有善果,这就都取决于汉学的本质特征和日本国民的良知之多寡。启发性也是天地造化和机遇给定。中国文化映带出一个亚太文化圈,而且这种影响还在逐渐扩展,在某种意义上,这就是天造地设和人文化成,一衣带水的中日地理渊源,山水相连的东北亚、东南亚和西北亚板块,儒家文化圈和广义的中国文化辐射带,给亚太营造了福祉,陆海丝路已经证明了这一点。当今中国的"一带一路"倡议,也一定会在沿线各国产生积极而有益的效应。启发性的创造和形成,既是由天地造化,又与当事人的品性和见识以及是否有所作为密切相关。言及此,应该指出一点,本居宣长的"皇国优越"论,他对中日两国文化交流史的歪曲,他在"物哀"论中对日本文学的误导,都有必要进行深刻而全面的研究,尤其是在中日两国学界对本居宣长及其理论存在片面拔高的情况下,做好这一综合性研究不可或缺。

最后,有必要说一点反思自我能力和学术追求的点滴体会。具体讲,是关于研究工作的两个相辅相成的方面。这里指的是阐释学与发生学的结合问题。用栾栋的话说,"发生始创以建极,阐释缘典而申论。前者是后者的前提和基础,后者是前者的衍伸和发挥。对于研究者而言,在任何一个方面切入都无不可,但是将二者结合起来做学问,无疑要比单向擘画要妥当。学术史告诉人们,将二者融为一体研究,更有可能做出厚实而有创意的成果。"① 本研究确实感受到结合二者的优长,也深切地体会到结合二者的不易。一方面是阐释,在这个方面下功夫多多益善。此次对本居宣长"物哀"论的研究,笔者真切地感受到开展阐释研究的艰难,也领略到了在发生学研究方面有待继续深入探索的必要。本居宣长的著述和相关文献需要钻研,日本文史

---

① 转引自栾栋《人文学导论》手稿,第二章《论方法》。

结　语

需要阅读，中日文化交流史需要回溯，在文字学、文艺学、哲学、人类学的相关层面还需要精耕细作。阐释工作都是建立在这个基础上。另一方面，创演的机理需要深究。对本居宣长"物哀"论创建过程的爬梳剔抉，不仅有助于深入理解近代以来他与不少日本学者亟亟于摆脱汉学的迫切心情，也有助于体会创新工作是一种严肃的考验，有志于创新的人很难全面地把控事物，偏颇往往是司空见惯的现象。如果研究者根器欠正和心地偏邪，那么理论建构一定会出现偏导甚至误入歧途。

　　本居宣长"物哀"论研究告一段落。放眼看，人文天地风景如画。日本文学研究和中日文学文化交流领域欣欣向荣，生机勃发。在整理这一研究成果的过程中，笔者每每有意外的收获。付梓前还想说一点，由于笔者的学识局限，文本中的缺点和疏漏在所难免。诚望海内方家不吝批评指正。

附　录

附录1　本居宣长"物哀"论在中国的研究现状（日语版）

中国における本居宣長「もののあはれ」理論研究の現状[①]

要旨

　　本居宣長は日本の名高い「国学の大家」である。「もののあはれ」理論は、日本の文学理論の歴史における重要な役割を果たし、日中比較文学の分野においても中核となるテーマである。本居宣長の「もののあはれ」理論に関する中国学術界における研究状況について中国の学術データベース「知網」によると、関連論文は大きく3分野に分けられる。第一に、本居宣長の「もののあはれ」理論の本質に関する研究、第二に、日中比較詩学に関する研究、そして第三に、受容・影響関連の「もののあはれ」理論研究である。本居宣長の「もののあはれ」論は中国学術界で新たに注目される問題となっている。

　　キーワード：中国、本居宣長、「もののあはれ」理論、研究現状

　　中国の伝統的な詩学理論や美学観は、日本の古典詩学に深く影

[①] 本部分已经发表，作者是雷晓敏，题目为：本居宣长"物哀"论在中国的研究现状

響を与えており、日本の審美学カテゴリーの多くは中国様式のものである。詩学的な概念から芸術的な概念まで多岐にわたり、全てにおいて漢文化の影響が見受けられる。18世紀の日本民族文化の覚醒により、日本学者たちは自国文化に対する理解を模索し続けた。本居宣長の「もののあはれ」理論の独特な価値追求は、日本文化の張力を明らかにするだけでなく、日本詩学の新たな局面を示した。

一　本居宣長「もののあはれ」理論の本質的な研究

　　日本文学理論「もののあはれ」は、悲哀や哀愁といった単純な意味解釈ではなく、それは同時に感動、同情、壮美といった寓意を合わせ持つ。日本文学や文化が発展進歩していく中で、「もののあはれ」は、次第に日本式の経典的審美学の伝統を形作っていき、その内包や実体は、日本文学や日本文化の神髄の中に溶け込んでいった。万物は人を哀愁や憐れみといった情緒に引き込むものを含有しており、悲哀の美しさをはっきりと表現している。中国の学術界では、2022年6月までに、本居宣長の「もののあはれ」理論に関する研究論文は120本発表されている。その中から、注目に値する学術成果を分類すると、本居宣長の「もののあはれ」理論の本質に関する研究論文、次に日中比較詩学に関する論文、そして日本に文学作品における「もののあはれ」理論の受容と影響に関する論文に分けられる。

　　本居宣長の「もののあはれ」理論は、日本の文学理論の中でも重要なものの一つに数えられる。中国の学術データバンク「知網」には、「もののあはれ」理論とは何か、「もののあはれ」理論の変遷、および「もののあはれ」理論の本質を探求する論文が10本余り発表されている。その中でも早期に発表されたのが、姜文清の「「もののあはれ」論考」（日本研究論集、1996）である。その後、武徳慶の「悲しみを美とする審美情緒――日本の文学理念「もののあはれ」の分析」（武漢理工大学学報、2013）、王向遠の「日本の

「あはれ・もののあはれ・もののあはれを知る」——審美概念の形成と語義分析」（江淮論壇、2012）、曹莉の「本居宣長の「もののあはれを知る」理論の詩学主題研究」（中南大学学報、2013）、王寅の「本居宣長のもののあはれ観」（開封教育学院学報、2013）、雷暁敏の「本居宣長「もののあはれ」理論の三つの盲点」（外国文学研究、2014）馬抱抱「もののあはれ」について」（揚州教育学院学報、2016）、鄭奕瑩「もののあはれ」についての再認識」（中国・厦門外国語言文学研究生学術論壇及び厦門大学外文学院第十回研究生学術界検討会論文集、2017）、周朝暉の「本居宣長：「もののあはれ」の美学」（書屋、2017）、袁宏沢「悲しみを美とする審美情緒——日本の文学理念「もののあはれ」の分析」（中国民族博覧、2018）、楊燕「美の「初心」——日本美学のキーワードと芸術探求」（明日風尚、2018）などが発表されている。

　これらの論文の中で、姜文清（1996）では、以下のように言及している。平安時代以降「もののあはれ」は日本民族のある種客観的世界に対して感じた反応を導く認識方法であり、一種の文芸作品や文芸鑑賞における審美感情の表現方法の一つである。（姜文清、pp. 255—269）また、武徳慶（2013）では、以下のように言及している。「もののあはれ」は日本文学における重要理念の一つである。「もののあはれ」を生み出した土壌や背景は、自然環境が日本にもたらした幸不幸であり、戦乱と疾病が生み出した「幽玄さ」であり、日本式の封建統治が産み出した世界でも独特な女性文学である。「もののあはれ」は精神と物質の融合である。ここでの「物」とは多彩な客観世界のことである。客観的物質が精神に触れ、発せられる感嘆である。概括すれば、「もののあはれ」とは恋情と風情である。）（武徳慶，pp. 661—665）

　王向遠（2012）では、以下のように言及している。（『源氏物語』で表現されている主観的な感動や感銘の「あはれ」は、江戸時代に本居宣長によって客観化した審美対象として「もののあはれ」概念が再構築され、さらにそこから発展して、知覚と理解が付与され審美活動としての「もののあはれを知る」となり、この三つの概念が変遷の基本的な軌跡を形成している。「もののあはれ」の「もの」は「あはれ」感を引き出す審美価値を持つ対象物であり、政治・道徳・説教等は排除される。「もののあはれを知る」の「知る」とは、美的に知覚、観察または塾考することであり、「審美」と同義語となる。しかし「もののあはれを知る」の「知る」対象は、往々にして道徳を超越した複雑で深遠な人間の感情であり、人生・人間性・人間の感情を充分に理解した者でなければ「知る」ことはできない。したがって、「もののあはれを知る」ことは最も複雑で難解な審美活動なのだ。)（王向遠，pp.8—14）

曹莉（2013）では、以下のように言及している。本居宣長が提示した「もののあはれを知る」とは、日本民族特有の詩学理論である。幕府封建統治という時代背景のもと、「もののあはれを知る」は、儒教を中心とする「勧善懲悪」論の反言説として構築された。「もののあはれを知る」そのものには、文学の自己規律を強調し、現世をに着目し、人間本位の詩的なテーマが含まれている。それは、時代の先駆者であり、日本近代文学理論に大きな影響を与えている。（曹莉，pp.195—200）

王寅（2013）では、以下のように言及している。本居宣長は「ものあはれ」について体系的な研究を行い、「もののあはれを知る」人となるためには、日本文学界で長らく踏襲されてきた「漢意」を抛棄し、「大和魂」を具有して、『源氏物語』を理解し、そのもののあはれの美しさを感じ取らなければならないと主張した。」（王寅，pp.18—19）

雷暁敏（2014）では、以下のように言及している。本居宣長の「もののあはれ理論」には、三つの盲点がある。まずは、物をおろそかにし、心に肩入れすると言う日本の主体意識である。次に、文学倫理を軽視した多情思想である。そして、「皇国神道至上主義」

という原理主義の悪意である。「もののあはれ理論」が文学倫理の要素となる文学思想を空虚化するというのは、超道徳の欺瞞であり、極端な排他的民族意識の膨張は危険な道標である。二百数年来、日本の「大和」独占優位論や軍国主義侵略の弁解については、本居宣長の言葉の中から根源を見出すことができる。（雷暁敏，pp. 119—127）

馬抱抱（2016）では、以下のように言及している。本居宣長が提唱した「もののあはれ」という非常に抽象的で豊かな審美学概念は、まさに日本の伝統文化の中に「もののあはれ」の美しさが浸透しているからこそであり、彼はこの点を明瞭化して、人々が日本文化をさらによく理解するための糸口を示した。「もののあはれ」の美しさは、もともと日本人の文化の中に潜んでいたものであるが、本居宣長が提唱したこの美学概念とこの概念を活用した文学批判は、特殊な溶解液となって、もののあはれの美しさが日本人の精神に溶け込んでいくのだ。これは文学実践が産み出した文学理論であり、文学理論が文学実践の過程をまた改善していくのである。（馬抱抱，pp. 16—21）

鄭奕瑩（2017）では、以下のように言及している。本居宣長の「もののあはれ」の当初の解釈は、悲しみは悲しみのもの、楽しみは楽しみのものであった。「もののあはれ」という語の意味が次第に変化していくにつれ、多くの学者によって本居宣長が提唱した「もののあはれを知る」が「無常」や「感傷」と拡大解釈されるようになった。人々が言葉を使用していく中で、たえず新しい意味を付与して行ったのだ。様々な原因で「読み違え」をされたためでもあるだろう。しかし、この「読み違え」も普遍的な現象となったとき、それが間違いだとしても、それを新しい意味の一つにするべきである。」（鄭奕瑩，pp. 1—7）

周朝暉（2017）では、以下のように言及している。本居宣長は、芸術のための芸術的文学観を確立した。本居宣長は「もののあはれ」という美学概念を新ためて発掘した。『安波礼弁』(1758年)の中で、初めて「もののあはれ」という美学概念をとりあげ、日本古代文学の特質として描き出した。彼はこの発見を『源氏物語』、歌道等の研究領域にも応用した。いわゆる「もの」とは、物事についての談話、講述、観覧、鑑賞、嫌忌であり、指し示す範囲の対象は非常に幅広い。人々は何事に対しても、感動する事柄には感動し、感動する心を理解できる。それが「もののあはれを知る」ことであり、感動すべきことに遭遇しても何も感じなければ、それは「もののあはれを知らない」ことであり、心ない人となる。本居は「もののあはれ」は日本固有のものであり、それは生来の「真の感情」であり、善悪の概念で物事を計る中国文学とははっきりと異なっているという。本居宣長が発掘したこの理論は、日本文芸美学に深い影響を与えている。「もののあはれ」は日本の美の源流である。日本人のこの審美意識は、文芸における古今の文学、美術、音楽、曲芸さらには現代芸術の領域に含まれる映画やアニメまでも包み込んでいる。「もののあはれ」は今や日本の民族精神に深く浸透した潜在意識となっている。」（周朝暉，pp. 41—45）

袁宏沢は2018年武徳慶と同テーマの論文を発表している。武徳慶の論文は2004年に発表されているため、筆者はこの二本の同テーマの論文を比較検討してみた。袁宏沢の論文は、武徳慶の論文と重なる部分が多いため、筆者は、袁宏沢論文は武徳慶の論を大いに参照して書かれていると考える。以下に三つ理由をあげと、第一に、両者は日本文学理念「もののあはれ」の起源と背景について分析を行い、全く同じ結論を下していること。第二に、袁宏沢の「もののあはれ」観と武徳慶の「もののあはれ」観が基本的に一致していること。第三に、日本の文学理論「もののあはれ」がある程度文学範疇を超越して現実世界の文化基盤や意識となっていると両者が認識していることである。これらの審美概念は日本人や一般大衆に影響し続けているため、無視できない価値判断を生み出してきたのである。

　楊燕（2018）では、以下のように言及している。日本美学のキーワードは、もののあはれ、幽玄、空寂である。「もののあはれ」、「幽玄」は明らかに漢文化の影響を受けているが、「空寂」に関して言えば、日本生来の審美意識が強勢な漢文化に依存しなくなることで、自身に覚醒をもたらした。あるいは、漢文化の神髄を巧みに取り込み、それによって似て非なる漢文化へと変化させた。しかし実際は、貴族支配階級が不完全な美や「素朴な美」を鑑賞する際、真に労苦の民のように辛さやみすぼらしさを体感するのではなく、自己の内心世界に対して深い追求である。すなわち日本民族の精神構造は、事物の表面的なものではなく、内在世界に対する追求なのである。）（楊燕，pp. 88—89）

　以上の論文を精査していく中で、本居宣長の「もののあはれ」理論の進化変遷および本質についての見解を得ることができた。中国において、一部の学者は本居宣長の「もののあはれ理論」が日中比較文学理論の重要な一部を担うとも考えられている。そのため、第二章では、主に日中比較詩学の側面からの研究論文について言及していく。

二　日中比較詩学の側面からの研究

　日中の詩学理論は、長らく相互に影響し、参照し合ってきた。そして、本居宣長の「もののあはれ理論」は日本と中国の文学理論を分ける分水嶺となっている。日中比較詩学の側面から本居宣長の「もののあはれ理論」を研究している論文は、陳希穎の「逸出と束縛——本居宣長の「もののあはれ理論」と中国の「感物説」」（上海師範大学修士学位論文、2011）、王向遠の「感物とあはれ——比較詩学の視点から見た本居宣長の「もののあはれ」理論」（文化与詩学、2011）、朱麗卉の「万象に哀しみを知らしめる——日本の「もののあはれ理論」と中国の古代文献における情と欲」（理論界、

2013)、雷曉敏「斉物論ともののあはれ——日中物性思考の比較研究」(人文雑誌、2015)、林少華「侘び寂び」の美と「もののあはれ」の美」(読書、2017)の5本である。

　陳希穎（2011）では、以下のように言及している。「もののあはれ理論」は本居宣長が『源氏物語』と和歌を研究している際に提唱した重要な理論で、日本文学が漢文化の価値体系と審美概念から脱却するために用意された論理と美学の前提であり、世界において日本の独自性を確立した重要な一歩となった。「もののあはれ理論」は、道徳教育や理性体系といった中国の古典文芸理論から脱皮したのである。「もののあはれ理論」には、内部から外部まで漢文化の痕跡が滲み出ており、とりわけ中国の古典審美理論「感物」説と似通った点が多い。「もののあはれ理論」の感性と繊細な特質は、中国文学批評の理性と剛健な風潮とは確かに大きく異なっている。しかし、その本質は、宣長が日中文学文化価値をもとに、日中文学文化比較論と価値論の判断をくだしただけにすぎない。彼が意図的に両国の差異を明らかにしたのは、厳密な科学的精神と論理によって検証されたのではなく、彼の価値判断の目的に基づいている。「もののあはれ理論」の本質は、「感物説」を代表とする中国文論文化の反転の産物でしかない。「もののあはれ理論」の本質は、日本独自の神道文化を母体とし、漢文化を理論ツールとした一種の変異形なのである。（陳希穎、2011）

　王向遠（2011）では、以下のように言及している。本居宣長は、日本文学の創作意図は「もののあはれ」であり、作者は自分の観察したことや感受・感動したことを如実に表現して読者と共有し、審美の共鳴と心理的満足を求めているだけで、読者への教誨や教訓といった功利目的はないと考えている。また、読者の読書目的も「もののあはれを知る」ことなのである。「もののあはれを知る」とは、人間性を知り、人情を重ね、人意を理解することで、風雅に富んでいる。「もののあはれ」理論は、日本文学批評史上古くから親しまれた、中国の儒教道徳論に基づく「勧善懲悪」理論を根底から覆した。それは、日本文学の民族特性の概括と総括であり、また、日本文学が一定の段階まで発展した後、中国文学に対する従属と依存からの脱却を図ってその独自性を確認し、その独立性を集めて具現化することを模索していくことで、日本文学概念の一つの大きな転換を示している。同時に「もののあはれ」理論は文学価値論や審美判断論、創作心理や受入心理論、日中文学と文化比較論等にまで関与し、世界批評および比較詩学史上から見ても、普遍的な理論価値を有している。(王向遠, pp. 280—297)

　　朱麗卉は (2013) では、以下のように言及している。日本は、漢文学を汲み取るという基礎のもと、自身の文学理論、すなわち本居宣長の「もののあはれ」理論を提唱した。本居宣長は、それを日本独自の理論としたが、実際は中国文学理論とりわけ魏晋時期の宮体詩や明朝末期から清朝時代の情欲を主とした文学変革から深く影響を受けている。本居宣長のいう「もののあはれ」は、実際には倫理化や社会化といった主題を捨て去り、感覚と個人主義の「もの」に対する感嘆を強調しているのだ。(朱麗卉, pp. 145—147)

　　雷暁敏 (2015) では、以下のように言及している。荘子の斉物思想と本居宣長のもののあはれ理論は、日中の物性思惟比較研究の重要な概念で、両者には内在、哲学意義、文学理論比較の三つの側面において本質的な関係がある。荘子の『斉物論』は中国文学思想の重要な基礎となる。本居宣長のもののあはれ理論は日本近代文学理論における主流思想であり、日本の学者が提示する人と物の関係という思考モデルであり、中国文学理論が日本の文学理論に影響を与えているという理論を覆そうとするものである。　(雷暁敏, pp. 61—66)

　　林少華 (2017) では、以下のように言及している。それぞれの人や民族の心の中の美しさについては、共通しているところを除けば、必ず相違点も存在する。これは、民族ごとに叙情伝統と審美様式が異なっているためである。日本人は、大和民族として、彼らの審美眼や審美情緒の独自性が「もののあはれ」であり、この点が中国の審美と明らかに異なっているのだ。（林少華，pp. 164—172）

　　以上、5名の日中文学理論比較以外に、唐珂の「本居宣長の「もののあはれ」理論から東西古典美学のアプローチの相違分析」がある。これは、日本と西洋文学理論比較がなされており、この論文の視点は目新しい。唐珂は以下のように指摘している。「もののあはれ」は、日本古典美学の最も重要な範疇の一つであり、それは審美反響メカニズム、審美主客間の関係、理性と感性の作用関係、審美と倫理の関係、審美目的論等の側面から日本美学と民族文化の独自性を体現していると同時に、欧州古典美学の伝統と異なったレベルで複雑かつ微妙に対立しており、これらは東西美学の文化背景、精神実践と思考方式の相違によるものである。ここから西洋と日本美学伝統のアプローチの相違と深層の特質を考察することができ、東西美学の理解、対話、交流を促すことができる。（唐珂，pp. 128—132）

　　つまり、唐珂の論文は、日本文学理論（東洋文学理論の一つとして）と西洋文学理論を直接対比させ、行間から作者の西洋文学理論における造詣を明らかにし、西洋の研究から日本文学理論の大義に迫っていると言えよう。

　　本居宣長の「もののあはれ」理論は、中国の様々な文学理論から脱却し、18世紀の日本文学理論の重要かつ代表的な文学理論となった。その理論化の過程は、日本作家の創作に対して、広範囲かつ長期的な影響を与えた。したがって、中国において「もののあはれ」理論を用いて日本の文学作品を解釈する学者が後を絶たないのである。

三　受容・影響関連の「もののあはれ」理論研究

　　本居宣長の「もののあはれ」理論が確立してから、日本精神が与えられ、その文学要素は、文学批評の一つの尺度となった。それに関連する論文は20本余りあり、三つに分類することができる。

第一に、日本文学作品中の「もののあはれ」観である。主に、李洪良の「『万葉集』における「もののあはれ」観」（作家、2008）、雷芳「日本の『古今和歌集』に見られる「もののあはれ」の美意識」（天水師範学院学報、2016）、劉燕「樋口一葉文学における「もののあはれ」と「もののあはれを知る」」（芒種，2017）、雷芳「日本中世の「幽玄」歌学における「もののあはれ」」（北方工業大学学報、2018）張永亮・雷芳「西行『山家集』の「秋歌」における「もののあはれ」の美しさ」（大衆文芸、2018）が挙げられる。

李洪良は中国学術界で「もののあはれ」を審美尺度とし日本文学作品を解釈する学者である。李洪良（2008）では、以下のように言及している。「もののあはれ」は日本民族の審美追求として、その豊かな生態風情や深い人間性の背景を有している。その形成と発展は、比較的長い歴史の過程を経過しており、日本固有の審美範疇に属している。『万葉集』の中の「もののあはれ」観は日本古代文学の中の「あはれ」を代表しており、こういったもののあはれは、変遷の過程を辿っている。（李洪良，p. 75）

雷芳（2016）では、以下のように言及している。「もののあはれ」は日本古典美学の理念として、平安時代の『源氏物語』に具現化されており、事実上その100年あまり前に編纂された『古今和歌集』の中でも、繊細でしなやかなさをもって古代詩人の限りない情感を表現されている。詩人たちは、自然の風物に対して変幻する鋭敏な感情を和歌の方式で表出し、恋愛で体験した絶妙で洗練された感動を表現しているのだ。『古今和歌集』の中の「もののあはれ」は、まだ萌芽期にあるが、それでもある種混沌とした状態を露呈し、孤独、怨恨、驚嘆、無常、歓喜、共感等の情感がこの一時代の「もののあはれ」の美しさを織りなしているのである。（雷芳，

pp. 33—37）

　　劉燕（2017）では、以下のように言及している。「もののあはれ」と「もののあはれを知る」とは本居宣長が日本伝統文学の審美と詩学要素に対して行った総括であり再解釈である。万物に対する共感を強調し、そして物語創作には人情の表現と理解が必要であることを強調した。樋口一葉の作品は、人情の表現を根幹とし、様々な手法で人情を表現しており、「もののあはれ」と「もののあはれを知る」理論に対する全面的な表現、解釈なのである。（劉燕 pp. 5—7）

　　雷芳は（2018）では、以下のように言及している。「もののあはれ」は形を変えて中世の歌評論家の「幽玄」理論の中に溶け込んでいる。藤原基俊や鴨長明の「幽玄」論では、「もののあはれ」は「狭義での幽玄さ」の中心的な審美含意であり、繊細かつ深刻に審美感動や孤独感の余韻および世界と生命に対する高度な悟りと理解を表している。藤原定家は和歌理論の中で、「もののあはれ」を素晴らしい和歌の審美理想として、「心」の次元をさらに促進・深化させ、そうして「有心」は「もののあはれ」の審美の延長であると提示し、歌人は澄明な審美心と高度な思惑の精神状態と真実を内在する精神世界を持ち合わせていなければならないと主張している。（雷芳，pp. 44—49）

　　張永亮・雷芳（2018）は、「もののあはれ」の審美学を仏教の理解と融合した点が特徴的だ。西行の『山家集』の「秋歌」には「もののあはれ」の美しさが表現されている。特に彼の秋月に対する「もののあはれ」の審美は、仏教の悟りに繋がる。この悟り体験ののち感じた「もののあはれ」は諦観の要素が加わるため、もはや人間と客観的な自然物の単なる感覚との関係でなく、人間の自我の内面を鑑賞する段階にまで上昇しており、仏教の悟りの要素に溶け込んだ、一種の見識ある審美感動なのである。具体的には、悲愁、憐憫、感慨、孤独、寂寥、哀傷といった情緒を表現しているのだ。

（張永亮・雷芳，pp. 45—46）

　　以上5本の論文では「もののあはれ」を尺度として、日本の文学作品を論評している。学者たちが本居宣長の「もののあはれ」思想について体得していることが容易に見てとれる。一方、王彦科の「『エミリーに薔薇を』におけるもののあはれについて」（長春教育学院学報、2017）は注目に値する。王彦科はこの論文の中で、日本の「もののあはれ」文学理論をあまりに単純化して理解しており、彼のテキスト解釈は「もののあはれ」に対する読み違えであると言わざるを得ない。アメリカの作家ウイリアム・フォークナーの『エミリーに薔薇を』は、アメリカ南部文学の代表作の一つである。主人公の「エミリー」の人生の悲劇と南方貴族制度の衰亡、社会習俗の変遷といった、新旧文化の衝突に密接な関係があるのであって、日本文学理論の「もののあはれ」とは文化背景が全く異なる。ここで「もののあはれ」思想を運用するのは、不適切な選択といえよう。

　　第二に、川端康成の『雪国』が一部の中国学者の間で「もののあはれ」理論の注目すべきテーマの一つとなっている。2018年に限っても、翟文穎「川端康成文学の「もののあはれ」観」（広州大学学報（社会科学版）2018.1.15）、趙佳玲の「悲しみと憐れみの歌――『雪国』における「もののあはれ」の美についての分析」（名家名作、2018.7.5）、魏麗敏の「日本という国家、雪の国――川端康成と「もののあはれ」」（書屋、2018.7.6）、許昊楠の「哀しみと愁いの風情――川端康成『雪国』の「もののあはれ」思想についての考察」（名作欣賞、2018.8.10）の4本の論文が相次いで発表されている。

　　翟文穎（2018）では、以下のように言及している。川端康成の作品には「もののあはれ」の含意で溢れており、三つの側面で具現化されている。第一に、早期作品には、孤児の寂寞や孤独の悲しみが表現されており、それは本居宣長が提唱している人の心を如実に書き記すという主張に暗合している。第二に、中期作品で描写されている男女の恋慕でありその憂いではないという点で、本居宣長の恋情が最も「もののあはれ」を表しているという主張と一致している。第三に、晩期作品では、人の生死の苦しみを表している点が、本居宣長の善悪によらず「人情」を知るのみという「もののあはれ」観と合致している。(翟文穎, pp. 86—90)

趙佳玲(2018)では、以下のように言及している。川端康成の『雪国』は日本人の精神本質が表現されているので、世界に対し「美しい日本」を伝えることができる。『雪国』には、日本の伝統文化の悲しさと美しさが凝縮されている。感傷、悲痛、物悲しさや孤独感が終始一貫として、繊細な情緒や憂鬱な感傷といった「もののあはれ」の美しさが作者の審美感として体現されている。そこには、作者自身の慟哭や日本の民族文化の根源が描き出されている。(趙佳玲, pp. 7—9)

魏麗敏(2018)では、以下のように言及している。川端康成の「もののあはれ」は真の心情の表れである。景色に触れた物悲しさや、物に触れて傷ついた心情、秋を悲しませ春を傷つけるといった感情や喜びや悲しみや恐れがぐるぐるとめぐり巡っている。いわゆる「もののあはれ」の人とは、多くが「感情の仲介人」なのである。「あはれ」とは、「悲しみ」を主とした意識であり、川端康成の人生経験と極めて合致している。しかも彼は「もののあはれは日本の美の源流である」と考えている。その上「死を最高の芸術であり、美しさの表現の一つであると考え、芸術の極みが死滅であると考えている」。(魏麗敏, pp. 79—84)

許昊楠(2018)では、以下のように言及している。川端康成は幼少期に『源氏物語』等の日本古典文学作品の影響を受けているため、創作の際ものを感じる時の哀愁や深く秘められた感情が現れてくるのだ。彼は物哀しく美しい筆致で実体のない情感世界、物と人、是非、そして悲しみと憎しみの流動を文章上に描きだすことを得意としている。彼は人の心が客観物に対する感情、物憂げな世間との付き合い、そして何にも縛られることのない人情という三つの側面から『雪国』の「もののあはれ」思想を探求している。（許昊楠，pp. 107—108）

第三に、一部の学者は日本映画やアニメの世界における「もののあはれ」について注目している。日本のアニメは世界を風靡しており、「もののあはれ」は日本文学の重要な理念として、日本の映画やアニメの中にも例外なく表れている。主に、何晨・莫燕「日本のテレビ番組におけるもののあはれの美に関する研究——『熱闘甲子園』を例として）」（欽州学院学報、2016）、朱寧「日本映画におけるもののあはれ美学に関する研究」（中国美術学院修士学位論文、2017）、張如「日本の妖怪アニメのもののあはれの美しさについて」（山西青年、2017）、程姣姣「溝口健二映画におけるもののあはれと幽玄さ」（美与時代（下）、2018）、孫維林「小説から映画へ：究極のもののあはれの美——カズオ・イシグロ小説の映画『わたしを離さないで』について」（電影評介、2018）、陳雨瀟「宮崎駿作品におけるもののあはれについて」（北方文学、2018）などが発表されている。

何晨・莫燕（2016）では、以下のように言及している。日本のテレビ朝日で放送されているスポーツ番組「熱闘甲子園」では、主題歌・映像撮影および番組物語の中で「もののあはれ」の美しさを存分に活用し、そこに現代の新しい意義を付与し、人々に壮大で思いやりに満ちた審美体験を提供している。新たなメディア時代において、情報伝達の成功には、人々が一般的に求めている芸術的な趣味嗜好と共通の審美意識を元に確立することが必要となる。（何晨・莫燕，pp. 34—37）

朱寧（2017）では、以下のように言及している。「もののあはれ」美学は、日本の伝統的な美学体系の核心的内容であり、独自の審美イデオロギーである。「もののあはれ」は日本の民族文化と文芸作品の中に存在しており、それは日本人の生活や思考方式の審美習慣でもある。「もののあはれ」美学は、実際の映画における審美スタイルの特性で、「死の美」、「悲劇の美」、「感動の美」、「女性の美」を一般化することができる。日本の「もののあはれ」美学は、今日の日本映画に対して深遠な実用的意義を有し、日本映画における美学研究に対して提供された理論なのである。（朱寧，2017）

張如（2017）では、以下のように言及している。日本の妖怪伝説は歴史が長く、これらの伝説は日本の伝統的美学理論「もののあはれ」の影響を強く受けている。アニメの分野でのもののあはれの美しさは、キャラクター設定、ストーリー、状況の三つの主要な方法として表現されている。（張如，pp. 63—65）

程姣姣（2018）では、以下のように言及している。溝口健二の映画では、日本の伝統的美学観念の「もののあはれ」と「幽玄さ」が体現されている。感情をシーンに融合する手法を用いて、「もののあはれ」の美しさを映画の中に落とし込み、「幽玄さ」の美しさをズームレンズでズームするような方法で体現している。（程姣姣，pp. 111—112）

孫維林（2018）では、以下のように言及している。カズオ・イシグロの小説を映画化した「わたしを離さないで」は、クローン人間倫理に関する議論と人類社会の未来に対する発展の苦境を示すものであり、社会の幅広い関心と共感を引き起こした。クローン人間とは実際には人類自身に関するメタファーであり、人類が危機に直面する時の感情と記憶の贖いの効果は、作家の「もののあはれ」の深い情にあり、とりわけ映画が「もののあはれ」の美しさを極致にまで示している。あの抑圧、絶望、冷淡な感覚は視聴者をその中に浸らせ、抜け出せなくさせている。（孫維林，pp. 66—68）

陳雨瀟（2018）では、以下のように言及している。もののあはれ美学は、日本独自の審美意識形態で、日本民族の美に対する究極の追求である。「もの」はただ「物」であるだけでなく、人物や自然風景、この世のあらゆる事物でもあり、「あはれ」は「悲しみ」だけでなく、「もの」によって感動させられ生み出された喜怒哀楽をも表している。こういった「もののあはれ」美学は、日本の文学作品の中に広く浸透し、日本文学者の審美追求となり、また日本民族に共通する審美情緒でもある。宮崎駿作品にも「もののあはれの美しさ」が三つの側面で体現されている。それは、不完全さ、甘く切ない愛情、女性形象である。（陳雨瀟，p. 256）

「もののあはれ」美学は日本の文学理論であるだけでなく、次第に日本文化の審美追求と変化し、多くの日本人に受け入れられてきた。彼らはそれを生活のあらゆる面で応用してきた。任紅宇・楊成林・劉海燕の論文「「もののあはれ」美学とその日本陶芸デザイに対する影響」では、日本陶芸デザインに対する「もののあはれ」美学の影響について論じられている。

「もののあはれ」美学観は日本の伝統文化の性格と精神の仕組みの産物である。「もののあはれ」の審美コンプレックスは、日本の各芸術創作において、自国民族に対する審美格調や気品といった思考をもたらした。「もののあはれ」は日本民族に根付いた審美心理であり、「もののあはれ」観は、文学から生活デザインにまで派生し、「もののあはれ」審美は日本陶芸デザインにおける美学をけん引しており、「もののあはれ」美学は日本の陶芸デザインの中でも体現されているのである。器に対して精巧さや完璧さを求めるという中国の創作理念と「もののあはれ」を求める日本陶芸の審美学は全く異なっている。「もののあはれ」審美は日本の陶芸に独自性をもたらし、不完全さや、味気なさ、ひび割れ、粗雑さ、素朴で拙い器でさえも、好まれるのである。そうして「もののあはれを知る」という審美体験を具現化しているのだ。「欠陥」や「自然」に対する美学を肯定、尊重することが、日本の粗陶芸に型にはまらない創作スタイルに表われているのだ。（任紅宇・楊成林・劉海燕，pp. 198—201）

最後に、日本学者の「もののあはれ」論の中国学術界の翻訳と伝播について言及しているものに、大石昌史・梁艶萍・謝同宇「日本の美意識」と「場の論理」——「心」の「相関」、「反転」構造からの「もののあはれ」解釈）（外国美学、2013.10.31）、厳明・山本景子「日本詩学カテゴリーの両極趨勢および特徴についての分析」（文貝：比較文学与比較文化、2016）がある。

　大石昌史・梁艶萍・謝同宇（2013）では、以下のように言及している。中国文化の亜種としての日本文化には、独特の相違が存在している。「あはれ」、「幽玄さ」、「優雅さ」といった美学カテゴリー（言語）によってその「日本の特徴」を伝播し、そして中国文明とは異なる日本固有の文物（寝殿造り・大和絵・和歌・連歌・茶道・俳諧・浮世絵等）を示すことで、その歴史的特徴と世代継承を意識的に強調することで、独特の「日本の美意識」体系を構築してきた。こういった「日本の美意識」について、本居宣長は総じて「もののあはれの心髄を知る」とした。）（大石昌史・梁艶萍・謝同宇，2013，pp.79—86）

　厳明・山本景子（2016）では、以下のように言及している。日本詩学は、中国詩学の引用、適用、再活用の過程を経て、「もののあはれ」、「幽玄さ」、「寂しさ」といった一連の民族特性を持つ概念カテゴリーを形成し、独特な理論見解を提示し、東洋文壇ないしは世界詩学とういうジャングルにそびえ立つ大木となったのだ。）（厳明・山本景子，pp.18—51）

　終わりに

　日本の伝統的な文学作品は、執筆方法において、個人や家伝の性質に偏った特徴を示している。創作内容には様々なものが混在するといった特徴がある。また、文体には気ままな随筆形式が多く見られた。これらの特殊な表現方法については、日本の民族文化や歴史発展の特徴と密接に関連している。

　「もののあはれ」は日本詩学の核心的概念として、日本詩学の特色と成果を表現している。日本の「もののあはれ」詩学の形成と発展を整理していく中で、日本詩学において、文学の本質や起源についての問題、社会価値と功能といった重大問題について、比較的関心が薄くあまり論じられていないことに容易に気づくだろう。その審美価値の選択は、後世の日本文学作品が純文学の形式に偏重していったことに重大な影響を与えたのである。

附录2 本居宣长"物哀"论系列论文英文术语

1. 本居宣长 Motoori Norinaga
2. 物哀 Mononoaware
3. 物哀论 The theory of "Mononoaware"
4. "劝善惩恶" to encourage virtue and punish evils
5. 历史虚无主义 historical nihilism
6. 贺茂真渊 Kamo Mabuchi
7. 道教 Taoist
8. 《紫文要领》sibun youryou
9. 《石上私淑言》Isonokamisasamegoto
10. 《直毗灵》Nao bino mitama
11. 汉意：Kara gokoro
12. "善恶是非" yosaasisa
13. 人情 human—feelings
14. 不通人情/不懂世道 not know the ways of the world
15. 贺茂真渊的《冠词考》kanzikou
16. 反话语 Counter—discourse
17. 文学自律 Literary autonomy
18. 自然法则 the laws of nature
19 公认的真理 The accepted truth
20. 精神的自由 spirit of freedom.

21. "仁"：benevolence
22. "义"：righteousness
23. "道"：morality
24. "德"：virtue
25. 好色的；淫荡的 lascivious
26. 道家哲学：Taoist Philosophy
27. 日本近世神道：Japanese modern Shinto
28. 复古神道：Antiquity—Reviving Shintoism

附录3 本居宣长年谱

1730 年（享保 15 年）出生
5 月 7 日，伊势国饭高郡松坂本町，小津三四右卫门定利家，幼名富之助。

1740 年（元文 5 年）10 岁
父亲小津三四右卫门定利去世。

1741 年（宽保元年）11 岁
取名荣贞，开始读书，学习四书以及谣曲。和母亲以及兄弟姐妹搬家到鱼町。

1745 年（延享 2 年）15 岁
上京，开始学习《经籍》。

1748 年（宽延元年）18 岁
1 月，立志学习和歌。同年，成为山田今井田家的养子。

1750 年（宽延 3 年）20 岁
离开今井田家，回到松坂。

1751 年（宝历元年）21 岁

兄长定治在江户因病去世，江户的店铺关闭。担负起家督的责任。

1752 年（宝历 2 年）22 岁

3 月，前往京都游学。他进入堀景山的私塾学习，通过堀景山的介绍了解了契冲的作品。同年，恢复本居的姓氏。

1753 年（宝历 3 年）23 岁

跟随堀元厚学习医书，后来，和武川幸顺学习医术。

1755 年（宝历 5 年）25 岁

3 月，取名宣长，号舜庵（春庵）。

1757 年（宝历 7 年）27 岁

10 月，返回故乡松坂，开了一家小儿科的诊所。开始看贺茂真渊的《冠词考》。

1758 年（宝历 8 年）28 岁

岭松院歌会入会。开始写《安波礼弁》。夏，开始讲《源氏物语》。写作完成了《排芦小船》。

1763 年（宝历 13 年）33 岁

5 月，在松坂的旅店新上屋，拜见了贺茂真渊。6 月完成《紫文要领》上下卷。12 月，获得进入贺茂真渊弟子行列。同年完成《石上私淑言》123 卷。

1764 年（明和元年）34 岁

开始着手撰写《古事记传》。

1767 年（明和 4 年）37 岁
完成《古事记传》卷 3、4。

1768 年（明和 5 年）38 岁
母亲去世。同年，完成《万叶集问目》与《续纪宣命问目》。

1769 年（明和 6 年）39 岁
10 月，贺茂真渊去世。

1771 年（明和 8 年）41 岁
完成《直比灵》与《古事记传》卷 5。

1775 年（安永 4 年）45 岁
完成《字音假字用格》与《古事记传》卷 12。

1777 年（安永 6 年）47 岁
完成《驭戎慨言》《答问录》与《古事记传》卷 14。

1779 年（安永 8 年）49 岁
完成《万叶集玉小琴》与《词玉绪》。

1784 年（天明 4 年）54 岁
完成《汉字三音考》与《古事记传》卷 20。

1785 年（天明 5 年）55 岁
完成《钳狂人》；《古事记传》出版计划完成。

1790 年（宽政 2 年）60 岁
8 月，自画像。

1792 年（宽政 4 年）62 岁
完成《古事记传》卷 32、33。

1793 年（宽政 5 年）63 岁
开始写《玉胜间》，完成《古事记传》卷 34、35。

1795 年（宽政 7 年）65 岁
完成《古事记传》卷 36、37。

1796 年（宽政 8 年）66 岁
完成《源氏物语玉小栉》。

1798 年（宽政 10 年）68 岁
完成《古事记传》卷 44。9 月，举行《古事记传》完成的歌会。10 月，完成《初山踏》。

1800 年（宽政 12 年）70 岁
做《遗言书》。

1801 年（享和元年）71 岁
9 月 29 日，去世。

注：内容来源于村冈典嗣著，前田勉校注的《增补本居宣长》，平凡社 2006 年版。

附录 4 本居宣长教育履历

时间	师从	地点	内容	书目	备注
1737 年，8 岁	西村三郎兵卫	松阪	开始学习		
1741 年 1 月，12 岁	斋藤松菊	松阪	习字		
1741 年 7 月	岸江之中	松阪		《四书》	开始学习猿乐、谣曲
1746 年，17 岁	浜臣瑞雪	松阪	射箭		
1748 年，19 岁	山杦吉右卫门	松阪	茶道		立志和歌的写作，师从数人
1749 年 10 月，20 岁	正住院跃主持	松阪		《易经》《诗经》《书经》《礼记》	
1749 年	山庄的宗安寺（净土宗）的住法幢				

续表

时间	师从	地点	内容	书目	备注
1752年3月19日—1754年10月10日	堀景山	京都	汉籍	《五经》《史记》《晋书》《世说新语》《蒙求》《左传》《历史纲鉴》《扬子方言》《前汉书》《庄子》《南史》《荀子》《列子》《武经七书》《文选》等	时间共计两年零七个月；方式是寄宿学习；学习内容是儒家经典书籍。其中左传、易学启蒙等是讲读
1753年7月22日—1754年1月	堀元厚	京都	医学	《灵枢》《局方发挥》《素问》《运气论》等	医学书籍
1754年1月—1757年10月	武川幸顺	京都	小儿科	《本草纲目》《婴童百问》《千金方》等医学书籍	堀元厚去世
1752年，7月12日，	他成为藤原章尹（冷泉为村的门人）的门弟	京都			他经常出席新玉津岛的歌会
1756年1月24日以后	有贺长川的每月一次的歌会，他都坚持参加，直到返回松坂	京都		《古事记》《日本书纪》《万叶集》《源氏物语》《旧事纪》《古今和歌集》等名典；《愚问贤注》《奥义抄》《悦目抄》等中世歌学书目；《紫家七论》《古今余材抄》《百人一首改观抄》《伊势物语拾穗抄》《源氏物语湖月抄》等	他在京都参加歌会，创作和歌的数量达到一千多首。在和歌学方面，他购买和笔录的数目达到57种之多。大多数是近世诸学者的注释等

注：内容来源于村冈典嗣著、前田勉校注的《增补本居宣长》，平凡社2006年版

附录 5 本居宣长的名弟子

姓名	入门时间	作品	本居宣长的评价	备注
田中道磨	1780	《万叶徵》《万叶名所歌抄》《万叶东语刊》	万叶的学者	在名古屋一带普及本居宣长的学问，起到了功不可没的作用
小篠敏	1780	《续日本纪考证》《日本书纪考证》《令义解私考》《公事根源私考》	皇朝古学	来自石见国，受潘侯之命，来松阪求学
服部中庸	1785	三大考	"纪记的宇宙创造说"	后改名为箕田水月，与平田笃胤相互推重
栗田土满	1785	《神代巻苇芽抄》		最早师从贺茂真渊
横井千秋	1785	《勾玉考》	专注于诗歌论。本居宣长深感其"厚意"。在诸弟子中，最推重他，称其是真心的人	普及本居宣长学说方面以及作为后援者，颇有贡献

续表

姓名	入门时间	作品	本居宣长的评价	备注
帆足长秋	1786	《万叶新说》	他是非常笃学的人。仰慕本居宣长的学问。尽管家境穷困，仍然多次去松阪学习。返乡后，在家乡积极弘扬本居宣长的学问	他的女儿京子，1801年陪伴父亲留在松板，为父亲抄录书籍。年仅十五岁的少女，颇有文才，写了《纪行刀环集》
渡边重名	1787	《神祠即报论》	古道家	丰前中津八幡的社司，藩国学校的教授
植松有信	1789	《山室山日记》《冠注土佐日记》	他做事稳重，深得本居宣长的信任	
小国重年	1789	《词珠衣》	研究古长歌形式	最初跟随内山真龙，后转向本居宣长
石塚龙麿	1789	《古言清浊考》《奥的细道》	精通古音学	他与小国重年是一个地方的人
石原正明	1792	《新古今集》《制度通考》《名目类笺》《辛酉随笔》《王皮随笔》	专攻语学	
铃木朗	1792	《雅语译解》《雅语音声考》《言语四种论》《源氏王小栉补选》		他擅长篇学，他把本居宣长当作孔子一般尊重
千家清主（俊信）	1792			国造俊秀的弟弟；1796年的冬天，在松阪逗留了数月。回乡后，在家乡讲授课程
藤井高尚	1793	《伊势物新释》《松落叶》	精通歌文与古文	

附录 5 本居宣长的名弟子

续表

姓名	入门时间	作品	本居宣长的评价	备注
竹村茂雄	1795			当地的名流；家里藏书丰富，在学界交友广泛，他致力于普及本居宣长的学
长濑真幸	1796	《万叶佳调选》		先是追随帆足长秋，后来入本居宣长的门下
殿村常久	1797	《字津保物语年立》《夜舟物语》		
桥本稻彦	1798	《和代卷正训》《订正姓氏录》《紫文草制锦》		从垂加学转向的
野公合	1798	《读国意考》		他攻击贺茂真渊的《国意考》。他与赖山阳亲近交好
夏目麻吕	1798			
中市冈猛彦	1800	《土佐日记追考》《雅言假字格》	擅长语学	
丘崎俊平	1800	《新撰字镜》《新撰字镜考异》		他是万叶风的著名歌人加纳诸平的父亲
歌论百千鸟	1800			
田中大秀	1801	《竹取物语解》《土佐日记解》《落洼物语解》		他与本居宣长交往时间最短，却是铃屋中最优秀的

注：内容来源于村冈典嗣著、前田勉校注的《增补本居宣长》，平凡社 2006 年版

参考文献

中文专著

陈思和：《中国当代文学史教程》，复旦大学出版社 2005 年版。
程树德：《论语集释》第 4 卷，中华书局 2014 年版。
曹顺庆：《东方文论选》，四川人民出版社 1996 年版。
郭庆藩：《庄子集释》，中华书局 2014 年版。
黄人：《中国文学史》，苏州大学出版社 2015 年版。
何怀宏：《伦理学是什么》，北京大学出版社 2002 年版。
靳明全：《日本文论史要》，中国社会科学出版社 2010 年版。
蒋春红：《日本近世国学思想》，学苑出版社 2008 年版。
栾栋：《人文学概论》，暨南大学出版社 2012 年版。
栾栋：《文学通化论》，商务印书馆 2017 年版。
李泽厚：《美的历程》，生活·读书·新知三联书店 2009 年版。
聂珍钊：《文学伦理学批评导论》，北京大学出版社 2014 年版。
邱雅芬：《日本小说发展史》，浙江工商大学出版社 2022 年版。
邱紫华：《东方美学史》，商务印书馆 2003 年版。
钱穆：《中国文化精神》，九州出版社 2017 年版。
任继愈：《中国哲学发展史》，人民出版社 1985 年版。
色音《日本神道教与文化》，中央民族大学出版社 1999 年版。
司马迁：《史记》，线装书局 2006 年版。
王向远：《日本文学汉译史》，宁夏人民出版社 2007 年版。
王向远：《翻译文学研究》，宁夏人民出版社 2007 年版。

萧萧：《樋口一叶选集》，人民文学出版社1962年版。
谢六逸：《日本文学史》，上海书店出版社1991年版。
徐真华：《理性与非理性——20世纪法国文学主流》，外语教学与研究出版社2000年版。
叶渭渠：《不灭之美：川端康成研究》，中国文联出版社1999年版。
叶渭渠：《日本文学思潮史》，北京大学出版社2009年版。
叶渭渠：《日本小说史》，北京大学出版社2009年版。
杨林：《王阳明心学实修》，暨南大学出版社2018年版。
余华：《内心之死》，华艺出版社2001年版。
朱谦之：《日本哲学史》，人民出版社2002年版。
章炳麟：《国学概论国学略说》，江西教育出版社2011年版。

中文论文

曹莉：《本居宣长"知物哀"论的诗学主题探究》，《中南大学学报》2013年第4期。
陈雨潇：《宫崎骏作品中的物哀体现》，《北方文学》2018年第26期。
程姣姣：《沟口健二电影中的物哀与幽玄》，《美与时代》（下）2018年第4期。
晁福林：《试析庄子的"情性"观》，《中州学刊》2002年第3期。
方国根、罗本琦：《简论儒学在朝鲜和日本的传播、发展及影响》，《青岛大学学报》2005年第3期。
方金奇：《〈庄子·内篇〉之"情"新释》，《上饶师范学院学报》2005年第4期。
何晨、莫燕：《日本电视节目中的物哀美研究——以〈热斗甲子园〉为例》，《钦州学院学报》2016年第12期。
黄振中：《〈论语〉中的教与学》，《柳州师专学报》2014年第4期。
金蔚：《歧途与拯救——电影〈失乐园〉中婚外情引发的思索》，《吉首大学学报》2018年第6期。
蒋茂柏：《论川端康成文学的"物哀"品格》，《重庆三峡学院学报》

2006 年第 1 期。

姜文清：《"物哀"论考》，《日本研究论集》，1996 年。

何欢：《浅析日本传统美在川端康成作品中的体现——以〈我在美丽的日本〉、〈雪国〉为中心》，《安徽文学》（下半月）2009 年第 8 期。

雷芳：《论日本〈古今和歌集〉中的"物哀"美意识》，《天水师范学院学报》2016 年第 6 期。

雷芳：《日本中世"幽玄"歌学中的"物哀"形态》，《北方工业大学学报》2018 年第 3 期。

雷晓敏：《本居宣长"物哀"论的三个误区》，《外国文学研究》2014 年第 6 期。

雷晓敏：《齐物与物哀：中日物性思维比较研究》，《人文杂志》2015 年第 4 期。

雷晓敏：《本居宣长的学术方法论探析——以〈初山踏〉为中心》，《渭南师范学院学报》2016 年第 23 期。

雷晓敏：《本居宣长"物哀"论的学术价值探讨》，《唐都学刊》2018 年第 6 期。

雷晓敏：《中国における本居宣长〈もののあはれ〉理論研究の現状》，《人文学研究》2019 年第 2 期。（国内发刊）

雷晓敏：《"物哀"论的前世今生》，《东方丛刊》2019 年第 2 期。

雷晓敏：《渡边淳一〈失乐园〉的"物哀"绝唱》，《广东外语外贸大学学报》2020 年第 4 期。

雷晓敏：《〈庄子〉与〈紫文要领·物哀论〉"情"观异同论》，《唐都学刊》2021 年第 2 期。

李洪良：《解读〈万叶集〉中的"物哀"观》，《作家》2008 年第 10 期。

刘燕：《樋口一叶文学中的"物哀"与"知物哀"》，《芒种》2017 年第 6 期。

林少华：《"侘寂"之美与"物哀"之美》，《读书》2017 年第 6 期。

马抱抱：《论"物哀"》，《扬州教育学院学报》2016年第4期。

聂珍钊：《文学伦理学批评：基本理论与术语》，《外国文学研究》2010年第1期。

秦玉：《王充"知为力"教育思想的求实精神探微》，《兰台世界》2014年第36期。

裘梦楚：《从西方罪感文化的视角看〈失乐园〉中的罪与罚》，《兰州教育学院学报》2017年第8期。

任红宇、杨成林、刘海燕：《"物哀"美学及其对日本陶艺设计的影响》2018年第8期。

孙维林：《从小说到电影：极尽物哀之美——从石黑一雄小说改编的电影〈别让我走〉谈起》，《电影评介》2018年第12期。

唐珂：《从本居宣长"物哀"论探析东西古典美学的不同进路》，《信阳师范学院学报》2012年第5期。

王春晓：《庄子之"情"浅析》，《名作欣赏》2011年第8期。

王向远：《日本的"哀·物哀·知物哀"——审美概念的形成流变及语义分析》，《江淮论坛》2012年第5期。

王向远：《感物而哀——从比较诗学的视角看本居宣长的"物哀"论》，《文化与诗学》2011年第2期。

王寅：《本居宣长的物哀观》，《开封教育学院学报》2013年第7期。

王彦科：《解读〈献给艾米丽的玫瑰〉中的物哀》，《长春教育学院学报》2017年第1期。

干思齐：《渡边淳一〈失乐园〉的现代性批判思想》，《世界文学评论》2017年第2期。

武德庆：《以悲为美的审美情趣——日本文学理念"物哀"试析》，《武汉理工大学学报》2004年第5期。

魏丽敏：《日本国，雪之国——川端康成与"物哀"》，《书屋》2018年第7期。

许昊楠：《哀寂与忧愁的雅趣——浅析川端康成〈雪国〉的"物哀"思想》，《名作欣赏》2018年第24期。

严明、山本景子:《日本诗学范畴的两极趋向及特征辨析》,《文贝:比较文学与比较文化》2015年第2期。

杨本娟:《生命诚可贵,死亡亦美丽——论日本文化中的生死观》,《黑河学刊》2011年第11期。

杨君:《渡边淳一的异文化——兼论日本文学中的死亡美学》,《辽东大学学报》2018年第1期。

杨燕:《美之"初心"——日本美学关键词及艺术探微》,《明日风尚》2018年第18期。

袁宏泽:《以悲为美的审美情趣——日本文学理念"物哀"试析》,《中国民族博览》2018年第7期。

张永亮、雷芳:《西行〈山家集〉"秋歌"中的"物哀"美》,《大众文艺》2018年第14期。

张波:《日本儒学本土化历程及特色》,《东疆学刊》2008年第4期。

张如:《论日本妖怪动漫物哀之美》,《山西青年》2017年第24期。

张谷:《论道家道教思想在日本的传播和影响》,《广西社会科学》2011年第5期。

翟文颖:《论川端康成文学的"物哀"观》,《广州大学学报》2018年第1期。

赵佳玲:《悲与悯之歌——试析〈雪国〉中的"物哀"美》,《名家名作》2018年第4期。

周朝晖:《本居宣长:"物哀"的美学》,《书屋》2017年第10期。

朱丽卉:《色染众生知哀苦——论日本"物哀说"与中国古代文论中的情与欲》,《理论界》2013年第9期。

朱松苗:《论庄子之情》,《运城学院学报》2011年第3期。

郑奕莹:《对"物哀"一词的再认识》,厦门外国语言文学研究生学术论坛暨厦门大学外文学院第十届研究生学术研讨会论文集,厦门,2017年。

[日]大石昌史、梁艳萍与谢同宇:《"日本美意识"与"场的逻辑"——通过"心"的"相关""反转"构造阐释"物哀"》,《外

国美学》2013年。

学位论文

陈希颖：《挣脱与被缚——本居宣长的"物哀论"与中国的"感物说"》，硕士学位论文，上海师范大学，2011年。

傅映兰：《佛教善恶思想研究》，博士学位论文，湖南师范大学，2013年。

谭舒：《孟子与大乘佛教善恶观之比较》，硕士学位论文，南昌大学，2012年。

吴玉成：《老庄善恶思想研究》，硕士学位论文，苏州大学，2012年。

王锐欣：《渡边淳一小说的死亡美学》，硕士学位论文，山东大学，2014年。

王晓：《儒学东传及对古代日本的影响》，硕士学文论文，曲阜师范大学，2011年。

徐媛：《论〈庄子〉之"情"》，硕士学位论文，上海师范大学，2016年。

阎丰：《庄子超道德善恶观研究》，硕士学位论文，江西师范大学，2015年。

朱宁：《日本电影中的物哀美学研究》，硕士学位论文，中国美术学院，2017年。

报纸

阿城：《文化制约着人类》，《文艺报》1985年7月6日。

曹晓虎：《"情"字考——先秦文献断代的重要依据》，《中国社会科学报》2019年5月7日第3版。

刘熙武：《求学四"道"》，《光明日报》2014年1月13日。

莫医铭：《〈庄子〉中"情"之意蕴探赜》，《中国社会科学报》，2019年3月28日第2版。

张丽：《庄子的"心"和"情"——访台湾大学教授、北京大学讲座教授陈鼓应》，《人民政协报》2017年6月19日第9版。

日文文献

［日］阿部秋生：《日本的古典文学大辞典·物语》，岩波书店1986年版。

［日］本居宣长：《古事记传》卷1，岩波书店2010年版。

［日］本居宣长：《初山踏》，白石良夫注，讲谈社2015年版。

［日］本居宣长：《源氏物语玉小节》，山口志义夫译，多摩通信社2013年版。

［日］本居宣长：《紫文要领》，子安宣邦校注，岩波文库2013年版。

［日］村冈典嗣：《增补本居宣长》，前田勉校注，平凡社2006年版。

［日］大野晋：《本居宣长全集》，筑摩书房1968年版。

［日］龟井胜一郎：《日本人的精神史》，文艺春秋社1967年版。

［日］荷田春满：《荷田全集》第1卷，吉川弘文馆1932年版。

［日］贺茂真渊：《迩飞麻那微近世神道论·前期国学》（日本思想大系39），岩波书店1972年版。

［日］久松潜一：《日本文学评论史》，至文堂1986年版。

铃木日出男：《源氏物语虚构论》，东京大学出版社2003年版。

［日］片冈良一：《片冈良一著作集 物哀与和歌精神》第2卷，中央公论社1986年版。

［日］三好行雄：《新日本文学史》，文英社2000年版。

［日］田中康二：《本居宣长——文学与思想的巨人》，中公新书2014年版。

［日］藤井贞文：《江户国学史的研究》，吉川弘文馆1987年版。

［日］山田孝雄：《国学的本义》，国学研究会出版部1939年版。

［日］小林秀雄：《本居宣长》，新潮社2011年版。

［日］竹冈胜也：《近世史的发展与国学者的运动》，至文堂出版部1927年版。

［日］子安宣邦：《本居宣长》，岩波书店 2001 年版。

［日］子安宣邦：《本居宣长讲义》，岩波书店 2006 年版。

译著

［日］安万侣：《古事记》，邹有恒、吕元明译，人民文学出版社 1979 年版。

［日］本居宣长：《日本物哀》，王向远译，吉林出版集团有限责任公司 2010 年版。

［日］川端康成：《川端康成十卷集》第 10 卷，魏大海、侯为等译，河北教育出版社 1999 年版。

［日］川端康成：《独影自命》，金海曙等译，中国社会科学出版社 1996 年版。

［日］川端康成：《伊豆的舞女》，叶渭渠译，广西师范大学出版社 2001 年版。

［日］川端康成：《雪国·古都》，叶渭渠、唐月梅译，中国社会科学出版社 1996 年版。

［日］川端康成：《睡美人》，叶渭渠等译，北京燕山出版社 2001 年版。

［日］渡边淳一：《魂归阿寒》，窦文、冯建华、知非等译，译林出版社 2012 年版。

［日］渡边淳一：《失乐园》，谭玲译，文化艺术出版社 2005 年版。

［日］大江健三郎：《个人的体验》，王中忱译，浙江文艺出版社 2017 年版。

［日］今井淳、小泽富夫：《日本思想论争史》，王新生译，北京大学出版社 2014 年版。

欧美文献

［古罗马］卢克莱修：《物性论》，方书春译，商务印书馆 1999 年版。

［德］马丁·海德格尔：《存在与时间》，陈嘉映等译，上海三联书店1987年版。

［德］叔本华：《爱与生的苦恼——生命哲学的启蒙者》，陈晓南译，中国和平出版社1986版。

［美］厄尔·迈纳：《比较诗学》，王宇根、宋伟杰等译，中央编译出版社2004年版。